比較政治制度論

建林正彦・曽我謙悟・待鳥聡史［著］

はじめに

　現代は「制度改革の時代」である。1990年代以降，日本では選挙制度改革，行政改革，司法制度改革，地方分権改革など，明治以来あるいは占領期以来といわれる大規模な改革が試みられ，また現在も進行中である。制度改革に取り組むという点では，現代日本は決して例外ではない。多くの先進民主主義国で選挙制度改革や行政改革など大きな変革が行われ，また旧ソ連・東欧諸国が民主主義体制に転換する中で，さまざまな制度変革や制度形成が進められてきた。それらを考え合わせると，制度改革はむしろ世界的な趨勢だといえるかもしれない。

　なぜ人々は制度を変えるのだろうか。制度を変えることで，いったい何が変わるというのだろうか。制度改革の時代である今日に生きるだれもが，こうした謎に直面しながらも，それに対して十分な答えをもってはいないのではないだろうか。その当否はともかく，根拠も帰結もはっきりしないままに改革が進められることをとらえて，今は「熱病の時代」だという論者もいる。

　本書の第一の目的は，読者のみなさんがそれぞれに制度改革をめぐる謎を解き明かすことができるような鍵を提供することである。レイプハルトという政治学者がいうように，ここ20年ほどの政治学において最も研究蓄積が進んだ分野の一つは，政治制度に関する研究である（Hochschild, 2005）。ある政治制度はなぜ現在のような形をとっているのか，ある政治制度を採用すればどのような結果が導かれやすいのかについて，20年前に比べてはるかに多くのことがわかっている。政治学は，人々にとって無条件に良い制度があると語ることはできない。しかし，それぞれの政治制度がどのような

理由で現在の形で存在しているのか，それが何をもたらしているのか，改革すればどのような変化が生じるのか，といったことを語りうるようにはなった。

　そこで本書では，「新制度論」と呼ばれる政治制度に関する一連の研究蓄積を紹介し，読者のみなさんに政治制度の「通」になってもらいたいと思う。現代が制度改革という「熱病の時代」であるならばなおさら，それを単に冷笑的に眺めるのではなく，改革の動機やねらいを的確に見定める必要がある。本書を読むことで，世界で進行しつつあるさまざまな制度改革の大筋を理解し，自分なりの考えをまとめて，何らかの立場を示すことができるようになるだろう。そこからさらに検討を進めていけば，やがてそれぞれがしかるべき根拠を伴って，理想の政治制度を描き出せるようになるかもしれない。

　第二の目的として本書が掲げるのは，比較の中で日本という国のかたちをとらえる視座を提供することである。本書は「比較政治制度論」と題し，さまざまな国の政治制度を紹介する。ただ，各国の制度比較を行う背景には，つねに日本の政治制度やアクター（行為主体）が意識されている。読者のみなさんには，各国との体系的な比較の中に日本を位置づけ，制度と帰結の因果関係の中で，理論的に日本を語る視座を本書を通じて獲得してもらいたいと思う。かつてに比べれば，日本政治が世界のほかの国々に比べて「特殊」あるいは「後れている」といった評価を，印象論だけで語る人は少なくなった。しかし，それは他国の政治に関する情報の総量が増え，何となく日本とそれほどは違わないと感じるようになったからにすぎないのではないか。そこに明確な比較の視点や方法がなければ，何か新しい現象に直面したときに，日本は特殊だという判断に安易に立ち戻ってしまうのではないか。

私たち著者3人は、そのような考えから、普遍的ないしは比較可能な枠組みの中に日本を位置づける作業に多くの紙幅を割くことにした。具体的にいえば、本書の第3章以降、すなわち個別の政治制度を扱う各章において、まず各国の政治制度がどのような特徴をもっているのかを示し、次に特定の制度と政治的ないし経済的帰結との関係についての因果仮説を紹介して、最後に日本における過去・現在の政治制度とそれがもたらす帰結を理論仮説に照らして検討する、という構成をとっている。もちろん、同じような作業は他国の政治、あるいは別の時代の政治を理解するうえでも援用可能なものである。つまり、現代日本の代わりにどこかの外国を、あるいは違う時代の国家や地域を、各章の枠組みの中に位置づけることもできるであろう。それは読者のみなさんで考えてみてほしい。

　本書の第三の目標は、政治現象や社会現象を因果関係によってとらえる方法、つまり社会科学的な思考法を読者のみなさんに学んでもらうことである。本書では一貫して、政治制度がさまざまな政治的あるいは経済的結果をもたらすことを論じており、政治文化や社会経済的な発展水準などに基づいた説明にはほとんど言及していない。その意味では、本書は比較政治学の他のテキストとは少し異なっている。だからといって、私たちがそうした政治制度以外の要素を重視していないわけではないし、政治制度以外の要素からの説明が劣っていると考えているわけでもない。

　政治文化論であれ、社会経済決定論であれ、優れた分析ではつねに明晰な因果関係の提示がなされている。どのような要因に注目する場合であっても、理論的に政治現象や社会現象をとらえようとすることとは、因果関係について適切な推論と検証を行うことなのである。私たちは、新制度論という視点から、政治制度に基づく帰結の説明を一貫して示していきたい。そのことを通じて、政治文化論

や社会経済決定論といった，新制度論以外の理論にも共通する，因果関係で社会現象をとらえ，理論的に思考する方法を学んでもらえると考えている。

　これら三つを目標として追求した結果，本書は類書にあまり見られないものを含め，さまざまな内容をもつものとなった。そのため，題名となっている「比較政治制度論」以外にも，次のような科目において役立てることができるように思う。

　第一は，「比較政治学」である。私たちの知るかぎり，比較政治学の従来の講義においては，特定の，あるいは数カ国における政治史や政治過程がとりあげられることが多いように思う。それとは異なり，多国間の比較など横断的な視点からさまざまな国の政治を考えるうえで，本書は有益な視点を提示できるであろう。第二は，「政治過程論」である。政治過程論の講義で扱われる選挙や政策形成におけるさまざまな政治現象は，本書でも共通する議論の対象である。他方で制度に注目する本書は，有権者や政治家といったアクターに注目する視点とは異なる視座を提供することができるだろう。第三は，「日本政治」である。上に述べたように，本書の各章は日本政治を比較の中でとらえ直そうとしているところに特徴があるからである。第四に，やや意外に思われるかもしれないが，「憲法」をあげておきたい。憲法の中の統治機構論は本書が展開する政治制度論と密接な関係にあり，憲法を学ぶ人たちにも，政治学における理論や実証研究の成果をぜひとも知ってもらいたいと私たちは考えている。

　ここで，本書の章立てについて述べておこう。私たちは，政治制度とはおおよそ政治におけるアクターの行動を規定する諸ルールである，と考えている。そのようなルールは多岐にわたり，役割や帰結もさまざまである。そこで本書では多様な政治制度について，政

治過程のサイクル，すなわち選挙―政権形成―政策立案―政策決定―政策実施―政策評価という流れに即して，具体的に検討する。その流れから外れる制度，たとえば利益集団と政治家の関係を強く規定するルールである政治資金規正の制度や，より広く社会における利益集団の組織的特徴，また別の例でいえば国家としての存続を大きく左右する軍事制度などは扱っていない。つまり，本書は基本的に「政治過程を規定する制度」として政治制度を位置づけ，その特徴や意味を理解しようとするのである。

具体的には，まず第1章「比較政治学とは何か」で主に社会科学の方法について解説し，第2章「制度論」で制度の定義や新制度論の紹介などを行う。これら二つの章は，具体的な政治制度の説明に入っていくための理論的前提を明らかにしている。

その後，第3章以下において個々の政治制度の章へと進む。第3章では政治過程の端緒に当たる「選挙制度」を扱い，第4章では政権形成にかかわる「執政制度」を説明する。続いて，有権者である国民と政権の意思を政策過程に媒介しつつ独自の機能をもつ「政党制度」を第5章で，政策過程の最重要局面である立法過程を規定する「議会制度」を第6章で，それぞれ扱う。

さらに第7章から第9章では，国民が選出にかかわらない非公選部門の政治制度を説明する。すなわち，政権とともに政策を立案し，議会において決定された政策を実施する存在である官僚のあり方を規定する「官僚制」，その政治体制の下で政策が憲法をはじめとする法体系に適合しているかどうかの終局的評価を行う裁判所に関する「司法制度」，中央政府との密接な連携の下に現代国家の重要課題である経済運営に携わる「中央銀行制度」が，それぞれ第7章から第9章の主題である。

そして最後に，国民から見れば中央政府とは異なった存在だが，

あわせて公共部門を構成する地方政府の位置づけを規定する「中央・地方関係制度」について，第10章で述べる。

　初出用語の紹介など，本書は基本的に第1章から順に読み進めてもらえるように組み立てている。とはいっても，中には抽象的な議論はあまり好きではないという読者もいるだろう。そうした人は，迷わず第3章以降から読み始めてほしい。また第3章以降の各章についてはそれぞれ一定の独立性が保たれているので，自分の興味をもった章から読み始めてもらってもかまわない。引用・参考文献リストも各章ごとに掲載する方式をとった。わからない用語や概念が出て来た場合には，索引を使って初出箇所を拾い読みすればよいだろう。そうしていったん具体例を頭に入れたうえで，あらためて第1章や第2章を読み返してもらえると，本書が全体として考えようとしていることが，より明確に理解できるはずである。

●引用・参考文献●

Hochschild, Jennifer, 2005, "Symposium: APSA Presidents Reflect on Political Science: Who Knows, What, When, and How," *Perspectives on Politics* 3: 309-334.

著者紹介

建林 正彦（たてばやし まさひこ）

1965 年，京都府に生まれる。

1989 年，京都大学法学部卒業。1996 年，京都大学大学院法学研究科博士後期課程単位取得退学。関西大学法学部助教授，神戸大学大学院国際協力研究科教授，同志社大学法学部教授などを経て，

現　在，京都大学大学院法学研究科教授（政治学専攻），博士（法学）。

著作に，『議員行動の政治経済学——自民党支配の制度分析』（有斐閣，2004 年），『政党組織の政治学』（編著，東洋経済新報社，2013 年），『政党政治の制度分析——マルチレベルの政治競争における政党組織』（千倉書房，2017 年）など。

曽我 謙悟（そが　けんご）

1971 年，兵庫県に生まれる。

1994 年，東京大学法学部卒業。東京大学大学院法学政治学研究科助手，大阪大学大学院法学研究科助教授，神戸大学大学院法学研究科教授などを経て，

現　在，京都大学大学院公共政策連携研究部教授（行政学専攻）。

著作に，『行政学〔新版〕』（有斐閣アルマ，2022 年），『日本の地方政府』（中公新書，2019 年），『現代日本の官僚制』（東京大学出版会，2016 年，日本公共政策学会賞著作賞受賞）など。

待鳥 聡史（まちどり　さとし）

1971 年，福岡県に生まれる（主に関西で育つ）。

1993 年，京都大学法学部卒業。1996 年，京都大学大学院公共政策連携研究部博士後期課程退学。大阪大学大学院法学研究科助教授などを経て，

現　在，京都大学大学院法学研究科教授（比較政治論，アメリカ政治論専攻），博士（法学）。

著作に，『財政再建と民主主義——アメリカ連邦議会の予算編成改革分析』（有斐閣，2003 年，アメリカ学会清水博賞受賞），『首相政治の制度分析——現代日本政治の権力基盤形成』（千倉書房，2012 年，サントリー学芸賞受賞），『日本の地方政治——二元代表制政府の政策選

択』（共著，名古屋大学出版会，2007 年，日本公共政策学会賞著作賞受賞）など。

比較政治制度論：目　次

はじめに ……………………………………………………………i

第1章　比較政治学とは何か　　1

1　比較政治学の出発点——因果関係で考える ……………2
「国のかたち」への視点　2　　因果的推論とは何か　3
因果的推論の方法　4　　散布図とクロス表　6　　検定と
統計的有意　9　　見かけの相関と条件の統制　11　　原因
と結果の逆転　13

2　比較政治学の方法——理論に基づいて考える …………14
因果関係の論理的把握　14　　実証と反証——代替仮説の重
要性　16　　もう一つの推論——記述的推論　18　　記述的
推論とモデル　20　　因果的推論における理論の役割　22

3　比較政治学の対象——何を比較するのか ………………23
「比較政治学」は成立しうるのか　23　　対象としての比較
24　　比較政治学の定義　26　　新制度論以外の諸理論①
——体制論　28　　新制度論以外の諸理論②——文化論と
経済決定論　29　　新制度論以外の諸理論③——理念論　31

第2章　制　度　論　　35

1　制度への注目 ………………………………………………36
新制度論とは何か　36　　制度とは何か　38　　定義をめぐ
る論点　39

2　合理的選択制度論とは何か ………………………………42

ix

　　　　基本的な考え方 42　　社会学的制度論 44　　構造的制度
　　　　論 46　　制度に導かれた均衡 48

3 制度はいかに形成されるのか ……………………………………49
　　　　均衡としての制度 49　　入れ子型ゲーム 51　　制度工学
　　　　の難しさ 53

4 政治制度の全体像 ………………………………………………54
　　　　本人－代理人モデル 54　　民主主義体制のとらえ方 57
　　　　民主主義体制における政治制度 60

第3章　選挙制度　　　　　　　　　　　　　　　　　　　65

1 選挙制度の定義と構成要素 ……………………………………66
　　　　選挙制度とは何か 66　　選挙制度の基本的諸要素①――
　　　　議席決定方式 67　　選挙制度の基本的諸要素②――選挙
　　　　区定数 69　　選挙制度の基本的諸要素③――投票方式
　　　　70　　選挙制度の基本的諸要素④――選挙サイクル 71

2 選挙制度の比例性・代表性と政党システム ……………………72
　　　　選挙制度と民主主義 72　　比例性・代表性の規定要因 74
　　　　有権者・政党の行動への影響 76　　デュヴェルジェの法則
　　　　とその発展 79　　混合制と政党システム 82　　各国の選
　　　　挙制度と政党システム 86

3 選挙制度と政党組織 ……………………………………………87
　　　　集権的政党と分権的政党 87　　個人投票－政党投票 88
　　　　選挙を取り巻く政治制度の影響 90　　多国間の比較 92

4 日本の選挙制度 …………………………………………………95
　　　　比例性の低下傾向 95　　政党投票の促進傾向 98

第4章 執政制度　103

1 執政制度の類型 …………………………………………104
議院内閣制と大統領制　104　　半大統領制　106　　権力の融合・分立・分有　107

2 執政制度と民主主義体制の安定 ……………………108
大統領制への批判　108　　大統領制批判の実証的根拠　109
大統領制の擁護論　110

3 執政制度とリーダーシップ ……………………………113
新しい関心　113　　議院内閣制の多様性とリーダーシップ
114　　大統領制の多様性　116　　大統領の立法権　117
大統領の党派的政治力　119　　党派的政治力と他の政治制度　121　　半大統領制における政治指導　122

4 日本における首相のリーダーシップ ………………125
「弱い」首相たち　125　　大統領的首相？　126　　議院内閣制のウェストミンスター化　128

第5章 政党制度　133

1 政党システムの類型 …………………………………134
政党分析の二つの視点　134　　二大政党制と多党制　135
政党数以外の基準　137　　各国の政党システム　138

2 政党システムと政治的帰結 …………………………140
政治的安定性　140　　リーダーシップか代表性か　143
政策の収斂と一貫性　144　　具体的な政策選択　146

3 政党組織論 ………………………………………………148
政党組織の比較基準　148　　現代の政党組織　150　　集権性と政党規律　153

4 政党組織と政治的帰結 ………………………………155

集権─分権と政策 155　　財政赤字と腐敗 157

5 日本の政党制度 …………………………………………………158
政党システム 158　　改革の意味 160　　政党組織 162

第6章　議会制度　169

1 議会制度の構成要素 …………………………………………170
議会の位置づけ 170　　効率性と開放性の間で 171　　アジェンダ・ルール 172　　採決ルール 174　　二つのルールの相関 176

2 議会制度の帰結 ………………………………………………180
多数派の意味 180　　効率性重視型議会制度の帰結 181
開放性重視型議会制度の帰結 182　　委員会政府の意味 184　　少数派の保護と野党の戦略 186

3 日本の議会制度 ………………………………………………188
国会の議会制度 188　　改革論への含意 191　　地方議会の議会制度 193

第7章　官僚制　199

1 官僚の自律性と能力 …………………………………………200
制度としての官僚 200　　官僚制の二つの構成要素 200
自律性と能力をどのようにとらえるか 202　　各国の実態把握①──自律性 205　　各国の実態把握②──能力 208

2 官僚の自律性と能力の帰結 …………………………………209
自律性の帰結 209　　専門性の帰結 212　　事例としての戦後日本 213

3 官僚の自律性と能力の規定要因 ……………………………217

従属変数としての自律性と能力　217　　　執政制度と官僚制
　　　218　　　官僚の能力と政策選好　221　　　官僚への委任はどの
　　　ような場合に行われるか　222

4 日本の官僚制の特徴とその帰結 …………………………………225
　　　自律性の大きさ　225　　　族議員との関係　227　　　能力の高
　　　さと高度経済成長　228　　　自民党政権安定以前の政官関係
　　　229　　　委任構造の複線化　230　　　現代日本の官僚制　232

第8章　司法制度　237

1 司法制度の二つの軸 ……………………………………………………238
　　　政治制度としての司法制度　238　　　裁判所の権限と独立性
　　　239　　　権限の軸　240　　　権限と組織形態　241　　　独立性
　　　の軸　242　　　独立性の測定　245

2 司法制度の帰結 …………………………………………………………246
　　　司法制度と民主主義の論理　246　　　政治制度への影響　249
　　　社会や経済への影響　250　　　国民参加の効果　252

3 司法制度の規定要因 ……………………………………………………254
　　　政治家の利益と司法制度　254　　　政治制度と司法の権限・
　　　独立性　256

4 日本の司法制度 …………………………………………………………259
　　　裁判所の独立性と消極性　259　　　消極性を生み出す要因
　　　260　　　ある程度の影響力　263　　　近年の変化　264

第9章　中央銀行制度　269

1 中央銀行制度の独立性 …………………………………………………270
　　　中央銀行の政治学　270　　　中央銀行制度と司法制度，中
　　　央・地方関係制度　271　　　中央銀行とは何か　272　　　独立
　　　性をどのようにとらえるか　274

2 中央銀行の独立性の帰結 …………………………………276
  中央銀行とインフレ率 276　中央銀行と財政赤字 280
  中央銀行と民主主義の論理 283

3 中央銀行の独立性の規定要因…………………………………285
  政権交代や体制転換との関係 285　政治家の誘因 287

4 日本の中央銀行制度 …………………………………289
  日本銀行の法的独立性 289　政治制度としての日本銀行 290　日本銀行の独立性の帰結 293

第10章　中央・地方関係制度　299

1 中央・地方関係制度の三つの側面 …………………………………300
  集中─分散，融合─分離，集権─分権 300　「大陸型」と「英米型」 302　各国の中央・地方関係の実態 303

2 中央・地方関係制度の帰結…………………………………306
  民主化の促進 306　政府の説明責任 307　文化，民族などの亀裂と統合 308　財政赤字への影響 310　経済成長への影響 312

3 政治的メカニズムへの注目──因果関係の修正 …………313
  政治的競争のもたらす非効率 313　地方政治家の誘因構造と財政 315　安定装置としての政党 316　政策分野間の違い──分権化の限界？ 318

4 日本の中央・地方関係の変化とその帰結 ……………………320
  戦後改革から1990年代まで 320　1990年代以降の変化 323

あとがき……………………………………………………………………329

事項索引　333
人名索引　338

■ 図表一覧

図 1-1　散布図による相関関係の把握　8
図 1-2　有意な相関関係の把握　10
図 2-1　三つの制度論の関係　44
図 2-2　政治制度の配置　59
図 3-1　戦後日本における非比例性指数の変化　96
図 3-2　戦後日本における有効政党数の変化　97
図 5-1　選挙制度と有効政党数　139
図 5-2　有効政党数と内閣の平均寿命　142
図 6-1　議会制度の特徴　178
図 7-1　官僚の能力と経済成長の関係　215
図 7-2　執政制度と官僚制　219
図 8-1　司法制度の独立性　246
図 9-1　中央銀行の独立性とインフレ率　277
図 10-1　集中─分散，融合─分離，集権─分権の程度　304

表 1-1　クロス表による相関関係の把握　9
表 1-2　比較政治学の位置づけ　25
表 3-1　各国の選挙制度　68
表 3-2　各国の選挙制度とその比例性，政党システム　85
表 3-3　選挙制度による有効政党数の違い　86
表 3-4　各国の選挙制度と個人投票　93
表 4-1　執政制度を決める二つのルール　105
表 4-2　民主主義体制の崩壊と執政制度　112
表 4-3　議院内閣制と首相リーダーシップ　115
表 4-4　大統領権限のバリエーション　119
表 4-5　大統領制と政党の一体制　120

表 4-6　半大統領制のバリエーション　124
表 5-1　主要国における党員数の対人口比　151
表 5-2　主要政党の党員数と得票数　152
表 7-1　官僚の自律性指標　207
表 9-1　中央銀行の独立性　276
表 9-2　中央銀行に対する拒否権と独立性　288

※　引用・参考文献は，章ごとに章末に掲げ，本文中には著者名または編者名と刊行年，特に必要な場合には引用頁数を，（　）に入れて記した。
《例》
　　（村松，1981）
　　　　村松岐夫，1981『戦後日本の官僚制』東洋経済新報社。
　　(King, Keohane, and Verba, 1994)
　　　　King, Gary, Robert O. Keohane, and Sidney Verba, 1994, *Designing Social Inquiry*, Princeton University Press.

本書のコピー，スキャン，デジタル化等の無断複製は著作権法上での例外を除き禁じられています。本書を代行業者等の第三者に依頼してスキャンやデジタル化することは，たとえ個人や家庭内での利用でも著作権法違反です。

第1章 比較政治学とは何か

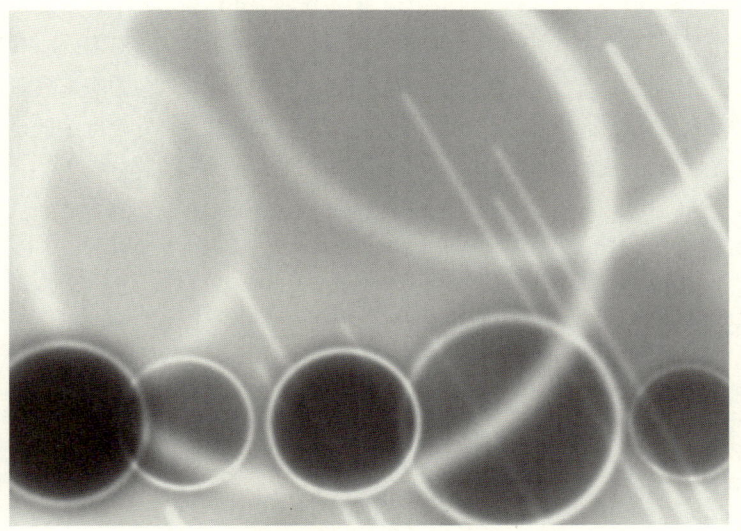

　比較政治学とは何だろうか。私たちは,政治の何を,どのように比較し,それによって何を知ることができるのだろうか。本章では,因果(原因と結果)関係に注目して政治を分析する「方法としての比較」と,複数の国や時代の政治を扱うという「対象としての比較」という二つの側面から,比較政治学に求められる条件について考える。分析対象として適切な単位を意識し,それを複数選択したうえで,それらの間に一致や相違が生じるのはなぜかを説明していくことが,比較政治学の中心的作業となる。

1 比較政治学の出発点
●因果関係で考える

「国のかたち」への視点

あなたにある新興国から留学してきた友人がいたとしよう。彼(彼女)は帰国後に有力政党の若手リーダーとなり,将来を嘱望される立場となった。そんな友人からある日突然,あなたは手紙を受け取った。そこには次のように書かれていた。

「前略。私の国では今,民主化を進め,憲法をはじめとする国のかたちを作り替えようとしています。私たちの政党でも,あるべき国のかたちを国民に対して具体的に提示する必要に迫られています。そこであなたに相談したいのは,いったいどのような政治制度を採用すべきか,という問題です。ご承知のように私たちの国は,貧困,民族対立,政治腐敗など,解決すべきさまざまな課題を抱えています。こうした課題を解消しつつ,民主化を進めていくためには,いかなる選挙制度や執政制度をデザインすればよいのでしょうか。政治学を専門に勉強しているあなたに,ぜひよい知恵を授けてもらいたいのです」

さて,あなたはこのような友人の問いに対してどう答えるだろうか。

そもそも,どのような政治制度が貧困や紛争の問題を解決してくれるのだろうか。結論を先取りすれば,そのような政治制度は今のところ明らかではない。貧困や紛争を一挙に解決しうるような方策が存在するならば,人間はこれほどまでにそうした問題に苦しんではいないだろう。

しかし今日の政治学は,こうした問題について考え,取り組むための視点,材料,方法といったものを提供することはできる。本書では,比較政治学においてこれまで蓄積されてきた政治制度とその

帰結に関するさまざまな研究，すなわち「新制度論」と呼ばれる諸研究を体系的に紹介することにより，そうした視点や方法を示していこうと思う。政治制度は私たちに何をもたらすのか。政治制度を変えることで何が変わるのか。本書を読み終えた後，あなたはこうした問題に対するあなた自身の答えを見つけることになるだろう。「はじめに」でも述べたように，世界的な制度改革の時代の中で，だれもがそれぞれの「国のかたち」を一定の論拠に基づいて描けるように導くこと，これが本書のめざすところである。

> **因果的推論とは何か**

そのための準備作業として，本章では社会科学の方法について簡単な解説を加えておこう。

新制度論の基本的特徴について詳しくは第2章で述べるが，そこでは政治現象における原因と結果の関係，すなわち因果関係が重視される。新制度論は，政治において制度が果たす役割という視点を導入することにより，ある特定の制度の下で政治アクター（行為主体）がどのような行動をとるのか，その結果どのような帰結がもたらされるのか，またそもそもある制度はなぜ存在するのかを分析する。たとえば，政治家が支持者の意向を重視した政策選択を行うことは世界中の常識かもしれないが，実際にどの程度まで支持者の要求に縛られるのかは，選挙制度などの制度のあり方によって異なってくる。つまり，政治家の政策選択という結果は，制度が原因となって定まっている面があるのである。このように因果関係を分析することを重視する理論を理解するうえでは，社会科学において使われる方法を知っておくことが大きな助けになると思われる。

因果関係について考えることを，社会科学の分野では「因果的推論（causal inference）」と呼ぶ。キング，コヘイン，ヴァーバという3人のアメリカ人政治学者が書いた『社会科学のリサーチ・デザ

イン（*Designing Social Inquiry*）』によれば，「推論」とは，私たちの知っている事実をもとに，未知の，まだわからない，定かではない事柄について，こうではないかと考え，論じ，また証明していくことを意味する（King, Keohane, and Verba, 1994）。したがって因果的推論とは，何か実際に起こった事象に対して，その原因はこれではないかと考え，証明していくことを指す。

たとえば，「なぜある国では政治腐敗が起こるのか（あるいは，起こらないのか）？」という問いに対して，その国の経済発展レベルのせいではないかと考えたとする。この場合には，政治腐敗という帰結を，経済発展レベルで説明する因果的推論を行ったということになるのである。

別の例をあげよう。かつて，あるプロ野球選手が「ベンチ（監督やコーチ）がアホやから野球ができん（勝てない）」といってチームを批判しつつ引退するというショッキングな出来事があった。本人は後にこの発言は実際にはなかったと回顧しているが，そのことはとりあえず措いておくとして，発言を伝えられた通りに受け取れば，そこにはチームの弱さという帰結の原因を監督・コーチの無能さに求めるという因果的推論があったことになる。

因果的推論の方法

では，因果的推論はどのように行えばよいのだろうか。政治学を含む社会科学において因果的推論を行う場合には，通常次のような手順をふむことになっている。なお，因果的推論において，原因として想定される要因を「独立変数（説明変数，independent variable）」，結果として想定される要因を「従属変数（被説明変数，dependent variable）」と呼ぶ。

因果的推論においては，まず最初に，二つの変数の「共変関係（covariance）」を見出す。共変関係とは，二つの変数が連動する関係にあることを指す。一つの変数となるものが何らかの動きを示し

たときに，あるいはその後で，もう一つの変数が連動する場合に，二つの変数の間には独立変数と従属変数としての関係，つまり因果関係があると考えるのである。

　私たちは日常生活の中でも，それを強く意識するかどうかは別にして，さまざまな物事の間に因果関係の存在を想定しつつ暮らしている。たとえば，庭の草木に水をやるのは，水や肥料の量と植物の成長との間に因果関係があると考えているからにほかならない。これは私たちが学校で習った光合成のしくみを理解しているからではなく，自分自身の経験や身近な人々からの伝聞として，水の量を変化させた場合に植物の成長度に変化が生じるという共変関係を経験的に知っているからである。より一般的にいえば，私たちは二つの事柄が同時に，あるいは何らかの時間差を伴って変化するとき，それらの間に原因と結果の関係があるのではないか，と想像するのである。

　共変の有無を確認する方法はいくつかある。まず実験である。草や木に水をやった場合とやらなかった場合で草や木の成長に違いが見られるかを，実際に試してみて調べるのである。小学校や中学校の理科の教科書にはたくさんの実験が紹介されており，そのいくつかを実際にもやってみた記憶がある人は多いだろう。しかし実験は，社会科学においては容易ではない。社会科学では社会現象を対象とするのであり，たとえば政治腐敗に及ぼす宗教の効果を調べるために，ある国における宗教を変化させ，結果の違いが発生するかどうかを調べるなどということは，明らかに不可能であろう。社会科の教科書には実験は出てこなかったはずである。社会科学においても近年実験による手法が開拓されつつあるが，多くの場合には，社会現象を部分的に部屋（教室）の中やコンピュータ上で単純化して再現する疑似実験，あるいはシミュレーション（模擬実験）である場

合が多い。

　そこで社会科学においては，実験に代えて，すでに発生した（過去の）出来事を観察することによって共変の有無を確かめることが多い。すなわちある国の宗教を変えることはできないが，Ａという宗教の国とＢという宗教の国について，それぞれの腐敗度を比較することはできるだろう。また一つの国をとりあげる場合にも，宗教改革などによってその国の主要な宗教が変化していれば，その前後を比較することができるだろう。

　ここで重要なことは比較である。水をやった場合とやらなかった場合，宗教Ａの国と宗教Ｂの国というように，共変の有無を見ようと思えば，一つの変数のあり方を異ならせたうえでもう一つの変数がどのようになるかを知る必要がある。そのため，二つの変数のうち少なくともどちらか一方が異なった組み合わせを作って，比較を行わねばならない。因果的推論の根本には，必ず何らかの比較が存在する。そして，因果関係を探るための比較のように，推論を行うためにとるべき適切な方法のことを，私たちは「科学」と呼んでいるのである。実験の有無は自然と社会という対象の違いによるもので，実験があれば科学的ということではない。

散布図とクロス表　因果的推論を進めていくうえでの第一歩が共変関係の把握だとすれば，それは具体的にどのような方法によって進めていくことができるのだろうか。一般に，社会科学の分析手法は，少数の事例を詳細に叙述しながら検討する「定性的分析（質的分析，qualitative research）」と，多くの事例を収集し，統計的分析を加える「定量的分析（量的分析，計量分析，quantitative research）」の二つに大別される。以下では主として定量的分析に即して，共変関係の把握方法をもう少し具体的に紹介しよう。後で述べるように，定性的分析も因果的推論の方法とし

て有効なものだが,共変関係がいかなるものかを把握するうえでは,定量的分析の方法がよりわかりやすく,定量的分析に即した理解が定性的分析を行ううえでも大きな助けになると思われるからである。とはいえ,政治学において近年大きく発展している定量的分析の詳細に立ち入ることは,本書の範囲を超える。増山・山田(2004)など,考え方や手法を解説した良書が多数あるので,それを参照してほしい。

定量的分析において共変を確認する際に重要なことの一つは,独立変数や従属変数が,植物に与える水の量のように連続変数として量的に把握できるものなのか,あるいは宗教Aと宗教Bのような質的変数なのかという違いである。こうした違いは,共変を確認するための数量的手法の違いにかかわる。まず,もし両者が連続変数であれば,独立変数をX(水の量),従属変数をY(植物の成長)として,XYの「散布図」を描くことができる。

図1-1のaからdは散布図のパターンを示したものだが,XYが何らかの傾向(パターン)を伴って分布していれば,XとYには共変関係があるということになる。こうした連続変数間の共変関係に関しては,しばしば「相関関係(correlation)」という言葉も用いられる。本書でも,以下では共変と相関をほぼ同義として用いるが,より正確には相関関係はaやcのように線形的,すなわち一次関数的な共変関係を指すものであり,共変の一部であるということができる。dのようにXとYが二次関数的に共変している場合には,相関関係があるとはいわない。

他方,独立変数や従属変数が連続変数ではない場合には,その関係を描くものとして散布図は適切ではなく,「クロス表」を用いた検討が重要になる。たとえば政治腐敗の多さ(少なさ)を説明する要因として宗教Aと宗教Bという質的変数を考え,各国の例をも

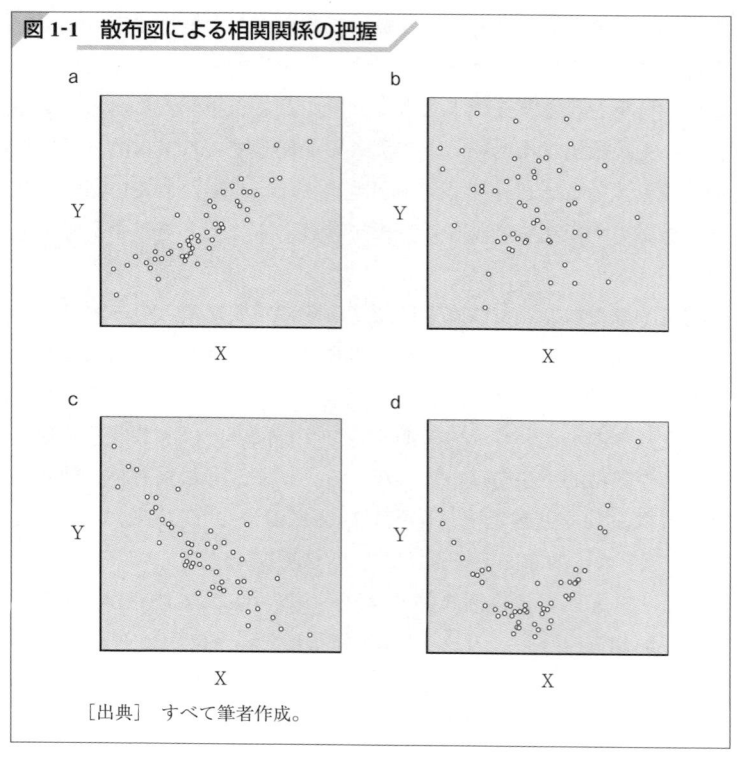

図 1-1 散布図による相関関係の把握

[出典] すべて筆者作成。

とにその因果関係を確認しようした場合には，表 1-1 の a から d のようなクロス表が描けることになる。宗教と政治腐敗の度合いに共変が確認できるのは a や c のように，多くの国が斜めの枠に含まれる場合である。たとえば b のように縦や横に一列に並んでいる場合や d のように全体に満遍なく散らばっている場合には，宗教と政治腐敗には共変はなく，因果関係もないことがわかる。

こうしたクロス表の考え方は，定量的分析ばかりではなく，少数の事例を詳細に叙述しながら検討する定性的分析にも大きな意味を

表 1-1 クロス表による相関関係の把握

a

		政治腐敗	
		多い	少ない
宗教	A	15	2
	B	4	9

b

		政治腐敗	
		多い	少ない
宗教	A	18	2
	B	10	0

c

		政治腐敗	
		多い	少ない
宗教	A	2	12
	B	13	1

d

		政治腐敗	
		多い	少ない
宗教	A	8	7
	B	9	6

[出典] すべて筆者作成。

もつ。少数事例の研究においては、調査する対象としてどの事例を選択するかという問題が重要となるが、ここでしばしば陥りがちなのは、共変関係が見出せないような事例選択を行ってしまうことである。たとえば、政治腐敗の原因を探ろうとする場合に、腐敗の多い国ばかりを取り上げて調べてしまうことが起こりうる。しかし、上のクロス表に当てはめて考えればわかるように、腐敗の多い国ばかり調べたのでは共変関係は見出しようがない。腐敗の原因は、腐敗の少ない国との比較によってはじめて明らかになるのである。

検定と統計的有意 実験やすでに起こった出来事の観察を通じて比較を行い、共変関係を確認することが因果関係を考えるうえでの手始めとなることは確かである。しかし、私たちが因果関係として知りたいことと、実験や観察との間には本質的なギャップが存在する。実験や観察は、私たちが知りたい一般的な現象の一部にすぎないのである。実験や観察で仮に共変関係が

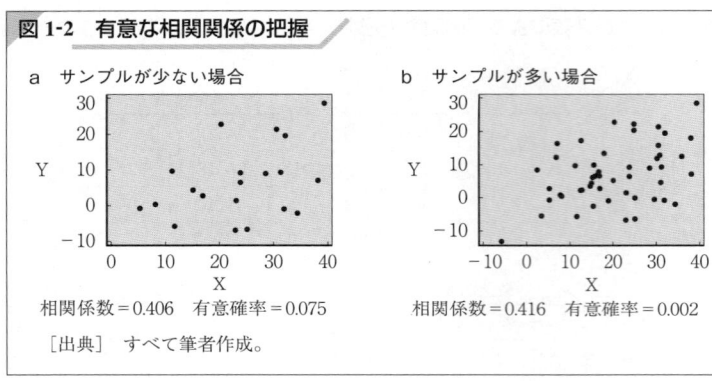

図 1-2　有意な相関関係の把握

a　サンプルが少ない場合　　相関係数＝0.406　有意確率＝0.075

b　サンプルが多い場合　　相関係数＝0.416　有意確率＝0.002

［出典］　すべて筆者作成。

得られた場合にも，それは単に偶然の結果なのかもしれない。このような偶然性の問題を回避し，一般的な関係として共変関係を見るために，定量的分析ではしばしば統計的有意度（statistical significance）という指標が用いられる。たとえば先に述べた相関についての分析やクロス表，また後で述べる回帰分析についても，分析結果に関して有意度，すなわちそこで得られた結果が単に偶然といいうる水準なのかどうかを確かめなければならない。一定の理論的想定に基づいて，定量的分析の結果が偶然でないことを確かめることを「検定（statistical test）」と呼ぶ。

　同じ対象について観察，実験を行った場合であっても，より多くの事例を得た場合の方が，偶然の結果であるのか否かをよりはっきりと区別することができる。図 1-2 の a と b は同じ対象から得られたデータセットに基づく散布図であるが，a についてはそのうちの 20 個だけのデータが得られた場合であり，b は 50 個のデータが得られた場合を示している。これを見てわかるように，b のようにより多い事例が分布している場合の方が，それが偶然の結果である確率は低いと考えられる。ある植物を 20 株育てている場合と 50 株

育てている場合では，株数が多い方が株ごとの形質に結果が左右されにくくなり，水やりと成長度の関係はより明確になることは，直観的に理解できるだろう。

これらの直観が正しいか否かを，客観的に確認するために用いられるのが統計的有意度という概念である。これは，複数の変数の間に偶然的でない関係がある場合に生じるはずの値の分布に対して，実際の測定値の分布がどの程度ずれているかについて算出した値である。それは通常，「5％（0.05）以下の水準で有意である」などという形で表され，理論上想定される分布からの実際の測定値の分布のずれが，5％以下に収まっていることを意味する。これは大雑把にいえば，実際の測定結果が5％以下の確率でしか偶然には発生しえないということを指しており，複数の変数の間に存在する関係は偶然とはいえないだろうという解釈が導かれることになる。

図1-2のaとbは，いずれも相関係数は約0.4である。相関係数は共変関係の強さに応じて0から±1の値をとるので，どちらも同じ程度の正の共変関係があることがわかる。しかし，有意確率はaが7.5％であるのに対し，bは1％以下である。bであれば，自信をもってXとYに共変関係が存在するということができるが，aのように観察あるいは実験したケースが少ない場合，得られた関係は偶然にも生じうるものであるという可能性を排除できないのである。

見かけの相関と条件の統制

共変関係を見出すことができたとしても，そこに必ず因果関係があるとはいえない。XとYという二つの変数の共変は，両者に因果関係がない場合にも発生しうるからである。

第一に，見かけの相関（共変）という危険性がある。これはXとYのそれぞれが，別のZという独立変数の従属変数である場合に発生する。たとえば，家計の肉の消費量とパンの消費量には共変関

係がある。このことは，肉を食べていると徐々に食事の好みが西洋化してきて，炭水化物についてもご飯よりパンを好むようになる，というような因果関係を示しているといえるだろうか。確かに一見したところ，そのような可能性があるようにも思える。しかし，肉の消費量はパンだけではなく，米の消費量とも共変関係があるとなれば話は別である。実は，一般に家計を分析単位にするかぎり，肉とパンのみならず，ほとんどすべての食材消費量の間に正の相関が見つかる。なぜなら食品の消費量は，ぜいたく品を除けば，基本的には家計を構成する家族数に比例するからである。つまり，この例が示しているのは，肉の消費量とパンの消費量は共に家族の多さの結果なのであり，両者の共変は単に見かけの相関（疑似相関）にすぎないということである。

　見かけの相関の影響を取り除き，本当の因果関係を探るにはどうすればよいのだろうか。それは見かけの相関を引き起こしうると考えられる第三の変数を統制（コントロール）することである。実験を行う場合には，変数の統制は比較的容易である。その効果を測ろうとする独立変数（たとえば水やりの量）のみを変化させ，他の条件（たとえば二酸化炭素の濃度，日照時間，肥料の量など）を同じにすればよい。これに対して，観察による検証の場合には，実験のように正確な統制は難しい。ただ，基本的には実験の場合と同じように，第三の変数の効果を一定にしたうえで，独立変数の効果を見ればよいのである。具体的には，たとえば食材の消費量についてであれば，3人家族のみ，あるいは4人家族のみといったように，家族の数が同じである家計のデータだけを取り上げて，食材間の相関を見る。考えられる第三の変数の効果を統制したうえで，なおかつ目標とする変数間に共変がある場合には，それらに因果関係がある可能性は大きくなる。

変数の統制は，独立変数と統制されるべき変数が少ない場合には，クロス表において条件ごとの集計を行うという方法でも可能である。ただこの手法は，変数が多い場合には難しい。重回帰分析という統計手法は，複数の独立変数の従属変数との共変を一度に分析する計量分析の手法であり，独立変数や統制されるべき変数が多い場合にはとくに有用である。この手法によって，他の変数の効果を統制した場合の目的とする変数の効果を見ることができるのであり，社会科学ではさまざまな分野で広く用いられている。

原因と結果の逆転

　因果関係がないにもかかわらず，共変関係が見出される第二のケースは，原因と結果の逆転が生じている場合である。政治腐敗と宗教，あるいは経済発展水準に共変関係が見出された場合にも，実は原因と結果が逆なのかもしれない。すなわち腐敗の継続が一定の政治文化を作り出し，特定の宗教を根づかせるという可能性がないとはいえないし，腐敗の深化が経済発展を阻害するという可能性は，より説得力をもっているだろう。いずれにせよ変数間の共変を見出しただけでは，そのどちらが原因でどちらが結果なのかは定かではないのである。

　この問題に対する一つの有力な解決策は，どちらが先に生じたのか，時間的な前後関係を確認することである。宗教の定着が政治腐敗の深化よりも歴史的に先行していれば，前者が原因で後者が結果と考えられる。逆に，腐敗が進行する中で，特定の宗教が定着したのであれば，むしろ腐敗が宗教の原因とも考えられることになる。私たちは水やりと植物の成長との間の共変関係を見出した場合に，前者が後者の原因であることを当然の事実として受け入れているが，それは水やりが植物の成長に時間的に先行していることを知っているからである。

　しかし，時間的な前後関係からだけでは，原因と結果を逆転して

取り違えてしまうという問題のすべてを解決することはできない。同時期に発生した複数の事柄の間にある共変関係の場合には、時間的な前後関係は明確でなく、取り違えが起こりやすい。むしろ、社会科学が対象とする現象の場合、時間的な前後関係の把握のみで対処できることは、必ずしも多くないとさえいえるだろう。

2 比較政治学の方法
●理論に基づいて考える

因果関係の論理的把握　見かけの相関や原因と結果の逆転の危険性を取り除き、共変関係から適切に因果関係を導く最も重要な方法は、因果関係を成り立たせているメカニズムを論理的に検討することである。水やりが原因で植物の成長がその結果であるということを私たちが確信して疑うことがないのは、それが逆であることが論理的にありえないからでもある。すなわち、植物が成長する結果、植木に水をやるようになる、という因果関係のメカニズムは成り立ちようがない。

　もう少し微妙な場合にも、因果関係のメカニズムの検討は十分に効果的である。たとえば、複数のプロ野球チームの比較、あるいは特定のプロ野球チームの歴史的な比較を通じて「ベンチの無能さ（有能さ）」と「プロ野球チームの弱さ（強さ）」に共変関係が見られた場合には、因果メカニズムを考えることでどちらが原因でどちらが結果なのかを明らかにすることができる。ベンチが無能であるため戦術がまずい、それゆえチームが弱い、という因果メカニズムは成り立ちそうだが、逆にチームの弱さがベンチの無能さを導くというメカニズムはなかなか考えにくい。

　また二つの変数の間の因果関係のメカニズムを考えることは、見

かけの相関の排除にもつながる。二つの変数 X と Y が、単なる第三の変数 Z の従属変数として見かけの相関を引き起こしている場合には、X と Y はいわば偶然に一致しているだけであり、両者の間には因果メカニズムが成り立たないことが多い。家計当たりの肉の消費量と石鹸の消費量に共変があった場合には、因果メカニズムを考えることによって、それが単なる見かけの相関にすぎないことに気づくだろう。そもそも見かけの相関を引き起こすような第三の変数 Z は、自然に見つかるのではなく、因果メカニズムを考えることによってはじめて発見することができるのである。家族の数が多くなれば、あるいは家計の収入が増えればそれだけ食材の消費量は多くなるだろうというように、従属変数を取り巻く因果メカニズムを考察することが見かけの相関を明らかにし、より的確な因果関係についての仮説を導くことにつながるのである。

さらに、因果関係のメカニズムを考えることによって、因果関係を検証するためのより多様な手段を手に入れることができるようになる。すなわち、独立変数と従属変数を結び付ける因果関係から、共変とは異なるレベルの「観察可能な含意 (observable implication)」を導き、これを具体的な証拠と突き合わせることが可能になるのである。

たとえば、先に述べたようにプロ野球チームにおける「ベンチの無能さ」と「チームの弱さ」が、「戦術のまずさ」を経由した因果メカニズムによって結び付いていると考えられるとしよう。これを具体的な試合に即して考えると、ベンチが無能なチームでは、他のチームに比べて接戦に弱いという予測が論理的に導かれることになる。これが観察可能な含意である。大勝したり大敗したりする場合には、それほど戦術的な問題は重要とはならないが、1 点差や 2 点差で勝とうとする場合には、選手交代やさまざまな作戦の選択など

というベンチの采配がより重要になるからである。あるいは水やりと植物の成長との関係が，光合成という因果メカニズムに支えられたものであるというのであれば，植物の成長にともなって，二酸化炭素が消費されていたり，酸素が生み出されていたりするだろう。私たちは，光合成という因果メカニズムを考えることによって，水の量（X）と植物の成長度（Y）の共変とは異なるレベルで現実のデータと照合可能（観察可能）な予測（たとえば二酸化炭素の減少や酸素の増加）を導くことができるだろう。

観察可能な含意の検証は，多くの実例（サンプル）に基づいて，定量的分析を通じて行うことも可能だし，少数の事例を通じた定性的分析によって行うこともできる。また，とくに定性的分析の場合には，過程追跡（process tracing）という手法が有効な手段となる。観察可能な含意として，因果メカニズムに沿って，独立変数から従属変数にいたる一連の出来事の流れに関する推測を導くことができれば，それを実際に生じた出来事と照らし合わせ，本当に仮説通りの順序で物事が起こっているかどうかを確認するのである。

実証と反証──代替仮説の重要性

因果的推論の方法について最後にふれておきたいのは，いわゆる反証主義についてである。反証主義とは，科学哲学者のポパーによって提唱された科学的方法のことを指す。彼によれば，科学的方法とは，推論によって立てられた仮説（命題）を肯定する証拠を積み上げていく「実証（justification）」ではなく，むしろ命題を否定する「反証（falsification）」によるものだというのである。そもそも実証と反証には非対称性があるという。すなわち，証拠をもとに仮説を肯定的に実証することは困難だが，それを否定することは容易である。たとえば「（すべての）鳥は空を飛ぶ」という仮説があったとした場合に，私たちがこれを肯定的に実証しようとすれば，

鳥を一つ一つ調べていかねばならない。これに対して，この仮説を否定するためには，いくつかの（あるいは一つの）反例を見つければよいのである。ポパーは，科学はこのように仮説を反証することによって進化してきたという。したがって，科学的知見というのは，現在のところ反証されていない仮説を指すというのである（Popper, 1963）。

このような反証主義の立場からは，仮説を立てる際にも一定の条件が求められることになる。それが反証可能性であり，科学的な命題とは反証が可能なものでなければならないとされる。命題（仮説）の中には，反証の不能なものがある。たとえば「コインを投げたときには，必ず表もしくは裏が出る」という命題は，もともといかなる証拠によっても反証できないのであり，反証主義から見ればこのような命題はそもそも科学的命題たりえないのである。

反証主義はさまざまな問題を含むものであって，必ずしも全面的に受け入れる必要はないだろう。たとえば仮説を肯定する証拠，実証の方法が政治学や社会科学において無意味なわけではなく，それは十分に仮説の信頼性を強化する役割をもっているように思われる。ただ反証主義の考え方が政治学を含む社会科学に受け入れられ，その方法の一定の基盤となっていることも確かであり，反証主義を理解しておくことも必要となる。とくに，社会科学における推論の方法との関係では，代替的な仮説の重要性がクローズアップされることになる。

たとえば先に述べた統計的有意度，検定の問題についていえば，統計学における検定において実際に調べられているのは，実は「帰無仮説（null hypothesis）」といわれるものである。二つの変数XとYに共変関係があることを調べようとして，散布図の相関係数，クロス表における共変を統計的に検定するというとき，厳密には，そ

こでは「XとYは無関係である（たとえば相関係数は0）」という代替仮説が検証され，95％の水準でその命題は否定（棄却）されたという手続きがとられているのである。より具体的には，XとYの分布状況という証拠によって，XとYとが無関係であるという仮説が反証されたということなのである。重要なのは，検定で有意性が見出された場合にも，XとYの共変関係が完全に「実証」されたわけではないということである。XとYの共変関係は，反証されていない，より有力な仮説として生き残っていると考えるべきなのである。

　代替仮説の重要性は，単に統計的検定の問題にとどまらず，推論を行う際の手続きとして，より一般性をもつ問題である。すでに述べたように，肯定的な証拠を積み上げることは，仮説の信頼性を高める一定の意義をもつ。しかし肯定的な証拠の積み上げだけでは，信頼性は弱いものにとどまることも確かである。有力な代替仮説を反証することによって確実な知見を広げていくことが，反証されないまま維持された仮説の信頼性をより高めることにつながるのである。

もう一つの推論——記述的推論

これまで，因果的推論が社会科学における重要な方法的基礎であることを述べてきた。しかし，社会科学における推論はこれだけではない。『社会科学のリサーチ・デザイン』によれば，記述的推論（descriptive inference）という，因果的推論の土台となるともいうべきもう一つの推論が存在する。

　記述的推論とは，端的には事実認識を行うことである。ある事実，事柄，人物，出来事などについて，こうではないか，というようにその状態や特徴を推論するのである。事実を認識するために推論を行うというのはピンとこないかもしれない。しかし，ある球団のベ

ンチが無能である,というときには,これは事実をそのまま表現しているのではなく,無能さ(有能さ)という概念ないしは尺度を用いて推論をしているのである。その球団の監督やコーチは,さまざまな特徴をもっている。たとえば彼らは〇〇歳で,選手時代に××の成績を上げており,監督として△△の勝率を誇り,攻撃においては強打者ばかりを並べたがる傾向をもち,守備においては先発投手を長く投げさせる傾向をもち……,というように,個別具体的な特徴をいわば無限にもっている。事実とはつねにこのように複雑きわまりないもので,時として混沌としたものでさえある。しかしながら,事実が複雑で混沌としたままでは,私たちはそれを他人に伝えることはもちろん,自分自身で認識し,理解し,記憶することさえもできない。

　複雑な事実は,概念を用いて単純化されることで,はじめて認識可能になる。これが記述的推論である。プロ野球チームが弱いという場合にも同様で,このように一見きわめて単純に見える命題でも,それは事実そのものではなく,概念を用いて推論を行ったうえでの仮説だといえる。プロ野球チームは年間百数十試合を戦うのであり,どんなチームでも1年間に何度かは勝つ。では何勝すれば強いといえるのだろうか。あるいは,強さとは日々変動する概念であり,一概にこのチームは強いとか弱いとかいうことはできないのだろうか。そもそも野球チームの強さとは単に勝ち負けで決まるものではないかもしれない。潜在的な戦力(チーム力)こそが強さという言葉で普段私たちが意味していることなのであり,勝ち負けは偶然性を伴ったその帰結にすぎない,という考え方もありうるだろう。要するにここでの問題は,強さという概念をどのようなものとして提起し,複雑な現実をとらえることができるか,ということなのである。

記述的推論とモデル　このように記述的推論は，たとえば「無能さ」「強さ」という概念を提示し，それを使って事実認識を行うことを指す。概念は「モデル」という言葉で置き換えることもできる。モデルとは，たとえばプラモデルがそうであるように，現実の一部を切り取って模型化したものである。自動車のプラモデルには，動かないが外観を精巧に似せたものや，外観はそれほど似ていないがモーターで動くものというバリエーションがある。これと同じで，モデルは一つには限られず，さまざまな形をとる可能性をもっている。自動車の特徴を外観に求めるか走りに求めるかが人によって違うように，現実のどの部分が観察している対象の本質なのかという分析者の判断次第で，さまざまなものになりうるのである。

　もう一つ重要なことは，比較である。因果的推論に比較が不可欠であることはすでに述べたが，記述的推論にも必ず比較が伴うということである。プロ野球チームにおけるベンチの「無能さ」は，「有能さ」と対比されてはじめて意味をもつ。あるチームが弱いというとき，ではどのチームが強いのか（弱くないのか）が示されねばならない。もし仮にすべてのチームが弱いというのであれば，それは特定チームのいかなる特徴をも推論したことにはならないからである。モデルや概念は相対的なものでなければ，事実を認識するための道具とはなりえない。

　このような作業を伴う記述的推論は，因果的推論の土台となる。原因（独立変数）と結果（従属変数）の関係を考えるのが因果的推論であるとするならば，その前提として，原因と結果のいずれについても記述的推論を行うことで事実認識を行う必要があるからである。原因や結果のいずれかが，比較を通じて十分に客観的な形で把握されておらず，混沌としたままである場合には，因果的推論をうまく

行うことはできないだろう。ただ，記述的推論で答えようとしている研究上の問い，すなわちリサーチ・クエスチョンは，あくまでも何が起こっているか（What），だれが支配しているか（Who），といった問いであり，なぜある現象が生じているか（Why）という因果的推論において問われるものとは異なっている。記述的推論は因果的推論の土台だが，両者には決定的な違いがある。

モデル構築に依拠した記述的推論の具体例としては，現代日本政治分析の分野における日本の統治モデルに関する諸議論をあげることができよう。そこでは「日本の政治過程において，だれが統治しているのか？」が問われてきた。

一つの答えが，ジョンソンの「開発型国家モデル」であった。これは，憲法の建前とは異なって，戦後日本における実質的な権力者は官僚であったとする見解である。法律案や予算案の作成が官僚によってなされてきたことが重視され，政治家は君臨するのみで，官僚が統治してきたという（Johnson, 1982）。ジョンソンはこのモデルをさらに韓国や台湾にも敷衍し，「やわらかい権威主義」体制と呼ぶ。競争的な選挙は行われるものの，実質的にはその下で官僚が社会をコントロールするという，通常の民主主義体制とは異なる統治モデルを提起し，これに日本や東アジア諸国を当てはめる記述的推論を行ったのである。

これに対して，政党の力や利益集団の影響力をより高く評価し，日本を普通の民主主義国と評価する「政党優位モデル」「多元主義モデル」も提起されてきた。戦後，とくに1970年代以降については，政党政治家は十分な政策能力を蓄えていたのであり，官僚を適切にコントロールしてきたと主張する（村松，1981）。また他の論者は，利益集団が自由に活動し，影響力を行使する「多元主義モデル」よりも，ヨーロッパ諸国のように利益集団が頂上団体の下で組

織化されていることや，国家との協調関係にあることを取り込んだ「コーポラティズム・モデル」の方がより適切に日本の政治システムを表現していると主張した（ペンペル・恒川，1984）。こうした研究も，ある種の普遍的なモデルを提起し，それに日本を当てはめることによって，だれが日本を統治しているのかという問いに答える記述的推論を行ったということができるだろう。

因果的推論における理論の役割

現実を切り取り，記述的推論を行うために用いる道具が概念あるいはモデルであることは先に述べたが，原因と結果の関係を考え，因果的推論を行う際に，私たちが用いるのが「理論」である。社会科学における理論とは，社会現象を一般的に説明するうえで，ある特定の独立変数の説明力，規定力を強調する因果関係仮説のことを指している。この仮説は，ある種の世界観と言い換えることもできよう。人間行動とその延長としての社会現象には，利益，制度，文化など特定の独立変数が大きな影響を及ぼすだろうという一般仮説が理論なのである。

このような因果的推論を導くリサーチ・クエスチョンは，「Why（なぜ）？」で始まるものである。「なぜ戦争は起こるのか？」「なぜある国は発展するのか？」「なぜある球団は弱いのか？」。明らかにしたい「なぜ」は，世の中に満ち溢れている。これに対して私たちは，それぞれの重要な独立変数を見つけるだろう。たとえば戦争に関しては，人々の好戦的な気質，経済発展水準，国内政治システム（民主主義体制であるかどうか）などがその理由としてあげられるかもしれない。

そして理論とは，重要な独立変数を，より一般的な変数（概念）へ抽象化したものだということができる。たとえば人々の好戦的な気質は，文化の重要性を想定する「文化論」の一つとして位置づけ

られるだろうし,経済発展水準は一種の「経済決定論」だろう。また,民主主義体制と戦争の関係を論じるいわゆる民主的平和論は,「制度論」の仲間として位置づけられよう。重要な独立変数は,従属変数ごと,分析課題ごとに異なるかもしれない。しかし,本書が扱う制度論を含め,理論は具体的な従属変数や研究課題とは別に,ある意味で演繹的な世界観として,私たちの頭の中に存在している考え方の枠組みであるといえよう。それが個々の「Why?」という課題に取り組み,その謎を解き明かそうとする際の助けになるのである。

ただ本書のこうした理論の定義は,狭い意味での使い方であることには注意してほしい。一般的には,理論という言葉は記述的推論にかかわる仮説という意味内容を含むもの,すなわち本書でいう概念やモデルという言葉と同義のものとして,しばしばそれらと混同して用いられる傾向にある。また本書の各章でも,叙述の便宜上,「○○論」「××論」という具体的な仮説,学説の呼称については「概念」「モデル」の場合と「理論」の場合とをとくに区別せずに用いている。しかしながら本書では,因果的推論の方法をより明確にするという趣旨から,「概念」「モデル」と「理論」をできるかぎり区別して用いようとしているのである。

3 比較政治学の対象
●何を比較するのか

「比較政治学」は成立しうるのか

ここまで述べてきたところから,政治学を含む社会科学においては,記述的推論や因果的推論を比較を通じて行うことが分析の基本だとわかる。適切な方法による比較を含まない分析は,社会科

学としては十分なものとはなりえず，多くの場合に感情や思い込みの発露にすぎないとさえいえよう。

　比較政治学という学問領域にとっては，社会科学がすべからく比較を含むことは，かえって難しい問題を投げかけられる結果となる。社会科学あるいは政治学がつねに比較を行うのであれば，なぜあえて「比較政治学」なるものが成立しうるのか，という問題である。政治学それ自体が，適切な方法による比較を通じた政治現象の分析，と定義づけることができるのであれば，それにわざわざ「比較」を冠した限定がなぜ必要なのか，ということである。

　この問題は，実はこれまでも多くの比較政治学者を悩ませてきた。そのことは，たとえば最近日本で刊行された比較政治学のすぐれたテキストからも，容易に読み取ることができる。河野（2002：1）は，次のように述べる。

> 「比較政治学は，政治学の中でもとくに雑多なトピックとアプローチが混在する分野であり，それを一言で言い表わすことはきわめてむずかしい。筆者〔河野〕は，つねづね，比較政治学は消去法で定義しないとその輪郭がみえない専門分野ではないか，と考えている」

　またリード（2006：iv-vi）も，「比較政治学は複数の国の政治を比較する学問である」という簡明な定義を与えながら，その実質を述べるにあたっては，国際関係論や地域研究との方法の違いに立ち返り，消去法的な説明を行っている。事態は外国でも変わらず，リックバックとズッカーマンが編集した意欲的な比較政治学の概説においても，比較政治学の定義は与えられないまま，個別の方法の検討が行われている（Lichbach and Zuckerman, 1997）。

対象としての比較

　そもそも，「比較政治学」とは奇妙な学問領域名である。日本の大学の多くにおいて，政治学科や政治学系科目は法学部や政治経済学部などに配置されて

表 1-2 比較政治学の位置づけ

政治原論	西洋政治思想史	日本政治思想史	西洋政治史	日本政治史	政治過程論	行政学	公共政策論	国際政治学	外交史	比較政治学
政　治　学　方　法　論											

[出典]　筆者作成。

いる。そこでの科目名はおおむね政治学のカバーする学問領域名に対応しているので，まずは科目名を並べてみよう。典型的な政治学系科目としては，次のようなものがある。

　政治原論，西洋政治思想史，日本政治思想史，西洋政治史，日本政治史，
　政治過程論，行政学，公共政策論，国際政治学，外交史，比較政治学

　これらの科目名のほとんどは，一見しただけで何を扱っているかがわかる。西洋政治思想史はヨーロッパやアメリカの政治思想や理念の歴史であり，行政学は行政の組織や活動について扱い，国際政治学は現代の国際関係についての政治学的分析を行う。すなわち，政治学の領域名や科目名は，原則的に分析する対象によって決まっているのである。ところが，比較政治学だけはその点がはっきりしない。国際政治学は「国際関係」についての「政治学」だと一応理解できても，比較政治学は「比較」についての「政治学」とはいえないからである。もし「比較」そのものについての学問領域があるとすれば，政治学が定義上比較を含んでいるかぎり，それは政治学方法論になってしまうであろう。

だが，ここに「比較政治学」を定義する鍵がある。ほかの領域名や科目名が対象によって決まっているのと同じように，比較政治学も対象によって独自性を帯びていると考えればよいのである。政治学がつねに比較を含むというとき，比較とは方法として理解されている。これに対して，比較政治学という領域名を成立させるのは，対象としての比較なのである。総体としての政治学における比較政治学の特徴は，ほかの学問領域との違いによって導くしかなく，それは対象の違いにある。その関係を示すと，表 1-2 のようになるだろう。

比較政治学の定義　比較政治学を分析対象によってほかの政治学諸領域から区分すべきことはわかったとして，では具体的にどのような対象が含まれるのだろうか。本書では，分析対象として「複数の国家，地域ないし時代の政治」が明示的に含まれているときに，比較政治学はほかの政治学諸領域とは異なった存在になる，と考える。そして，政治学に含まれるためには社会科学の方法としての適切さをもたなければならないから，比較政治学を定義するとすれば，次のようになるだろう。

　「比較政治学とは，複数の国家，地域ないし時代の政治について，適切な方法によって，事実認識および因果関係の解明を行う学問領域である」

　この定義のポイントの一つは，「複数の」というところにある。この言葉によって，比較政治学が対象とする国家や地域や時代には，分析の単位（ユニット）としてまとめうる対象が複数含まれており，それぞれの間の相互作用ではなく，先に述べたクロス表などによってそれぞれを適切に分類したうえで，比較という作業が行われることがわかる。各分析ユニットは一定のまとまりや自律性をもつと想定されると同時に，複数の分析ユニットを束ねるモデルや理論が存

在すると想定されている。言い換えれば，分析の単位が一つしかない場合や，分析単位間の相互作用に検討の重点が置かれている場合には，比較政治学には含まれない。

もう一つのポイントは，「時代」を含んでいることである。分析の対象について，何らかの根拠によって時代区分を行い，それぞれが分析の単位として別個に成立することを主張できるならば，同一の国家や地域について，ある時代と別の時代の比較を行う研究は比較政治学に含まれる，と考えるのである。いわゆる一国研究か多国間比較かという区分は，それが分析の単位についての検討を伴っていないのであれば，比較政治学に含まれるかどうかについての標識とはなりえない。

ほかの学問分野のあり方も，この定義を理解するうえで参考になるであろう。たとえば，社会科学の中で経済学はそれほど比較を重視してこなかったようにも思われる。それは，経済学が方法としての比較を行わないわけではなく，対象としての比較を重視しないという意味である。すなわち，現代の経済学における標準的な理論では，市場経済のあり方は人々の経済合理性追求の帰結としてほぼ同じになるはずであると考える。国家や時代による違いは，経済学が本来対象としない外部要因である人々の非合理的な慣行や思い込み，政府の規制などから生じる歪みとしてとらえられる。そこでは分析対象である，現実に存在する市場相互間の比較ではなく，理想的な条件が充足された場合の市場経済との比較が行われる。ただ最近では，比較制度分析などの台頭によって国家や時代ごとの差異が注目されるようになり，それは本書が扱う政治学の新制度論にも大きな影響を与えている（North, 1990; 青木・奥野, 1996）。

新制度論以外の諸理論①――体制論

本書の基本的な立場は，新制度論による比較政治学である。つまり，本書は政治制度の効果を重視するが，それは制度を独立変数とする議論を一貫して紹介することによって，多種多様な理論的思考や因果的推論を喚起するというねらいに基づいている。しかし，もちろん比較政治学の理論が新制度論しかありえないと考えているわけではない。今日の比較政治学においては，主として注目する独立変数の違いによって，複数の理論が並立しているということができる。そこで以下の本章では，新制度論以外の比較政治学の理論について，簡単にではあるがその特徴を明らかにしておこう。

政治学における比較分析という意味では，最も古くからの伝統をもつのが体制論である。これは，古典古代といわれる古代ギリシャやローマの時代から，繰り返し提出されてきた政体の比較をその源流とする。今日ではもっぱら西洋政治思想史でとりあげられるだけになってしまっているが，アリストテレスは『政治学』の中で，支配者の数と支配の目標という二つの基準から，王制／独裁制／貴族制／寡頭制／国制／民主制という六つの政体分類を行った（アリストテレス，1961）。むろん今日的に見れば，支配の目標といった価値判断を含む基準からの分類になっているなどの問題があるが，複数の政体を一定の基準から分類し比較しようとしたという意味で，比較政治学による体制の分析の始祖といえるだろう。また，比較を行うことによって当時の政治を理解しようとしたという点でも，今日の比較政治学と共通した視角が存在する。

しかし，政体の比較はある時点における支配者の数や意図に注目するものであって，因果関係についての仮説を導くことはできず，政治体制を独立変数として帰結との関係を説明する理論とはいえない。今日まで政治体制の分類論は消滅したわけではないが，現在の

比較政治学において主流となったのは、ある政治体制がどのように変化するかといった動態的、歴史的な分析である。

現代において政治体制を独立変数としてより明確に位置づける議論は、主として権威主義体制（authoritarianism）と民主主義体制の差異をめぐってなされている。権威主義体制という概念は、スペインの政治学者リンスが、フランコ時代のスペインを念頭に置いて、民主主義ではないが全体主義ではない政治体制として提出した概念である（岸川, 2002）。その後、アジアを中心に一部の権威主義体制国家が急激な経済成長などを経験したため、多くの論者による定義の修正を経ながらも、権威主義体制は政策選択を説明するうえで重要な要素であると考えられるようになった。また、権威主義体制として一定の社会経済的安定を得た場合に、それがいかに民主主義体制に転換するかという体制移行への関心は政治発展論と総称され、比較政治学の重要な一分野を形成している（岩崎・木暮, 2002）。

| 新制度論以外の諸理論②——文化論と経済決定論 |

文化論とは、それぞれの社会に固有な文化が政治現象を大きく規定するという考え方に基づく理論の総称であり、宗教や政治文化などが独立変数として注目される。たとえばデュルケームは、有名な『自殺論』の中で、プロテスタントとカトリックという宗教の違いが人々の自殺率の違いを説明すると主張したが、このような仮説は文化論の典型的なパターンであるといえよう。すなわち、カトリックでは教会組織を通じて人々がより緊密に結び付いているために、孤独や不安に苛まれる危険性が低いというのである（デュルケーム, 1985）。

またパットナムは、イタリア地方政府のパフォーマンス（うまく機能しているかどうかの程度）を比較し、地方政府の制度は基本的に同一であるにもかかわらず、北部のパフォーマンスがよいのに対し、

南部のパフォーマンスが悪いのはなぜか，という問いを設定する。そこでパットナムが注目するのは，「社会関係資本（ソーシャル・キャピタル，social capital）」と彼が名づける政治文化の存在である。それぞれの市民が政府により積極的にかかわろうとする政治文化をもつ地域で，地方政府はよりよく機能するというのである（Putnam, 1993）。

経済決定論，すなわち政治現象をその社会を取り巻く経済的状況から説明しようとする理論も，比較政治学においては有力な考えとして長く支持されてきた。たとえば，マルクス主義理論はその典型である。すなわちマルクス主義理論では，労働者と資本家の間の階級対立が経済活動の根幹となる下部構造であり，それが政治，宗教，哲学などの上部構造を規定するものとされた。そうした観点から資本主義社会における政治システムは，資本家がコントロールする執行機関と位置づけられたのであり，資本主義社会が発展するほど資本家のコントロールは強まるものと考えられたのである。

社会的集団の連合状況，より具体的には，農業の商品経済化が生じたときに土地貴族がだれと協力するのか，に注目して各国の政治発展経路を説明しようとしたムーアらの理論も，社会経済決定論の一つと位置づけられよう。すなわちムーアは，イギリスのように早期に発展をとげた国では，羊毛生産に特化する新興の土地貴族は，製品加工と輸出を担う都市の商工業者と協調関係を結ぶことになるという。その結果，ブルジョワ革命が安定的に維持され，議会制民主主義の定着にいたるというのである。次に，より遅れて発展したプロイセンなどでは，農村は穀物の生産と輸出に特化することになる。穀物生産は羊毛などと異なって，加工を必要とせず，また労働集約的でもあるために，都市商工業者との連携を必要とせず，逆に国王の軍隊，官僚制との結び付きを強める。先行国において近代化

の担い手となったブルジョワが成長しないために上からの近代化を図るが、こうした発展の歪みがファシズムに結び付くという。最後にロシアなど、さらに遅れて発展した国では、後発国との競争に勝つべく、より激しい農民搾取を行うことになり、農民革命（社会主義革命）へと結び付くというのである（Moore, 1966）。

> **新制度論以外の諸理論③——理念論**

政治における理念ないし思想の比較も、長い歴史をもつ。具体的な政治の体制や構造ではなく、その根底にある理念に注目するのは、古くはプラトンの国家論に始まるといえる（プラトン，1979）。ただしそこでは、実在する政治体制の背景理念を相互に比較するのではなく、実在はしない理想の国家像が提起され、現実を批判的にとらえるという議論が行われている。理想国家論はその後、政治思想史における重要な課題となり、ルソーやロックの社会契約説などが唱えられた。アメリカ独立革命の際に、植民地であったアメリカ側がイギリス本国を批判して打ち出した「代表なくして課税なし」という代表理念は、実在する議会とその代表観を対象とはしていたが、やはり経験的な概念というよりも規範論であった。

現代の比較政治学において理念の比較がなされる場合には、多くは具体的な政策を支える理念を対象とする。とくに理念を独立変数、政策を従属変数とする分析は、「アイディアの政治」として総称され、有力な理論となっている（秋月，1992）。最も典型的なアプローチとしては、政治指導者個人の理念に注目し、指導者間の理念の違いがどのような政策の違いや近似を導いたかを明らかにする研究がある。大嶽（1986）が行った、戦後初期のドイツ（旧西ドイツ）と日本における代表的な政治指導者であるアデナウアーと吉田茂を比較した研究は、その最も優れた成果の一つである。首相や大統領の伝記的な叙述を集積して、相互の比較を試みる研究もしばしば行われ

る(五百旗頭, 1997; 御厨, 2003; 渡邉, 2001)。これらは必ずしも因果的推論を行ったものとはいえないが,指導者の信念が政策選択に影響を与えたことを記述的に明らかにしている。

近似した理念が各国で採用された場合に,それがさまざまな媒介変数の介在によって,異なった政策の帰結が生じることに注目した研究も多い。たとえば,1970年代後半以降の新自由主義や新保守主義と呼ばれる政策の方向性に関して,個別的なバリエーションを国際比較の中で示すといった研究もなされている(Iversen, 1999; 豊永, 2008)。

このほか,アイディアの政治としてなされている分析の中には,何らかの理念が政治制度の選択につながることを強調し,合理的選択制度論における「均衡としての制度」(第2章参照)に近い議論を提示するものもある。たとえば,マクナマラは欧州連合(EU)における通貨統合の過程の分析に際して,「共有された因果関係に関する信念(shared causal beliefs)」としてのアイディアが大きな意味をもったと指摘する(McNamara, 1998)。また,1990年代に日本で行われた内閣機能強化や国会改革に際しては,二大政党を中心とした政党間競争と官僚に対する政治家主導の実現が目標として掲げられたが,その背景には理念型としてとらえられたイギリス政治があったとされる(中島, 2007)。

●引用・参考文献●

青木昌彦・奥野正寛編, 1996『経済システムの比較制度分析』東京大学出版会。

秋月謙吾, 1992「利益・制度・イデオロギー——政治的結果の説明要因の新たな模索」『法学論叢』第131巻第2号。

アリストテレス／山本光雄訳, 1961『政治学』岩波文庫。

五百旗頭真，1997『占領期——首相たちの新日本』読売新聞社。
岩崎正洋・木暮健太郎，2002「政治発展論」河野勝・岩崎正洋編『アクセス 比較政治学』日本経済評論社。
大嶽秀夫，1986『アデナウアーと吉田茂』中公叢書。
岸川毅，2002「政治体制論」河野勝・岩崎正洋編『アクセス 比較政治学』日本経済評論社。
河野勝，2002「比較政治学の方法論——なぜ，なにを，どのように比較するか」河野勝・岩崎正洋編『アクセス 比較政治学』日本経済評論社。
デュルケーム，エミール／宮島喬訳，1985『自殺論』中公文庫。
豊永郁子，2008『新保守主義の作用——中曽根・ブレア・ブッシュと政治の変容』勁草書房。
中島誠，2007『立法学——序論・立法過程論〔新版〕』法律文化社。
プラトン／藤沢令夫訳，1979『国家』上・下，岩波文庫。
ペンペル，T. J.・恒川恵市，1984「労働なきコーポラティズムか——日本の奇妙な姿」フィリップ・シュミッター＝ゲアハルト・レームブルッフ編／山口定監訳『現代コーポラティズムⅠ——団体統合主義の政治とその理論』木鐸社。
増山幹高・山田真裕，2004『計量政治分析入門』東京大学出版会。
御厨貴編，2003『歴代首相物語』新書館。
村松岐夫，1981『戦後日本の官僚制』東洋経済新報社。
リード，スティーヴン・R.，2006『比較政治学』ミネルヴァ書房。
渡邉昭夫編，2001『戦後日本の宰相たち』中公文庫。

Allison, Graham T., 1971, *Essence of Decision: Explaining the Cuban Missile Crisis*, Little, Brown.（宮里政玄訳『決定の本質——キューバ・ミサイル危機の分析』中央公論社，1977年）
Iversen, Torben, 1999, *Contested Economic Institutions: The Politics of Macroeconomics and Wage Bargaining in Advanced Democracies*, Cambridge University Press.

Johnson, Chalmers, 1982, *MITI and the Japanese Miracle: The Growth of Industrial Policy, 1925-1975*, Stanford University Press. (矢野俊比古監訳『通産省と日本の奇跡』TBS ブリタニカ, 1982 年)

King, Gary, Robert O. Keohane, and Sidney Verba, 1994, *Designing Social Inquiry: Scientific Inference in Qualitative Reseach*, Princeton University Press. (真渕勝監訳『社会科学のリサーチ・デザイン——定性的研究における科学的推論』勁草書房, 2004 年)

Lichbach, Mark Irving and Alan S. Zuckerman, eds., 1997, *Comparative Politics: Rationality, Culture, and Structure*, Cambridge University Press.

McNamara, Kathleen R., 1998, *The Currency of Ideas: Monetary Politics in the European Union*, Cornell University Press.

Moore, Barrington, Jr., 1966, *Social Origins of Dictatorship and Democracy: Lord and Peasant in the Making of the Modern World*, Beacon Press. (宮崎隆次・森山茂徳・高橋直樹訳『独裁と民主政治の社会的起源——近代世界形成過程における領主と農民』Ⅰ・Ⅱ, 岩波現代選書, 1986・87 年)

North, Douglass C., 1990, *Institutions, Institutional Change, and Economic Performance*, Cambridge University Press. (竹下公視訳『制度・制度変化・経済成果』晃洋書房, 1994 年)

Popper, Karl R., 1963, *Conjectures and Refutations: The Growth of Scientific Knowledge*, Routledge & K. Paul. (藤本隆志・石垣寿郎・森博訳『推測と反駁——科学的知識の発展』法政大学出版局, 1980 年)

Putnam, Robert D. with Robert Leonardi and Raffaella Y. Nanetti, 1993, *Making Democracy Work: Civic Traditions in Modern Italy*, Princeton University Press. (河田潤一訳『哲学する民主主義——伝統と改革の市民的構造』NTT 出版, 2001 年)

第2章 制度論

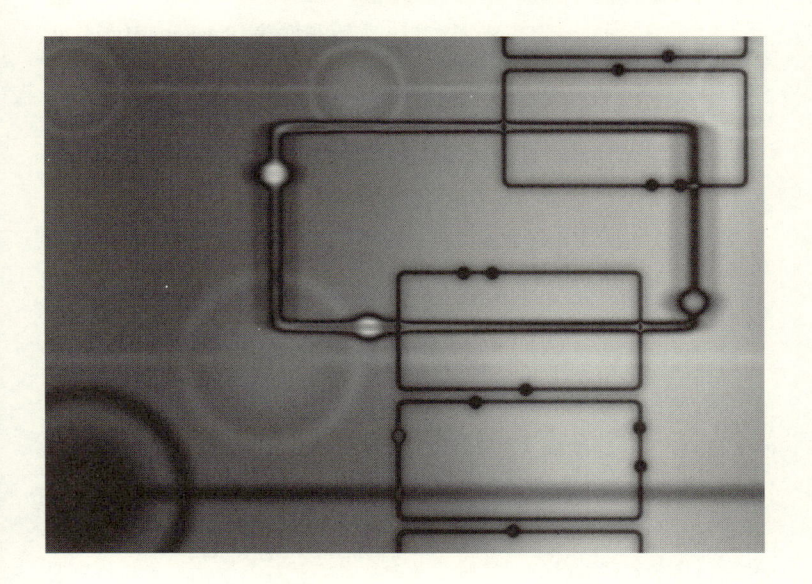

　私たちはさまざまな制度に囲まれて暮らしている。では，制度は人間の生活にとってどんな役に立つのだろうか。また近年，世界中でさまざまな制度改革が試みられているが，制度を変えると，いったい何が，なぜ変わるのだろうか。また，制度はどのようにして作られるのだろうか。そもそも制度とは何だろうか。これらの問いは，制度論と呼ばれる比較政治学の理論が正面から扱っているもので，本書全体を貫く検討課題でもある。本章では，制度論が扱っている多様な論点を整理し，解説する。

1 制度への注目

新制度論とは何か

本書では,「新制度論 (new institutionalism)」に基づいて政治制度にかかわる諸研究を紹介する。政治学における新制度論とは,とくに比較政治学や国際関係論の分野において 1980 年代以降盛んに用いられるようになったもので,制度 (institution) が政治における決定に大きな意味をもつと主張する諸理論の総称である。経済学や社会学にも制度に関心をもつ諸研究が存在しており,政治学の新制度論もそれらの影響を受けている。

政治学において新制度論が台頭する過程では,二つのライバルに対する挑戦が意識されていた。第一は,1950 年代から 70 年代に盛んであった,行動論(行動主義, behavioralism)あるいはそれとつながりをもつような諸研究である。行動論には多様なアプローチが含まれ,明快に整理することは容易ではない。しかし,アメリカの社会科学全般における「行動論革命」といわれる変化,すなわち理論やモデルに基づく仮説導出,および対象観察や客観データに基づく検証といった自然科学的な手法を取り込みつつ,社会現象や人間行動を科学的に分析しようという方法論的立場の登場という変化を受けて,これを政治学に用いようとする基本姿勢を共有した諸研究の総称ということができるだろう。

より具体的には,行動論による政治分析は,心理学など隣接分野における同様の方法的変化に影響を受けつつ,観察可能な人間行動を研究対象として,選挙や政策決定など,政治の過程の解明を重要なテーマとした。こうした方向性は政治学の科学化ということもで

き，複雑な社会現象を単純化して，一般的なパターンや因果関係を見出すことがめざされた。政治過程におけるアクターの行動に分析の焦点を合わせるために，制度を含め分析を複雑にするような諸要素は脇に置かれ，研究の中心的な対象からは外されることになった。新制度論は，このような行動論的な研究が主流であった中に登場したのであり，『国家を分析に取り戻す (*Bringing the State Back In*)』(Evans, Rueschemeyer, and Skocpol, 1985), 『制度の再発見 (*Rediscovering Institutions*)』(March and Olsen, 1989) といった新制度論登場の画期となる著書のタイトルは，行動論における制度軽視に対する挑戦を意味している。

新制度論のもう一つのライバルは，旧制度論である。制度が新たに注目されたのではなく，分析に「取り戻」され，「再発見」されたというのは，政治学が伝統的に制度を扱ってきたことと密接に関係する。行動論以前には，制度こそがむしろ政治学の中心的な研究対象とされていた。もちろん，そうした諸研究が自らを旧制度論と呼んでいたわけではなく，新制度論と名乗る諸研究が登場する過程でかつての制度研究に旧制度論というラベルを貼り付けたにすぎない。しかし，新制度論は行動論以前の旧制度論への回帰や復古を主張したのではなかった。旧制度論はむしろ乗り越えるべき対象であり，それとの差別化が意識されていたのである。

具体的にいえば，旧制度論はいわば法律学的な研究に近いものであり，そこでは制度の静態的な記述や紹介が中心であった。これに対して新制度論においては，制度はあくまでも社会科学的な分析，とくに因果的推論（説明）の中に取り込まれた。またその際，制度は二通りに位置づけられた。まず制度は独立変数あるいは媒介変数としてとらえられた。すなわち，制度はアクターの行動を規定することを通じて，政治的結果をもたらす要因として注目されたのであ

1 制度への注目 37

る。他方で，制度は従属変数としてとらえられた。制度は他のさまざまな要因の帰結として，あるいはアクターによる何らかの政治的ゲーム（争い）の結果として説明されることになった。すなわち，なぜ特定の制度が存在するのかが分析されることになったのである。

このように新制度論は，制度をいかに扱うかというアプローチについて特徴をもつが，その分析上の関心や手法については行動論が持ち込んだ政治学の科学化の流れを引き継いでいたのであり，かつての旧制度論とは大きく異なる。ただ，政治学において新制度論が定着してからすでに相当の時間が経ち，旧制度論との差異をあらためて強調する必要は薄れている。本書でも，すべての箇所で「新制度論」と表記することはせず，新しいアプローチが初出した箇所などにおいてのみ「(新) 制度論」として，以降は原則として単に「制度論」と表記している。

制度とは何か

制度とはいったい何だろうか。制度分析によってノーベル経済学賞を受けたノースは，制度とは「社会におけるゲームのルール」あるいは「人間の相互作用を形作る人為的な拘束」であると定義した（North, 1990）。このような定義は，多くの政治学者が採用するところでもあり，社会科学における制度分析において一般的なものだといえよう。

それでは，「ゲームのルール」とはどのようなものだろうか。ここでゲームとはある種の比喩であり，他者とのかかわりの中で行われる人間のすべての活動を含むものである。また，そこでルールとは，「参加しうるアクター」「取りうる行動（戦略）の選択肢」「行動の順序」「情報」「アクターの行動の組み合わせから生じる帰結」などというさまざまな要素から成る（Shepsle, 2006）。たとえば，現代における結婚という制度は，男女の関係というゲームを取り巻くルールの一つである。それは，「○○歳以上の男女」であればだれ

でも参加でき,「独身, 同棲などというさまざまなライフスタイル」の中から各自が自由に選ぶ一つの選択肢であり,「両性が同時に戦略を選択し」, 共にそうした契約を結ぼうと合意したときに成立するものだとみなすことができる。

　制度がゲームのルールであると考えると, 制度が人間の活動に影響を与え, ある特定の方向に仕向ける効果をもつことがわかるだろう。すなわち, 制度はゲームの性格を規定し, 各人がそこでとるべき行動を規定することになる。ここで同性婚を例に考えてみよう。日本では現在, 同性同士の結婚は認められていないが, ヨーロッパ諸国では異性同士の結婚と何ら違いなく扱うか, あるいは同性のカップルにも異性同士の結婚に基づく場合と同じ扶養関係や相続権などを認めることで, 事実上容認する傾向にある。またアメリカにおいては, 認められる州と認められない州が存在する。同性婚を求める人々は, 自分の居住する国や州のルールによって認められていることが異なっていると認識し, 認められていない場合には, ルールの変更を求める, 事実上の婚姻関係にとどめる, あるいは容認されている国や州への移住を行うなど, ルールをふまえた行動をとるであろう。このように, 制度の違いは人々のとるべき行動を地域によって異なるものにすると考えられる。人々はそうした制度を求めて移動するかもしれない。また制度が新たなものに変化する場合には, 人々の行動パターンもそれ以前とは異なるものになるだろう。

定義をめぐる論点　しかし, 制度をゲームのルールだとするノースの定義によって, 制度のすべてが言い尽くされているわけではない。個々の人間や集団, 社会と制度の関係は非常に複雑であり, それゆえに制度分析は長く社会科学において置き去りにされていたともいえる。今日なお, 制度の定義をめぐる論点は多岐にわたっているが, 本書の課題はそれらを網羅的に扱

って確定的な定義を得ることではない。そのため，以下では本書の扱う制度の内実，あるいは本書の制度観に関連した三つのポイントに絞って説明しておきたい。

　第一の論点は，制度にはフォーマル（公式）なものとインフォーマル（非公式）なものが存在することである。両者の区別は容易ではないが，本書では，「内容」「適用（周知された）範囲」「実効性」という三つの点について，その「明確さ」を基準として両者を区別することにしたい。フォーマルな制度として最も典型的な例は，明文化された法律である。法律はその内容が明確であり，領域内のすべての成員に周知されており，また国家が強制力をもとにこれを執行するため，実効性を伴うものになっている。

　他方，一般に慣行や規範と呼ばれるものも法律と同様，あるいはしばしばそれ以上に人間の相互作用を規定するルールとして重要な役割を果たすのであり，制度と呼ぶことができるだろう。しかし，慣行や規範は，その内容，適用範囲，実効性のそれぞれについて曖昧さを含んでいることが多い。たとえば，人々が出会ったときにお辞儀をしたり握手をしたりして挨拶をすることは，すべての社会に共通するある種の普遍的な社会的慣行，あるいは規範ということができるが，それはどこにも明文化されてはいない。したがって，具体的に何をすればよいか（握手，抱擁，会釈のいずれなのか）は不明であり，またどの範囲で普遍性をもつのかも明らかではない。また，親が子にしつけるような場合を除けば，大人同士のそれを第三者が強制するわけではなく，その実効性は不明である。

　本書では，基本的にフォーマルな制度を対象としたさまざまな議論を紹介する。それは，より確実な議論に対象を絞ることによって，制度をめぐる因果関係の理解がよりわかりやすくなるだろうというねらいに基づいている。インフォーマルなルールの重要性を否定す

るものではないし,また本書が採用する「明確さ」という基準自体が必ずしも明確ではないことによって示されているように,フォーマルとインフォーマルの境目はそれほどはっきりしたものでもない。本書では随所でイギリスの憲法構造を扱っているが,周知のようにイギリス憲法は慣行を積み上げた不文法である。日本の国会などに存在する各種の慣行も,先例集などにしか明文の根拠がない場合が多いが,それらも一部は扱われる。ただ,不文法あるいは慣行であっても,内容,適用範囲,実効性のいずれにおいても十分に明確なものと考えて,本書ではそれらをフォーマルな制度とみなしている。

制度にかかわる第二の論点は,「制度」と「組織」の区別である。日本語の制度,英語の institution のいずれの場合にも,それが日常言語として使われる場合には「組織」という意味内容を含んでいる。制度の具体例をあげようとする場合には,通常「企業」や「大学」が含まれることも少なくない。しかし,注意深く考えてみれば,私たちが日常用いている「組織」という言葉には,人々の集団としての側面とその集団において各個人の行動を枠づけるさまざまなルールの二つの要素が含まれていることがわかるだろう。日常用語としての広義の組織は,集団(あるいは狭義の組織)とルールの二つに分解されるのである。そして本書では,「制度」はあくまでもルールを指すものとし,狭義の組織とはできるだけ区別して扱う。具体的には,たとえば大学は学生や教職員から成り立つ組織である。そしてそこには,学則や就業規則などの制度が維持されているのである (Knight, 1992)。本書において組織への言及がある場合には,集団ないし狭義の組織そのものではなく,組織内部の構成員の相互関係を規定するルールについて検討している。

第三に,制度が人為的であるか自然発生的であるか,という点にも議論がある。この点について本書では,ノースの定義にあるよう

に，基本的に制度はすべて人為的（humanly devised）なものだと考える。すべての制度が人為的なものだというのは，いったい制度のどのような特徴を指しているのか，イメージしがたいかもしれない。制度には，法制度のように制度形成の経緯をたどることができるような明らかに人為的なものもあれば，私たちの生まれる前，あるいは有史以前から存在している自然発生的なものもあると考える方が常識的だろう。ここであえてすべての制度が人為的だという意味は，そうした一見自然発生的に見える制度についても，何らかの意図をもった人間の手によって作られたものであるはずだと考える，ということである。言い換えれば，本書では制度を人間の生み出した道具ととらえる。制度は，人間が意図的に選択することにより，人間のさまざまな諸活動を容易にし，何らかの便益をもたらすものなのである。

2 合理的選択制度論とは何か

基本的な考え方　このように本書では，扱う制度をフォーマルなものに限定し，また制度と組織を区別し，制度を人為的なものととらえる。このような立場は，新制度論の中でもとくに「合理的選択（新）制度論（rational choice〈new〉institutionalism）」と呼ばれる。合理的選択制度論の基本的な考え方は，①個人が社会を形成する。逆にいえば，社会は個人に分解して理解できる（方法論的個人主義），②個人は行動に先立って目標をもち，その目標を可能なかぎり実現しようとして行動する（合理性の仮定），③制度が個人の行動の選択肢や，行動の帰結がいかなるものになるかを規定するとともに，個人の行動の集積が制度を変

化させる（制度と個人の相互作用），という三つの要素からなる。

　制度をいかにとらえるかという三つのポイント，すなわち制度を「フォーマルな，組織と区別された，人為的な」ものとする見方は，このような合理的選択制度論の三つの考え方と深く結び付いている。まず，方法論的個人主義に立つことから，組織は制度と区別される。また個人の行動が制度を変化させると考えるので，人為的な制度に注目することになる。

　他方，制度をフォーマルなものに限定するという制度のとらえ方と合理性の仮定についても，共通の根源をもっているといえよう。それは行動論の流れを受けた社会科学的，分析的なアプローチあるいは方法論である。明示的かつ分析的な形で制度を扱うために，その対象をフォーマルなものに限定する。そして同じく明晰かつ客観的な形で，制度と帰結の因果関係と，制度選択のメカニズムとを明らかにするために，アクターの合理性という仮定が導入されるのである。合理性の仮定，フォーマルな制度への限定を通じて，明確な因果関係を導くことができることは，以下で述べるような新制度論内部の他のアプローチに対する合理的選択制度論の相対的な強みだといえよう。

　しかしこの強みは，別の視点から見れば弱みともなる。それゆえ，同じように新制度論と呼ばれながら，合理的選択制度論ではとらえ切れない側面を重視する他のアプローチが存在する。代表的なものとしては，社会学的（新）制度論と構造的（新）制度論の二つがある。これら二つの代替アプローチと合理的選択制度論との関係は，制度についての三つのポイントをどのように考えるかによって整理することができる。その見取り図は図2-1に示されている。上に述べた合理的選択制度論の三つのポイントに即して述べれば，まず，代替アプローチの二つは共に，制度を必ずしも人為的なものと考え

図 2-1　三つの制度論の関係

制度＝人為的

合理的
選択制度論

構造的制度論　　社会学的制度論

制度＝フォーマル　　　　　制度＝組織と区別

[出典]　筆者作成。

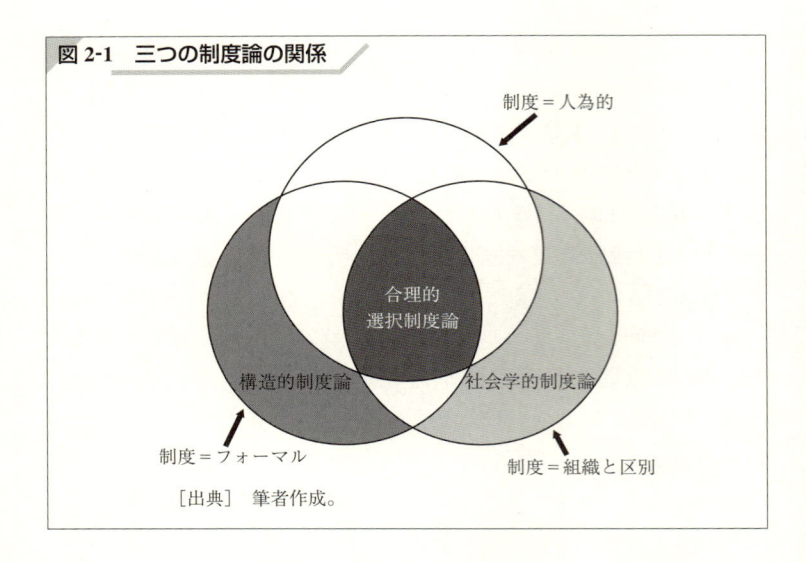

ない点で合理的選択制度論とは異なる。そのうえで，社会学的制度論は制度と組織の区別を行う点では合理的選択制度論と共通する。他方，構造的制度論と合理的選択制度論は，その分析対象をフォーマルな制度に限定しようとする点で共通性をもつ。

なお，新制度論のアプローチとしては，これら以外にも歴史的（新）制度論があるとされることが多い。しかし本書では，歴史的制度論という呼称については混乱があると考えており，用いないことにした。すなわち，歴史的制度論は狭義には本書でいう社会学的制度論を指して用いられるが，広義には構造的制度論と社会学的制度論という異なる二つのアプローチを含むものとして用いられる。そのために，内実の正確な把握が難しいのである（建林，1999；Pierson and Skocpol, 2002）。

社会学的制度論

では，社会学的制度論，構造的制度論とはいったいどのようなアプローチなのだろう

か。それぞれを合理的選択制度論と対比しながら順に検討していこう。

　まず，社会学的制度論が合理的選択制度論と袂(たもと)を分かつのは，合理的選択制度論の特徴②，すなわち先験的な形で外部からの理解が可能な目的をもつアクターを想定する，という点に同意しないところである。社会学的制度論によれば，個人の目的や選好は社会を離れては存在しえない。それらは何らかの社会的な共通了解や規範によって，いわば外部から付与される。社会学的制度論は，このような社会的な共通了解や規範を制度と呼ぶ。社会に存在する制度が，その構成員に何をすべきかについての行動基準を与えることで，はじめて個々の人間はある種の目的を意識するのである（伊藤，2002）。

　たとえばスポーツにおいて，勝つことを目的とするプレーヤーを制度（ゲームのルール）は拘束し，そこでとるべき行動を規定することになる。野球をするのか，相撲をとるのかでは，そのための身体の鍛え方や食事の取り方までもが違ってくるだろう。しかし，そもそも「勝つ」という目的も，ある種の外的な規範，文化的状況などによって制度的に付与されたものだといえるかもしれない。たとえば，ラグビーのようにゲームが終了すると直ちに敵味方の区別のない競技者同士の交歓が期待され，「対決し，勝つ」ということに意味を与えすぎない方が礼儀にかなっているとされる競技も存在する。祭礼における伝統行事として発展してきた競技などには，「勝つ」こと以外の目的を重視する性格が色濃く残っている場合がある。

　つまり，社会学的制度論は個人と社会を区別しながらも，社会の中のインフォーマルな慣行や規範を含めた制度が個人の選好を形成する側面を重視する。このため，インフォーマルなものを含めた制度が個人に先行して存在すると考えつつ，組織は制度とは区別されることになる。

構造的制度論 これに対し構造的制度論は，合理的選択制度論の基本的な考え方①の拒絶，すなわち方法論的個人主義をとらないところが大きな違いである。そこにおいて制度は，ルールというよりはむしろある種のパターン化された物理的・物質的な拘束として，場合によってはアクターにその存在を意識されることすらないままに，政治的帰結を左右する（建林, 1999；河野，2002；網谷，2003）。

たとえば，民主主義体制はより平和愛好的で戦争をしないという命題があるとしよう。こうした命題は，確かに政治制度を独立変数とし，政治的帰結を従属変数とする新制度論の特徴を備えている。そしてそれは，合理的個人を設定し，独立変数をルールのレベルまで解体するかどうかによって，合理的選択制度論にも構造的制度論にもなりうる。すなわち，選挙での勝利をめざす政治家が設定され，民主主義体制が政治家を取り巻く選挙や執政制度などルールのレベルに解体され，戦争に訴えないという選択がルールに導かれた政治家の選択として因果関係のメカニズムとともに説明された場合には，これは合理的選択制度論であるといえる。他方，構造的制度論のアプローチによれば，そうした政治家や官僚（以下，両者を合わせて政治エリートと呼ぶ）などの具体的なアクターを設定してその選択を論じるのではなく，民主主義体制が異なるカテゴリーとしての権威主義体制と比べられ，民主主義体制の戦争を引き起こす確率が有意に権威主義体制のそれよりも低い場合に，そこに一定の因果関係を見出すのである。

このような構造的制度論においては，民主主義体制がそうであるように，法制度などを含むさまざまなルールの束と，それらを取り巻くアクターがもつ理念や利害関心を含めて複合的に成り立つ「構造」物として，制度がとらえられる。このような制度概念において

は,「制度」は「体制」だけではなく「組織」という概念とも区別されることはないだろう。たとえば,ジョンソンの日本研究などにおける「強い国家(官僚制)が経済発展を導く」という命題は,構造的制度論の一つの典型例であるが,そこでの官僚制とは必ずしも個別に何らかのルールを指したものではなく,多くのアクターと彼らを取り巻くルールを含んだ組織としての官僚制,あるいはより大きな権力構造としての政官関係を意味している。構造的制度論は,民主主義体制や官僚制といった特定の「構造」の中にある,ルールと人々の複雑な相互関係を捨象し,結果との間の相関(共変)のみを分析することによって制度の因果的効果を論じるアプローチだとまとめることができる。

構造的制度論は,構造として把握した制度の内部をいわばブラックボックス化することによって,各国ごとに異なる制度と,戦争や経済発展をはじめとする重要な政治的帰結との因果関係を大胆に描くことができる。民主主義や官僚制を細々したルールに解体していたのでは議論が複雑になりすぎて,重要な帰結の説明まではなかなかたどりつかないのである。長期にわたる比較や多国間の比較で構造的制度論が多く用いられてきたのは,このような相対的利点による。しかし同時に,制度を構造として把握し,その内部を捨象することは,因果関係のロジックそのものを曖昧にすることにもつながる。仮に民主主義体制が平和をもたらし,強い官僚制が経済発展をもたらすという相関関係が実証データから得られた場合にも,民主主義体制や官僚制がどのようなメカニズムで,なぜ特定の結果を導いたのかは,必ずしも明らかではないのである。このように構造的制度論は,方法論的個人主義に立たないために,そこでは組織と制度は区別されず,制度に先立って個人が存在するとも考えない。

他方で,構造的制度論は合理的選択制度論と大きな共通点をもっ

ている。それは分析の明確さを求める観点から，対象をフォーマルな制度に限定しようとする傾向である。この点では構造的制度論も行動論の流れを受けて，分析の科学性や客観性を追求しようとしているのである。

制度に導かれた均衡

ここまで，前節で述べた制度を見る際の三つの視点に引き付けながら，合理的選択制度論，社会学的制度論，構造的制度論の三つのアプローチの違いを明らかにしてきた。それぞれの違いを明確にするために，あえて図式的にその特徴を整理したのであり，これまでなされてきた研究には，こうした類型化にあてはめにくいものもないわけではない。

そうだとしても，まずは三つの制度論の違いを明確に理解することが重要である。新制度論が行動論などに対抗する形で登場したときには，制度概念の曖昧さや方法論的な混乱などが強く批判された。そうした問題の多くは，新制度論と総称されるアプローチの中に複数の議論があり，それぞれの違いがそれほど認識されないまま混在していたことに起因するように思われる。たとえば，制度論の動向を比較的早い段階で整理し，政治学における制度論の流行を強く印象づけたマーチとオルセンの著書では，異なる制度論相互の違いを明確にしないまま，制度論を包括的に取り上げて紹介している (March and Olsen, 1989)。そのために全体として，タイトルでもある「制度の再発見」，すなわち制度は重要であり，政治的帰結をとらえるうえで制度を分析する必要があるというメッセージは強く伝わるものの，では具体的に制度とは何か，あるいは制度がいかに帰結に影響するのかについては明確なイメージを読み取ることができない。

三つの制度論はそれぞれに利点をもち，制度と政治のかかわりをとらえるうえで，それぞれに重要なものの見方を示している。大切

なのは，それぞれの違いを認識したうえで，議論したいことに適した方法をとることである。本書は，政治制度がいかなる帰結をなぜ生み出すのかという因果関係のメカニズムを明確に理解してもらうことを目標としているため，合理的選択制度論の立場から議論を進めていくのである。合理的選択制度論の強みは，個人の行動原理について単純化された仮定を置くことで，ある制度が政治アクターのいかなる戦略的行動を引き起こすかを予測することができ，そのためにどのような政治的帰結が生じるのかを明快に論じられるところにある。

　制度の制約下で，さまざまな政治アクターが互いに合理的な選択を行ったことの集積として政治的帰結が生じることを示すために，政治的帰結はしばしば「制度に導かれた均衡（制度均衡，institutional equilibrium）」とも称される。関係する諸アクターが合理的な選択を行っているならば，彼らのだれもその選択を変えようとはしないので，そこで生じる帰結は均衡，すなわち安定的な状態となる。制度を独立変数として，その下での均衡を探し出すことによって制度の政治的帰結を明らかにすること，そしてその均衡における関係アクターの行動がいかなるものになるかを示すことによって，なぜある制度が特定の政治的帰結をもたらすのかを明らかにすること，これが合理的選択制度論による説明の第一のポイントである。

3 制度はいかに形成されるのか

均衡としての制度　　合理的選択制度論による説明が，社会学的制度論や構造的制度論と異なるもう一つの大きなポイントは，制度がいかにして形成されるのかという問題を

解明する視点を提示しており，またそこから制度相互間の連結関係を明らかにする枠組みを与えてくれるところである。社会学的制度論と構造的制度論はどちらも共通して，制度が個人に先行して存在すると考える。そこでは，ある時点で存在する制度についてその歴史的な成立経緯の叙述が行われることはあるが，なぜその制度がその時点で存在しているのか，またなぜ別の時点では存在しなくなるのか，という因果メカニズムが説明されることはほとんどない。これに対して合理的選択制度論では，その点についても説明を試みる。すなわち，基本的には関係するアクターたちが制度変更を試みないかぎりで制度は安定している，つまり均衡状態にある，というものである。さらにここから，複数の制度間の関係を連結してとらえる見方が導かれる。これらを順に説明していこう。

合理的選択制度論においては，制度は人為的なものであり，戦略的なアクターによって意図的に作られるものととらえられる。政治家とは立法者であり，さまざまな社会的関係を規定するルールを形成している。政府と政治のあり方を規定するルールとしての政治制度も，もちろん政治家が形成するルールの最も重要なものである。制度形成が政治家の重要な仕事であるために，制度を作り替える戦略は，政治家にとってつねに一つの選択肢となりうる。そして，政治家が制度を変える選択肢をもつということは，変えないという選択肢も同時にもつことを意味する。だとすれば，現行制度はそれを変えないという政治家の選択の産物であるということになるだろう。すなわち，合理的選択制度論においては，制度形成を合理的な政治アクターの最適戦略の組み合わせの帰結としてとらえるのであり，これを「均衡としての制度（均衡制度，equilibrium institution）」と呼ぶ（Weingast, 2002）。また，こうした関係する政治アクターの選択によって均衡として成立した制度は，安定的に維持されがちなの

であり，自己拘束的（self-enforcing）であるともいわれる。

制度の形成に政治アクターたちが強い関心を寄せるのは，これまで述べてきたように，制度が一定の政治的帰結をもたらすからである。ある制度がもたらす均衡，すなわち帰結がいかなるものになるかは，政治アクターたちにとって重大な利害関心の対象となる。たとえば，選挙制度が異なれば少数派が議席を確保できるか否かは違ってくる。だからこそ，いかなる選挙制度を採用するかをめぐって，多数派と少数派が激しく争うのである。したがって，まず独立変数としての制度（制度はいかなる帰結を，なぜもたらすのか）を理解することが，従属変数としての制度（なぜその制度が形成されたのか）を理解するうえでの前提となる。その政治制度が政治アクターたちに何をもたらすのかを理解することによって，彼らがどのような政治制度をなぜ好むのかも，はじめて理解できるからである。

入れ子型ゲーム

ここまで，ある制度の下でゲームが行われるとき，制度とはそのゲームのルールであると説明してきた。それでは，いかなる制度を採用するかをめぐって政治アクターたちがゲームを行うとき，そのゲームのルールは何によって与えられるのだろうか。それもやはり制度，すなわちより上位にある制度であると考えることができる。制度はより上位の制度と入れ子型の関係になっていると考えられる。制度形成をめぐるゲームとその帰結として生じた制度の下でのゲームの全体を，入れ子型ゲーム（nested game）と呼ぶ（Tsebelis, 1990）。

先の例を続ければ，選挙制度をめぐる多数派と少数派のゲームにおいて，ルールとなる上位の制度は憲法ということになるだろう。選挙制度は，基本的には公職選挙法のような法律で定められている。したがって，選挙制度を変更したい多数派や少数派は，この法律を自分たちが有利になるように改正しようとする。そうした局面で彼

らの行動を拘束するのが，より上位のルールとしての憲法なのである。憲法には，法律を変えるための手続き，すなわち日本でいえば衆議院と参議院での多数決が必要であり，もし片方で否決された場合には……，というように「法律の決め方」が定められているのであり，そうしたルールのあり方が，選挙制度改革をめぐる政治アクターの行動を規定することになる。

　このように，より上位の制度が下位の制度形成ゲームのルールとなることから，さまざまなレベルの政治制度の間には一定の連関が生じることになる。つまり，法律の決め方が憲法に規定されているならば，その特徴は上で見た選挙制度のみならず，さまざまな制度形成ゲームに及ぶはずであり，それぞれの制度の間にも一定の関係を生み出すと考えられる。

　また，このように複数の制度が直接上下の関係にない場合でも，他の制度が政治アクターの行動に枠をはめることで，複数の制度に連関が生じることも考えられよう。たとえば，官僚の採用ルールとして政治任用を採用するか否かという制度選択によって，官僚が政策を実施する際，執政部門の長（執政長官）の意向にどの程度まで忠実に振る舞うかは変わってくるだろう。したがって，官僚の政治任用という制度選択は執政長官にとって重要な問題である。しかし，そもそも自分の意向に忠実な官僚を必要とする程度は，執政長官が大統領制における大統領なのか議院内閣制における首相なのかによっても異なるだろう。要するに，大統領制か議院内閣制かという執政制度と官僚の採用ルールとには一定の連関が生じる，と考えられるのである。

　制度を独立変数としてとらえ，その帰結を理解することを第一の目標としつつ，制度を従属変数としてとらえ，なぜある制度が形成されるのかについても考えること，さらにそこから異なるレベルの

政治制度間の連関についても考察すること，それがこの本のもう一つの目標となる。

> **制度工学の難しさ**

制度の帰結を予測することができ，また制度が政治的アクターによって選択されると考えるのであれば，さらに進んで，特定の望ましいと考えられる帰結をもたらすために政治制度を意図的に設計することも可能なのではないか。これが，いわゆる制度工学（institutional engineering）という考え方である。世界銀行をはじめとする多くの国際機関や各国政府なども，近年そうした立場をとりつつあるようである。国際機関は従来から，対外援助と連関させる形で，時代ごとに内容は異なるが，ほぼ一律の経済政策パッケージを各途上国に受け入れさせてきた。しかし，こうした経済政策パッケージの導入が必ずしも発展につながるものではないという経験を受けて，民主化改革や地方分権改革といった政治制度改革を援助に対する一種の交換条件とするような方向性が見られつつある（World Bank, 2002; Inter-American Development Bank, 2005; 元田, 2007）。

本書も，制度論研究の一つの意義は，制度と帰結の因果関係についての知識の蓄積が，実際の制度設計や制度改革の局面で生かされることにあると考えている。合理的選択制度論の根底には，世の中の多くの人は基本的にどこへ行ってもそれほど違うものではない，という人間観がある。そこから，ある社会や国，あるいは複数の社会で，外部から理解可能な目的をもった典型的な個人を想定することが可能であり，またその個人は環境条件に適切に反応して行動するだろうという考えが導かれる。異なる社会にこうした合理的個人を想定することで，環境条件としてのルールが特定の結果をもたらすという因果関係を導くのである。同じ人間がいるのだから，結果が異なっているならば，そこに存在するのはルールの違いをはじめ

とする環境条件の違いだ，ということになる。

しかし，ある帰結を導くために制度を設計し，それに基づいて制度を導入することができるという考え方は，合理的選択制度論の「均衡としての制度」や入れ子型ゲームとしての制度形成ゲームという考え方とは，本来的には相容れない。なぜなら，均衡としての制度という考え方に基づけば，政治制度はそれぞれの国のさまざまな政治アクターの選択の結果として，安定的に自己拘束的な形で成立しているはずだからである。このような均衡状態の下では，外部の援助機関などによって半ば強制的に，ある特定の政治制度を突然変更したとしても，それが自己拘束的なものになるとは考えにくい。もし，その制度が政治アクターたちにとって均衡にないのならば，その制度は早晩放棄されるか，換骨奪胎されてしまうであろう。また，入れ子型ゲームとして説明したように，複数のレベルの政治制度は相互に連関し合い，いわば支え合って機能している。したがって，そうした制度連関の中である特定の政治制度だけ取り上げて変更してみても，必ずしも当初意図した通りの効果を生むとはかぎらない。制度の多層性や連関性を理解するならば，制度工学を実現することがきわめて難しい目標であることも理解されるであろう。

4 政治制度の全体像

本人―代理人モデル　本章では，政治制度を理解する視点を順に説明してきた。一つには政治制度がいかなる帰結をもたらすのか，もう一つにはなぜある政治制度が選ばれ，それと他の政治制度の間にはどのような関係があるのか，という2点を理解することがとくに重要であることも述べてきた。しかしこ

こまで,政治制度として具体的にどのようなものをとりあげるのかは説明してこなかった。この節では,本章で提示した制度理解の視点をふまえて,各章ではどのような政治制度をとりあげるのか,それらの間にはどのような関係があるのかを述べる。いかなる政治制度をどの順番で論じていくのか,なぜそのような配置になっているのかを示し,第3章以下の各章の見取り図を提示しよう。

政治制度が政治家や官僚といった政治エリートとどのような関係にあるかを概観するうえでは,本人―代理人 (principal-agent) モデルが役に立つ。本人―代理人モデルは,社会に存在するさまざまな関係を,本人(依頼者,信託者,principal)と代理人(引受者,受託者,agent)の間に結ばれた契約関係としてとらえ,どのような契約内容であるかを見ることによって,それぞれのアクター間の関係や,その結果として導かれるアクターの行動を説明しようとする。代理人とは,本人に成り代わって本人のためにさまざまな事柄をこなす人たちをいう。本人は,さまざまな活動において専門的な知識や時間などの資源を十分にもたないために,代理人を雇うことになる。たとえば,財産形成のための資金運用は信託銀行に任せ,訴訟となれば弁護士を雇うだろう。あるいは犬の散歩などについても,時間を節約するために近所の便利屋に依頼するかもしれない。本人―代理人モデルは,企業組織の研究など経済学の分野で発展してきたモデルだが,近年になって政治学の分野へも応用され始めた。

本人と代理人の間には,一般に「情報の非対称性」が存在するといわれる。本人の知りたい情報を,つねに代理人が本人よりも多く保持しているということである。これは弁護士などの専門的知識を備えた代理人を雇う場合にはもちろんだが,本来自分ですることのできる作業を便利屋などに依頼した場合にも妥当する。代理人を雇って仕事を委ねた場合には,それがどのような内容であれ,代理人

が適切に仕事をこなしているか,というような現場の情報について,本人は完全には知ることができないからである。便利屋が十分に犬を散歩させたのかどうかを,犬のようすから多少は想像できたとしても,飼い主が真相を把握することは難しい。

　また,代理人は本人とは異なる目的をもっている。本人にとっては,つねに自分を助けてもらう,手伝ってもらうことが最も重要である。だが,弁護士や便利屋はその特定個人を助けることが目的ではなく,職業として報酬を受け取るために仕事を請け負うのである。仮に彼らが何らかの社会的正義の実現をめざしてそうした仕事をしている場合にも,特定の個人を助けることがそうした目標にかなうとはかぎらない。代理人はだれか別の,もっと困っている依頼者や,社会的にインパクトのある依頼者を助けようとするかもしれない。代理人にとっての優先順位は,本人のそれとは異なる可能性が高い。

　本人-代理人モデルにおける代理人はこのように本人とは異なる目標をもち,本人との間の情報の非対称性を利用して本人を出し抜き,それを追求しようとする存在である。代理人のこうした独自目標を追求する行動は,機会主義的行動と呼ばれる。本人にとっての課題は,代理人の専門知識や技能,労働力を利用しつつ,代理人の機会主義的な行動をできるだけ抑え,効率的な委任を行うべくさまざまな工夫を凝らす点にある。本人は代理人の行動をさまざまな形で監視し,自分の望み通りに動いた場合には報償を与え,自分の利益に反した場合には懲罰を加える。さらに代理人を複数雇い入れて競争にさらすなどというように,代理人との契約関係をさまざまに設定することで代理人の行動をコントロール(支配)しようとするのである。

**民主主義体制の
とらえ方**

あらゆる政治体制は，本人−代理人関係の連鎖として理解することができる（Strøm, 2004）。そして政治体制の違い，つまり権威主義体制と民主主義体制の違いとは，主権をもつ本人がだれであるかという違いである。権威主義体制における本人が王や独裁者であるのに対し，民主主義体制におけるそれは国民（有権者）である。どちらの政治体制においても，本人がすべての権力を自ら直接的に行使することはできない。それゆえ，本人は代理人に権力の行使を委ねることが必要になる。しかし，代理人は本人とは異なる目標をもち，またより多くの情報をもつことから自己利益を追求しかねない。本人は代理人を必要としており，代理人もまた本人がいてはじめて存在できるのだが，両者の関係は一筋縄ではいかない。このような視点から政治を見ることによって，たとえば，なぜ私たちは主権者でありながら，政治が自分たちのものであると実感しにくいのかを理解することができる。それが本人−代理人関係から政治を見ることの利点である。

　民主主義体制における国民の第一義的な代理人は，政治家である。しかし，政治家もまた国民から委任された権力のすべてを直接行使するわけではない。国民の代理人としての政治家は，今度は本人の立場になり，官僚や裁判官などを代理人として，その権力の一部を委譲する。見方を変えれば，現代の民主主義国家においては，官僚や裁判官といった多くの場合に国民が直接選出できない政治エリートをコントロールする権限（任免，人事管理，組織管理）も，国民は政治家に委任しているといえる。国民と官僚や裁判官との関係は，政治家を経由した間接的な委任関係であるといえよう。このように，民主主義体制における政治エリートは，国民の直接の代理人としての政治家と，政治家の代理人としての官僚や裁判官との，大きく二

つに分けて考えることができる。本書では、まず第3章から第6章で政治家に関する政治制度を扱い、続く第7章から第9章で、政治家の代理人に関する政治制度を扱う。

このような2種類の代理人、直接的な代理人と間接的な代理人では、その代理人がもつ目標に違いが生じる。どちらも代理人である以上、本人である国民とは異なった目標をもつ点では共通する。しかし、どの程度異なる目標となるかは、直接的な代理人と間接的な代理人では同じではない。

政治家の目標として一般に想定されてきたのは、再選、昇進、政策という三つである。再選とは、選挙に勝ち、政治家であり続けることを指す。昇進とは、大臣や議会の委員長などの役職を得るなど、より高い地位に出世することである。政策とは、政治家として望ましいと考える政策を実現することを意味する。そして、ほとんどすべての政治家はこれら三つの目標のうち、再選を最も重視する。「猿は木から落ちても猿だが、代議士は選挙に落ちればただの人」という有名な言葉は、自民党副総裁を務めたこともある大野伴睦(おお の ばんぼく)という政治家が残したとされるものだが、そこには政治家の活動のすべてが選挙での勝利に基づいていることが示されている。これは、政治家が国民の直接の代理人として、国民に直接的にその立場を左右される存在だからである。

他方、官僚や裁判官などについて、政治家にとっての再選と同様の目標を想定することは難しい。むしろ、間接的な代理人に共通の目標があるとはいえないであろう。これは、彼らが数の上で政治家より圧倒的に多く、各自が担当する仕事の内容や社会的地位なども多様であるためである。しかしより本質的には、官僚や裁判官が間接的な代理人であり、選挙という国民の直接選択の洗礼からは一定程度隔離されており、生涯にわたって継続しうる一つの職業である

図 2-2　政治制度の配置

```
┌─────────────────────────────────────────────────────────────┐
│  ┌─────┐    ┌──────────────────┐    ┌──────────────────┐   │
│  │国 民│    │政治家＝直接的な代理人│    │間接的な代理人    │   │
│  │(有権者)│⇒│○第3章：選挙制度  │ ⇒ │○第7章：官僚制    │   │
│  │＝本人│    │○第4章：執政制度  │    │○第8章：司法制度  │   │
│  └─────┘    │○第5章：政党制度  │    │○第9章：中央銀行制度│  │
│              │○第6章：議会制度  │    │                  │   │
│  中央政府    └──────────────────┘    └──────────────────┘   │
│    ↕                                                         │
│  地方政府    ○第10章：中央・地方関係制度                    │
└─────────────────────────────────────────────────────────────┘
```

［出典］　筆者作成。

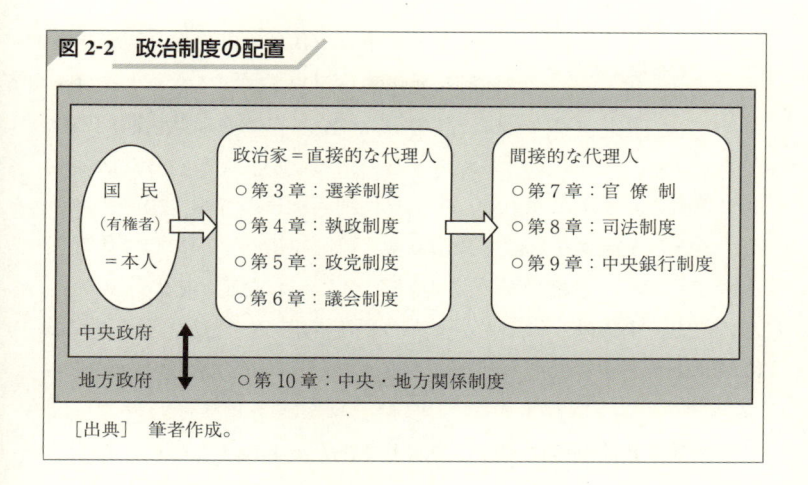

ことに起因する。間接的な代理人たる官僚や裁判官は一定の身分保障の下で，より多様なそれぞれの目標を追求する存在なのである。

このように政治家とその代理人を扱う第3章から第9章に対して，最後の第10章「中央・地方関係制度」は，本人とはそもそもだれなのかという問題を扱う。主権をもつのは私たち一人一人の個人ではなく，一定の政府の領域内に居住する（あるいはそこで生まれた）人々の集合体である。そのとき，一国内をさらに区分した範囲で本人が設定されるのが地方政府であり，一国全体を範囲として本人を設定するのが中央政府である。私たちは，地方政府にとっての本人であると同時に中央政府にとっての本人でもある。この二つの立場の関係を考えるのが第10章の役割である。

つまり，本人－代理人の連鎖において，本書の以下の章は三つに大きく分けられる。このことを図示したのが，図2-2である。以下の各章を読み進めるうちに，全体像を見失うことのないよう，まずこのおおまかな見取り図を頭に入れておいてほしい。

民主主義体制における政治制度

ここまで、本人―代理人関係から民主主義体制をとらえる視点を示してきた。それでは、この視点に立ったときに政治制度とはどのように位置づけることができるのだろうか。先に行った政治制度の説明をふまえたうえで、本人―代理人関係の枠組みの中であらためてとらえ直すならば、政治制度とは「本人がいかにして代理人を選び、いかなる権力を委譲（委任）するのかを定めるしくみ」だといえる。本人は、代理人が本人の利益に沿った行動をとるよう規律づけようとする。そのために設定するルールが政治制度なのである。

つまり、政治制度における最も基本的な要素は、第一に「権力を担う人をどのように選ぶか」であり、第二に「権力をどのような人（機関）にどのように配分するか」という二種類のルールである（Colomer, 2006）。言い換えれば、これら二種類のルールこそが、民主主義体制の下での本人―代理人関係の骨格を構成する。

具体的には、有権者と政治家との本人―代理人関係を規定する第一のルールの典型は、「選挙制度」であり、第二のルールの典型は「執政制度」である。前者の選挙制度は、第3章で詳しく扱われる。選挙制度を有権者と政治家の代理人契約と考える立場からは、契約の締結に相当する「選び方」と同様に、契約の終了や破棄に相当する「辞めさせ方」も重要な意味をもつ。したがって、狭義の選挙制度には「任期」「再選（禁止）規定」などは含まれないが、代理人である政治家が本人である有権者の意図にどの程度拘束されるか、あるいは自由裁量をもつかという点に注目すれば、任期や再選規定も選挙制度の一部をなすと見るべきである。

後者の執政制度は、第4章で扱われる。これは主として、立法権（立法府、議会）と行政権（行政府、執政部）の関係を規定するルール

である。執政制度によって，有権者が政治家にどのような権限を委任しているかが決められている。政治家から見れば，執政制度によって就くことのできるポストが定められ，その獲得と維持が彼らにとって最大の目標となる。大統領制のように，議会と執政部が分立している場合には，政治家のめざすべきキャリアは二つに分かれる。有権者という本人と政治家という代理人との関係も2本になる。他方，議院内閣制においては，執政部は議会から選出された首相によって構成されるため，政治家のキャリアは議会に絞られる。本人―代理人関係も1本に限られることになる。

　第5章の「政党制度」と第6章の「議会制度」の二つの章は，二つのルールの下で選出され，権力を付与された政治家たちの行動の前提となるルールがいかなるものなのかを論じる。さまざまな考え方や利害が国民の間にあり，それを背景にもつ複数の政治家が存在する以上，彼らが何らかの形で集合的な決定をしなければ，政治は動かない。民主主義体制における政治は，有権者の多様な選好をいかに集約するかが鍵となるが，それと同時に，一人の政治家だけで動かせるものではないのである。したがって，一方においては有権者の選好をとりまとめ，他方では政治家たちは何らかの形で組織化を図り，役割分担を行っていく必要がある。そこで生み出されるのが政党である。政党制度には，国民の選好がいかに集約されていくかを規定するというべき政党システムと，政党内部組織における執行部と一般議員の間の関係という二つの側面がある。議会も同様であり，複数の政治家なり政党が全体として決定を行うために，さまざまな決定に関するルールが必要となる。ここでも，たとえば委員会などを通じていかなる分業がなされるか，そこではどのように権限が委譲されるか，といった問題が扱われるのである。

　このように政治家については，本人にとっての直接の代理人であ

るという重要性から，選出方法と権力配分の二つについて別個の制度が設けられており，本書でも章を分けて論じる。これに対して，間接的な代理人を扱う第7章から第9章，すなわち「官僚制」，「司法制度」，「中央銀行制度」においては，二つのルールを一つの章の中で論じていく。政治家の代理人としての官僚，裁判官，中央銀行に対して，政治家がどのような権限を与えるのか，どのような者を任免するのかが論じられる。そこでどのような制度がとられるかは，官僚，裁判官，中央銀行の行動を規定し，それを通じて政府の政策を変え，さらにはそうした政策がインパクトを与える社会や経済のありようにも大きな影響を与えることになる。そうであるがゆえに，政治家はこれらの制度の設計に意を用いるのである。

　最後に，第10章で論じる「中央・地方関係制度」は，すでに述べたように複数の政府レベル，つまり複数の本人－代理人関係相互間の関係を論じる章である。中央政府と地方政府の関係では，有権者が国政レベルの政治家と地方レベルの政治家に，どのような仕事（権力）を分担して委任するのか，という基本的ルールを定める。それは政治エリート間での権限関係や分業のあり方を規定し，それぞれのレベルの政府で活動する政治家の影響力を左右する。さらに中央・地方関係の制度は，こうしたことを通じて，中央と地方双方の政治家のキャリアをも決定づけることになるだろう。

　以上で見てきたように，第3章以下の各章は，本人－代理人関係の連鎖に従って順に配置されている。主権者たる国民がその統治権を多くの代理人を通じて行使するうえでは，そうした代理人をできるだけ効率的に働かせるような，さまざまな政治制度が機能しているのである。

●引用・参考文献●

網谷龍介，2003「比較政治学における「理論」間の対話と接合可能性——小野耕二『比較政治』(東京大学出版会，2001年) を手がかりに」『レヴァイアサン』第32号。

伊藤修一郎，2002「社会学的新制度論」河野勝・岩崎正洋編『アクセス比較政治学』日本経済評論社。

河野勝，2002『制度』東京大学出版会。

建林正彦，1999「新しい制度論と日本官僚制研究」日本政治学会編『年報政治学1999——20世紀の政治学』岩波書店。

元田結花，2007『知的実践としての開発援助——アジェンダの興亡を超えて』東京大学出版会。

Colomer, Josep M., 2006, "Comparative Constitutions," in R. A. W. Rhodes, Sarah A. Binder, and Bert A. Rockman, eds., *The Oxford Handbook of Political Institutions*, Oxford University Press, 217-238.

Evans, Peter B., Dietrich Rueschemeyer, and Theda Skocpol eds., 1985, *Bringing the State Back In*, Cambridge University Press.

Inter-American Development Bank, 2005, *The Politics of Policies: Economic and Social Progress in Latin America, 2006 Report*, David Rockfeller Center for Latin American Studies, Harvard University Press.

Knight, Jack, 1992, *Institutions and Social Conflict*, Cambridge University Press.

March, James G. and Johan P. Olsen, 1989, *Rediscovering Institutions: The Organizational Basis of Politics*, Free Press. (遠田雄志訳『やわらかな制度——あいまい理論からの提言』日刊工業新聞社，1994年)

North, Douglass C., 1990, *Institutions, Institutional Change, and*

Economic Performance, Cambridge University Press. (竹下公視訳『制度・制度変化・経済成果』晃洋書房, 1994年)

Pierson, Paul and Theda Skocpol, 2002, "Historical Institutionalism in Contemporary Political Science," in Ira Katznelson and Helen V. Milner, eds., *Political Science: State of the Discipline*, W. W. Norton, 693-721.

Shepsle, Kenneth A., 2006, "Rational Choice Institutionalism," in R. A. W. Rhodes, Sarah A. Binder, and Bert A. Rockman, eds., *The Oxford Handbook of Political Institutions*, Oxford University Press, 23-38.

Strøm, Kaare, 2004, "Parliamentary Democracy and Delegation," in Kaare Strøm, Wolfgang C. Müller, and Torbjörn Bergman, eds., *Delegation and Accountability in Parliamentary Democracies*, Oxford University Press, 55-106.

Tsebelis, George, 1990, *Nested Games: Rational Choice in Comparative Politics*, University of California Press.

Weingast, Barry R., 2002, "Rational Choice Institutionalism," in Ira Katznelson and Helen V. Milner, eds., *Political Science: State of the Discipline*, W. W. Norton, 660-692.

World Bank, ed., 2002, "Political Institutions and Governance," in Building Institutions for Markets, *World Development Report, Overview 2002*, World Bank, 99-116.

第 3 章　選挙制度

　　選挙は主権者たる国民が代理人たる政治家を選ぶという意味で，民主主義体制の根幹をなす。政治家や政党の行動は，選挙での勝利をつねに意識したものとなる。選挙のあり方を規定するルールである選挙制度は，国や地域ごとに多様であり，選挙制度によって国民と政治家双方の行動は違ったものになる。世界の選挙制度にはどのような種類があるのか。選挙制度が違えば，具体的に何が変わるのだろうか。本章では，選挙制度の特徴と帰結にかかわるさまざまな議論を紹介する。

1 選挙制度の定義と構成要素

選挙制度とは何か　選挙制度とは，国民の代表者たる政治家をどのようにして選び出すかを定めるルールである。具体的には，投票の方法，投票の集計方法，集計票に基づく当選者決定方法などについての取り決めを指す。選挙によって，国民は政治家の政治生命や政党の勢力関係を左右できる。それは民主主義体制における国民の意思の表明と政府への統制の，最も重要な手段である。さらに，政治家や政党の日常的な活動にも選挙制度が大きな影響を与える。このように考えれば，選挙制度が民主主義体制の中核部分をなすものであることがわかる。

　ほとんどすべての政治家は，選挙に勝って政治家であり続けたいと思っている。またそうした人々の集団である政党は，選挙での議席獲得を通じて，政治的信条の実現や政権獲得をめざしている。選挙での勝利という目標は彼らにとってきわめて切実なものであり，政治家や政党の日々の活動についても，大部分がその目標に結び付いている。それゆえ選挙制度は，政治家や政党の選挙の戦い方のみならず，日常的な政治活動の全般に大きな影響を及ぼす。選挙制度が変われば，当然それに対応して有権者と政治家や政党の関係，政治家や政党同士の競争のありようも変わってくる。選挙制度をどのようなものにするかは，民主主義体制におけるすべての政治アクターにとって，決定的な選択なのである。

　選挙制度が政治家や政党の活動を規定し，民主主義のあり方を大きく特徴づけるという考え方は，多くの政治学者に共有されてきた。また選挙制度と政治的帰結の間にいかなる因果関係が存在するかに

ついては，これまでさまざまな角度から研究されてきた。具体的には，選挙制度と政党システムや政党内部組織との関係が論じられ，さらにそれらを経由して，政治的安定，紛争，リーダーシップ，政策結果，経済発展などという多様な帰結との関係が分析されてきた。本章では，主として前者の因果関係に焦点を絞って検討を進めていく。後者の諸見解は政党を扱った第5章で紹介することになるが，これらの議論が多くの場合に連続したものであることには，つねに留意が必要である。

選挙制度の基本的諸要素①——議席決定方式

選挙制度が民主主義体制の根幹をなすルールだとして，そこから各国の政治のしくみを比較して理解するためには，各国の選挙制度に共通して含まれているいくつかの基本要素を取り出し，それに限定して議論する必要がある。本章では具体的に，議席決定方式，選挙区定数，投票方式，選挙サイクルという四つの要素に注目する。もちろん，この4要素は網羅的なものであるわけではなく，選挙に関するルールはこれ以外にも多様な要素を含んでいる。たとえば日本の公職選挙法には，選挙ポスターのサイズや戸別訪問の禁止など，さまざまな事柄が事細かに記されている。こうした微細な規定なども本書が定義する選挙制度に含まれ，またそれは一定の政治的帰結をもたらしうる。戸別訪問禁止規定は現職候補を有利にし，自民党の長期単独政権を支えるルールであったと主張されることもある。しかしここでは，各国の選挙制度を大きく比較するという観点から，各国の選挙制度に共通する基本要素に検討の焦点を絞ることにしたい。

以下では，四つの要素について順に説明を加えていこう。これらのうち，選挙サイクルを除いた三つの要素について，主要な民主主義諸国がいかなる選択を行っているかを，表3-1にまとめている。

表 3-1　各国の選挙制度

国　名	総定数	選挙区数	比例区数	議席決定方式	比例リスト	投票方式
カナダ	308	308		相対多数		候補者
イギリス	646	646		相対多数		候補者
アメリカ	435	435		相対多数		候補者
オーストラリア	150	150		絶対多数		候補者
日本（1994年〜）	300+180	300	11	混合並立	拘束名簿式	候補者・政党
ハンガリー	176+152+58	176	20+1	混合並立	拘束名簿式	候補者・政党
ドイツ	(598)	299	1	混合比例	拘束名簿式	候補者・政党
ニュージーランド（2006年〜）	(120)	69	1	混合比例	拘束名簿式	候補者・政党
ベルギー	150		11	比例代表	非拘束名簿式	選好
スウェーデン	349		29	比例代表	非拘束名簿式	選好
ロシア	450		1	比例代表	拘束名簿式	政党
トルコ	550		85	比例代表	拘束名簿式	政党

［注］　各国とも下院選挙についてのデータ。
　　　混合並立制の総定数は選挙区＋比例区の形で表記している。またハンガリーの比例区は2種類に分かれている。
　　　超過議席が与えられる諸国は総定数をカッコ書きしている。
［出典］　三輪（2006）より抜粋，議席決定方式などの名称を本書に合わせて筆者作成。

　第一の要素は，議席決定方式（electoral formula）である。これは，有権者によって投じられた票がどのように集計され，議席に換算され，当選者が確定するかを定めるルールである。大きくは，①多数制（多数代表制）と②比例代表制という二つに分けることができる。

　①多数制とは，選挙区ごとにあらかじめ定められた議員定数について，得票の多い者から順に，定数番目までの者を当選とする制度である。多数制の中には，当選に順位のみを問題とする一般的な多数制である「相対多数制（plurality）」と，過半数の得票（絶対多

数)を求める「絶対多数制(majority)」があり,両者は区別される。なお絶対多数制には,フランスのように決選投票方式(2回投票制,run-off majority)によるものと,オーストラリアのように,1回目の投票に際して各有権者にあらかじめ第2位以下の選択肢を明記させ,それによって過半数候補者を確定する選択順位投票方式(alternative vote)によるものがある。

②「比例代表制(PR; proportional representation)」は,複数の議席について,政党を単位として,各党の得票率に比例した議席を配分する方式である。ただし,実際の議席換算については,各国でそれぞれに特徴をもったさまざまな方法が用いられており,微妙に異なる結果がもたらされている。また,比例代表制に併用されることがあるルールとして,議席配分に必要な最低得票率(阻止条項,electoral threshold)がある。過度の小党乱立を防ぐために,一定の得票率を獲得しないと議席を比例配分しないという基準値を設定するルールである。ドイツの5%条項は有名であり,極右政党など,小政党の国政進出を阻む効果をもってきたといわれる。

| 選挙制度の基本的諸要素②——選挙区定数 |

第二の要素は,選挙区定数(district magnitude),すなわち各選挙区から選ばれる議席数に関するルールである。しばしばmagnitudeの頭文字をとってMと表示される。なお,district magnitudeという英語は,直訳すれば「選挙区の規模(大きさ)」となる。選挙制度を政治学的に論じる際には,選挙区の規模とは地理的広さや有権者数ではなく,議員定数を意味することが多い。

選挙区定数は,多数制と比例代表制のいずれの場合にも重要な要素だが,とくに相対多数制の場合に選挙区定数が1,すなわち一つの選挙区で一人の議員を選ぶ制度を「小選挙区制(single-member district)」,複数の議員を同一選挙区から選ぶ制度を「大選挙区制

(multi-member district)」と呼ぶ。定数が1か複数かという違いに質的な差を見出すのが一般的であり、日本の衆議院で1993（平成5）年まで、また参議院の選挙区選挙や都道府県議会選挙の一部で現在も用いられている中選挙区制は、定義上は大選挙区制の一種とみなされる。

> 選挙制度の基本的諸要素③——投票方式

第三に、投票方式（ballot structure）があげられる。これは、有権者がどのように自分の選択を表現するのか、という投票の方法に関するルールであり、以下の三つに分類される。すなわち、①候補者方式（candidate ballot）、②政党方式（party ballot）、③選好投票方式（preference ballot）である（Norris, 2004）。投票方式は、有権者が実際に用いる投票用紙がどういう形態なのか、という問題とも密接に結び付いている。単記式といって有権者は一人の候補者ないしは一つの政党のみに投票するもの、連記式といって複数の候補者ないしは政党に投票できるもの、あるいは投票用紙のマーク式、自書式といったものもすべて、広義にはこの投票方式にかかわる特徴である。

投票方式について、もう少し具体的に見ておこう。①候補者方式とは、候補者の個人名を選択ないし記入する方式を指す。得票は基本的に候補者個人に与えられたものとされ、非移譲式といって同一政党の別の候補者などには移譲されない。②政党方式とは、政党名を選択ないし記入する方式である。たとえば比例代表制においては、有権者はそれぞれの政党が提出した候補者名簿をもとに、いずれかの政党を選択する。③選好投票方式とは、政党への投票と、その政党の中の個別の候補者（群）への投票を同時に行うことのできる方法を指す。有権者は、各政党が提出した名簿を丸ごと選択するのではなく、名簿の中の個別の候補者への支持を、マークや番号

を付けることによって表明できる。日本の参議院比例区のように、候補者個人の名前を記入することで表明する場合もある。政党リストの順位は、このようにして表明された有権者の選好票集計をもとに決められる。したがって、選好投票方式とは候補者方式と政党方式の中間形態であるということもできる。

②政党方式と③選好投票方式の違いは、有権者の側から見た投票方式の違いであると同時に、候補者名簿（リスト）の順位がどのように決められるかという点の違いでもある。これは、順位づけを政党が行うか有権者が行うかによる差異であり、結果として実際に議席を得ることになる議員も変わる可能性がある。このような候補者名簿の特性に着目して、政党方式に基づく比例代表制をクローズドリスト（拘束名簿式, closed list）比例代表制、選好投票方式に基づく比例代表制をオープンリスト（非拘束名簿式, open list）比例代表制と呼び分けることも多い。ただし、政党方式と選好投票方式、あるいは拘束名簿式と非拘束名簿式の間には、さまざまな中間形態も存在する。たとえばオランダやベルギーでは、有権者に選好投票を認める場合にも、あらかじめ政党が順位を付けた候補者名簿を提示し、一定数の選好投票を集めたときにのみ政党の付けた順位を変更できる。このような方式は、政党方式と選好投票方式の中間形態をとっているといえよう（Katz, 1986）。

選挙制度の基本的諸要素④——選挙サイクル

選挙制度の第四の要素は、選挙サイクル（electoral cycle）である。任期、再選制限、選挙のタイミングなどといった時間的な要素を指している。任期が長いのか短いのか、固定任期なのか、議会解散などによる中途打ち切りがありうるのかなどが問題となる。再選に関しても、とくに制限を加えない国もあるが、回数制限を設ける国や連続での再選を認めない国などが存在する。選挙のタイミン

グとは，上院，下院，大統領，地方議会など，複数の選挙がどのような時間差で行われるか，という問題である。同時に行われるのか，短い時間差（またどのような前後関係）で行われるのか，全く別の時期に行われるのか，といった違いが存在する。これらは有権者が選挙を一連のものとして投票するか，あるいは別のものとして投票するか，という問題にかかわっており，異なるレベルの選挙間の連動の大きさを規定することになる。

2 選挙制度の比例性・代表性と政党システム

選挙制度と民主主義

選挙制度はいかなる政治的帰結をもたらすのか。選挙制度との関係において，長く注目されてきたのは，政党システムであった。詳しくは第5章で扱うが，政党システムとは政党の数や政党間の勢力関係についての構造のことである。日本で1990年代に行われた選挙制度改革に際して目標とされたのは，政権交代の可能な政党システムを作ることであった。すなわちそこでは，選挙制度を変えれば政党の数や勢力関係を変えることができる，という因果関係の存在が前提とされていたのである。

選挙制度が特定の政党システムをもたらす因果メカニズムは，選挙制度の直接的な効果と，間接的な影響の二つに分けられる。直接的な効果とは，投票がいかに数えられ，議席に変換されるかという選挙制度それ自体によるものである。また間接的な影響とは，選挙制度が一方では有権者の投票行動に，他方では政党の立候補などの選挙における行動に与える影響である。多数派の有権者や政党，少数派の有権者や政党のそれぞれがどの程度立候補や投票に積極的に

なるか消極的になるかは、選挙制度によって大きく左右される。なぜなら選挙制度によって、自分たちの勢力がどの程度の議席を獲得できるかという期待が変化するからである。

選挙制度が政党システムに直接的、間接的に及ぼす影響は、究極的にはその国の民主主義体制のあり方そのものを規定する。代表者は社会そのままの鏡であるべきなのか、より積極的な変換がそこには加えられるべきなのか。社会の中のさまざまな勢力や集団のうち、どの部分が代表されやすいのか、あるいは代表されにくいのかということが、選挙制度によって決められているからである。

議会において少数意見がどの程度代表されるか、選挙制度を経由して社会的諸勢力がどの程度比例的に議会に代表されているのかについて、政治学においては、議会あるいは政党システムの「比例性（proportionality）」「代表性（representativeness）」という概念でとらえようとしてきた。また各国の「比例性」「代表性」を具体的に比較する際には、得票（率）と、議席（率）のギャップが問題とされ、そのギャップが小さければ小さいほど「比例性」「代表性」が高い議会、政党システムであるとみなされた。たとえばギャラガーによる「非比例性指数（disproportionality index）」は、全部で n の政党があるとして、ある政党 i の得票率を v_i、議席率を s_i と表したとき、次の計算式により算出される値 G である（Lijphart, 1999）。

$$G = \sqrt{\frac{1}{2}\sum_{i=1}^{n}(v_i - s_i)^2}$$

また政党システムそれ自体をとらえる際には、主に有効政党数という指標が用いられてきた（算出式を含め、第5章参照）。有効政党数とは、単に議会に存在する政党数をそのまま数えるのではなく、それぞれの政党を議会における勢力比によって重み付けした形でカウントする指標である。そのため、大政党がどの程度まで議会で圧倒

的な勢力をもっているか，言い換えれば少数派の代表である小政党がどの程度の勢力を保持しているかがわかる。「非比例性指数」や「有効政党数」などによって，各国の政党システムの比例性や代表性の程度を知ることができるのである。

比例性・代表性の規定要因

議会の比例性，代表性を規定し，政党システムを直接的に規定するのは，選挙制度を構成する諸要素のうち，主として議席決定方式と選挙区定数である。比例代表制であるか，あるいは多数制でも選挙区定数が大きい場合には，比例性の高い選挙結果が導かれる。少数派もその勢力に見合った議席を議会に確保することができ，政党システムは多党制になりやすい。逆に，多数制の下で選挙区定数が小さい場合には，少数派が議席を獲得することは難しくなる。選挙の比例性は低く，結果として政党システムは二大政党制に接近する。もう少し詳しく見ておこう。

まず議席決定方式については，相対多数制と絶対多数制は，いずれも当選者に投じられない票，すなわち死票の多い選挙制度であり，少数派に不利な特徴をもつ。多数制の選挙制度で定数1に対し二人の候補者が立っている場合，（有権者の半分+1）票を獲得した候補が当選する裏側では，（有権者の半分-1）票が死票となる。これに対し，比例代表制は少数派にも比例配分的に議席を与えるものであり比例性が高い。ただし，最低得票率（阻止条項）が存在する場合は，それを高く設定すればするほど少数派の代表が難しくなり，非比例的となる。

次に選挙区定数については，定数が大きくなればなるほど少数派が代表されやすくなり，比例性が高まるといえる。定数は，当選に必要な最低得票ラインを決めることになるからである。具体的には，定数Mで相対多数制の選挙を行う場合には，他のライバル候補の

得票状況とは全く無関係に,「有効投票数÷(M+1)」を1票でも上回る票を集めれば,その候補の当選は確定する。このような当選ラインを一般に「基数(quota)」と呼び,その中でもとくにM+1を基準とするものをドループ基数と呼ぶ。その計算式からも明らかなように,定数が大きくなればなるほど当選確定ラインは下がる。たとえばM=1の小選挙区制の場合には,当選確定ラインは有効投票総数の50%(+1票)であるが,中選挙区制でM=4になると,20%(+1票)まで低下する。

選挙制度の基本要素のうち,投票方式と選挙サイクルについては,代表性や比例性とは直接の関係をもたないと考えられる。ただし投票方式は,先に述べた議席決定方式とかなりの相関をもち,それを通じて代表性,比例性とも一種の擬似相関関係を形成することになる。具体的には,投票方式における候補者方式は,議席決定方式における相対多数制か絶対多数制とともに用いられるために,多数派により有利な,非比例的な選挙結果を伴う。他方,政党方式や選好方式は共に比例代表制における投票方式であり,少数派により有利な選挙結果が生じることになる。

また選挙サイクルについても,それ自体が政党システムに固有の影響をもつわけではないが,とくに選挙のタイミングは,複数の種類の選挙が「同時」あるいは「短い時間差」で行われた場合には,レベルの異なる選挙相互間に連動効果を生じさせる可能性がある。たとえば議会の上院選挙が比例代表制で行われている場合にも,下院選挙が小選挙区制で,同時に行われるならば,下院選挙の政権選択誘因が上院選挙にも作用することになるだろう。政権選択誘因については後で述べるが,それによって一定程度の二大政党制化が上院でも生じる可能性が存在するのである。

有権者・政党の行動への影響

選挙制度のあり方は、有権者と政党の行動にも影響を与える。有権者は自らの投じる票をできるだけ有効に使いたい、つまり、自分にとってより望ましい候補者を当選させたいと思い、政党はできるだけ多くの議席を獲得したいと考えている。したがって、選挙制度に応じて、有権者はどのように投票するか、政党はどのように候補者を擁立するか、そもそも選挙に参入するかどうか、といった行動を戦略的に変化させる。このような有権者と政党の戦略的対応と選挙制度の関係は、コックスによって体系的に分析されている(Cox, 1997)。なお、以下において「戦略的」とは、他者の行動を予想したうえで、それに最適に対応することで自らの利益を追求しようとする行動を指す。

まず、有権者の戦略的投票を考えよう。戦略的投票とは、自分以外の有権者の投票分布を予想し、それに応じて自らの1票を有効に利用しようとする投票行動をいう。「戦略的 (strategic)」投票は「洗練された (sophisticated)」投票ともいわれ、対概念は「率直な (sincere)」投票である。戦略的投票は、少数派が行うものと多数派が行うものに大別される。少数派の場合、自らが最も好む候補者の当選可能性は低い。そこで、死票となることを避けるため、当選可能性が高い候補者の中から相対的に好ましいと考える候補者に票を投じることがある。これに対して、多数派の戦略的投票は主に二つの場合に生じる。第一は、大選挙区の相対多数制で投票方式が候補者方式の場合である。多数派の支持者は同一選挙区から複数の候補者を当選させるため、特定の候補者に票が集中しないよう調整を行うだろう。第二は、絶対多数制をとる場合である。たとえば2回投票制において、最大勢力の支持者は、決選投票で強敵が勝ち残るのを防ぐため、あえてより弱いライバルを勝ち残らせようとする可能

性がある。

　選挙区定数や議席決定方式と有権者による戦略的投票の関係を整理すると，次のようになる。まず，小選挙区相対多数制の下では，多数派は率直な投票を行うが，少数派は当選可能性の高い次善の候補への戦略的投票を行うだろう。結果として，有権者のもともとの分布より多く，少数派の立場に近い議員が選出される可能性が高まる。次に，大選挙区相対多数制の下では，投票方式が候補者方式の場合には，多数派にも少数派にも戦略的投票を行う誘因が存在する。とくに多数派の戦略的投票はいわゆる票割りという形をとるため，複数候補者の共倒れの危険もあり，成功した場合と失敗した場合では結果が大きく異なってくる。最後に絶対多数制の下では，やはり多数派にも少数派にも戦略的投票を行う誘因があり，決選投票の組み合わせ次第では多数派が過剰に代表されることも，少数派が過剰に代表されることもありうる。

　有権者が議会に自分の政策選好にできるだけ近い議員を送りたいと考えるのは，究極的には，それを通じて自分たちにとってより望ましい政策結果を実現したいからである。このように，有権者の目的を単に支持する候補者や政党の勝利ではなく，議会で行われる政策形成や政策結果であると考えた場合には，選挙制度を構成するそのほかの主要な要素も，有権者の戦略的投票を促す誘因として重要な意味をもつことになる。たとえば後で述べるような混合制（複数の議席決定方式を混合する）や，投票方式が連記制で一人2票以上をもつ場合，また選挙サイクルの関係から議会選挙のほかに執政長官の選挙がある場合には，有権者はより戦略的な投票行動を求められる。複数の選挙結果を予想し，結果予想の組み合わせの中で，自らの投票選択の組み合わせを決めることになるからである。

　同一有権者が異なる政党に投票する分割投票（split voting）は，

これらの場合におけるある種の戦略的投票としてとらえることができる。たとえば、二大政党の政策的立場の中間に位置する有権者（中道派）は、片方の政党が圧倒的に勝利するよりは、もう一つの政党が一定の議席やポストを分有し、政党間の交渉が生じて、中間的な政策が成立する方が望ましい。中道派有権者はこのような結果をめざして票を分割することがある。アメリカ連邦議会選挙において、政権党（大統領の所属政党）が中間選挙ではほぼ確実に議席を減らすという事例はよく知られているが、これはこのような分割投票の表れと理解することもできる。中間選挙は、二つの大統領選挙の中間年に実施される議会単独の選挙である。中道派の有権者は、大統領と議会の同時選挙においては不確実な選挙結果を予想しながら投票せねばならないが、中間選挙では大統領がだれであるかをすでに知っているため、その情報を前提にした戦略的投票が可能になる。選挙制度の第四の要素として掲げた選挙サイクルの特徴が、独特の戦略的投票を生み出すのである（Alesina and Rosenthal, 1995）。

有権者の戦略的投票は、他方で政党と政治家の戦略的行動を誘発する。少数派の戦略的投票を見越した場合には、再選をめざす政治家も弱小政党を見限るだろう。その結果、議員や弱小政党の大政党への合流、小政党同士の合併などが予想されることになる。大選挙区相対多数制の場合には、多数派有権者の戦略的投票、すなわち適切な票割りが期待できるか否かが、政党の候補者擁立戦略を大きく変える。適切な票割りが期待できない場合には、共倒れの危険を前に政党は複数候補者擁立の危険を冒さないだろう。

このように選挙制度は、有権者および政党の戦略的行動をもたらすことを通じて、政党システムに影響を与える。ただ現実の問題として、選挙制度が政党システムに及ぼす直接的影響と間接的影響を分け、有権者や政党の戦略的行動を客観的に観察し、測定すること

は容易ではない。そもそも有権者の選好を何らかの形で測定することができなければ、どれが率直な投票で、どれが戦略的な投票なのかを見分けることはできないだろう。また、有権者の選好を知ろうとすれば、サーベイ調査（体系的に設計されたアンケート調査）などを行う必要があるだろうが、その場合には多くの国々の選挙を全体として調べ、比較することは難しくなる。先に述べた、得票率と議席率の変換率を測定する非比例性指数も、選挙制度の間接的影響、すなわち有権者の戦略的投票を測定できないという限界を抱えている。選挙制度は人々の行動を変化させ、得票そのものを変化させているはずだからである。

デュヴェルジェの法則とその発展

選挙制度の比例性と選挙制度がもたらす有権者と政党の戦略的対応が政党システムのあり方を規定することを、最初に体系的に主張したのがデュヴェルジェである（Duverger, 1954）。彼は、小選挙区制（相対多数制）は二大政党制をもたらし、比例代表制は多党制をもたらすという関係を「法則」であると主張した。さらに彼は、この法則を成立させる因果メカニズムとして、小選挙区制のもつ「機械的効果」と「心理的効果」の存在を指摘した。機械的効果とは、先に述べた、議席決定方式と定数がもつ直接的な比例性への効果を指す。心理的効果とは、少数派が戦略的に当選可能性のある政党への投票を行うことと、それに対応して小政党が選挙から退出することを指す。

デュヴェルジェの法則は一般的にはかなりの妥当性をもち、多くの比較政治学者にも受け入れられてきた。また彼が論じたのは小選挙区制における二大政党制化のメカニズムであったが、これをより一般性の高い理論へと拡張しようとする論者も現れた。具体的には、選挙区定数 M に対して政党数が M＋1 となるメカニズムが存在し、

実際にもそうした傾向が確認できると主張された。これは「M+1ルール」と呼ばれる (Cox, 1997; Reed, 1990)。

そうした妥当性にもかかわらず、いくつかの大きな例外事例が存在することも、早い段階から指摘されてきた。たとえば、比例代表制を採用しながらほぼ二大政党制というべき政党システムを維持してきた1980年代以前のオーストリア、あるいは小選挙区制の下で有力な政党が四つ程度存在し多党制であった90年代以前のカナダなどが、デュヴェルジェの法則への反証とされた。ただし、こうした事例はデュヴェルジェの法則が全体として誤りであることを示すものとしてではなく、例外が発生する条件の検討を通じて、法則の及ぶ範囲、条件をより明確にし、法則を精緻化するためのものとして扱われてきたというべきであろう。

少し具体的に見よう。まずオーストリアの例は、政党システムを形作るうえで、社会的亀裂（クリーヴィッジ）などの環境条件が選挙制度同様に重要であることを示すものであった。言い換えれば、選挙制度はそれ自体では政党を生み出す効果はないのである。たとえ選挙制度が少数派を代表しやすい比例性の高いものであっても、そもそもその社会に少数派が存在しなければ、議会に代表されようがない。戦後オーストリアでは、社会的対立が大きく労働と資本に2極分化していたために、比例代表制にもかかわらず、二大政党が議会の大部分を占める結果をもたらした (Lijphart, 1984)。だが1980年代以降は、極右政党や緑の党などが勢力を伸張し、多党化現象が見られるようになった。社会に少数派が現れた場合、比例性の強い選挙制度は、その集団を議会に送り届ける機能を果たすのである。

カナダについては、いわゆる地域主義の効果が指摘された。カナダにおいては、英語圏諸州とフランス語圏諸州とに抜きがたい対立があり、それぞれの地域における有力政党は異なっていて、全国的

にも四つ程度の有力な政党が常時存在していた。このようなカナダの事例は，デュヴェルジェの法則の妥当範囲を再考させるきっかけとなった。すなわち，地域主義が存在している場合には，仮に各地方ではそれぞれに二大政党化が生じていたとしても，地域ごとの二大政党が全国的に一致して二大政党制を導くとはかぎらない。そもそもデュヴェルジェの法則が指摘した因果メカニズムは選挙区レベルで働くものであり，選挙区レベルで成立した二大政党が，全国レベルで一致して二大政党制につながるメカニズムについては，何ら言及されていないのである。

では，各国で選挙区の二大政党を全国レベルで一致させ，全国的な二大政党制をもたらすメカニズムとは何か。政治学者が注目してきたのは政権獲得という誘因であり，議院内閣制の場合には議会での多数派形成，大統領制の場合には大統領選挙との連動である。

議院内閣制においては，自らが望む政策を実現させるためには，政党や議員は単にそれぞれの選挙区で勝利をつかむだけでは不十分で，議会で多数派を形成し，政権を獲得しようとたえず努力せねばならない。したがって，政党や議員はつねに選挙区ごとの分立を越えて全国的に多数派を形成しようとする。とくに小選挙区制の場合には，議会（下院）選挙は事実上二人の首相候補の選挙でもある。そこでは，政権与党に加わりたいと考える政治家にとっては自らの当選だけでは不十分で，所属政党が全体として議会多数派になるよう協力し合う誘因が強く作用する（Cox, 1997: chap.10）。地域政党や一匹狼的な議員は，議会内での多数派形成や政策実現に関与できず，長期的には有権者からの支持を失うことが多い。

他方，大統領制の場合には，政権を選択する選挙が別に行われるために，議会多数派のもつ価値が議院内閣制におけるほどには大きくなく，議会政党の全国化誘因も相対的には弱まることになる。し

かし，一つのポストを全国的に争うという大統領制に固有の選挙制度は，全国を単一選挙区とする小選挙区制とみなすことができ，大統領候補を 2 名に絞っていく効果をもつ。この大統領選挙の存在が，議会にも緩やかな全国化の誘因を与える。大統領選挙が議会選挙とは別に争われるとはいうものの，議会を構成する政党や議員は大統領選挙を無視できるわけではない。彼らはそれぞれの大統領候補との支持・不支持関係を明示することによって，大統領候補者ごとにある種のグループを形成する。この結果，大統領候補とそれを取り巻く議会諸勢力には，やはり二大政党化の圧力が加わるものと思われる (Shugart and Carey, 1992)。アメリカの二大政党は，このような緩やかな全国化の典型例だといえよう。

　コックスは，以上の議論を統合し，社会的亀裂と選挙制度，さらに執政制度が政党システムに与える影響を明らかにした (Cox, 1997: chap. 11)。途上国を含めた 54 カ国を対象とした計量分析をもとに，ここまで述べた議論が成り立つことを確認したのである。第一に，社会的亀裂と選挙制度はそれぞれが別個に政党システムに影響を与えるのではなく，両者の相互作用が影響を与えている。たとえば，社会的亀裂が大きく，かつ大選挙区制や比例代表制を採用している場合に，政党数が増大する傾向が見られる。しかし，社会的亀裂の大きさ，定数の大きさのそれぞれ単独では政党数の増大は見られない。第二に，大統領制であるというだけでは政党数は減少しない。大統領制であり，かつ議会選挙と大統領選挙の日程が近いほど，政党数は減少するというのである。

混合制と政党システム　これまで見てきたように，社会の少数派をどの程度代表するかという比例性，代表性の基準で比較した場合には，小選挙区制（定数 1 の相対多数制）と比例代表制という二つのルールは，二者択一的で対極的な制度として

位置づけられてきた。しかし，1990年代以降の選挙制度改革の結果，両者を組み合わせる混合制がいくつかの国々で導入されることになった。日本もその一つである。混合制は，二つの異なる制度の組み合わせ方次第でさまざまな制度になりうるが，少なくともこれまで各国で用いられている制度については，大きく二つのグループに分けて理解することができる (Shugart and Wattenberg, 2001)。

第一は，混合比例制（併用制）のタイプである。これはドイツ連邦議会の選挙制度として長く用いられてきたが，近年の制度改革の中でニュージーランドなどでも用いられることになった。1990年代初頭の日本の選挙制度改革において，当時の社会党などが採用を主張したのは，このタイプの混合制であった。

ドイツを例に混合比例制を説明しよう。この制度においては，有権者は小選挙区と比例代表区（州単位の拘束名簿方式）で2票をもつが，基本的に，議席は比例代表の得票をもとに各党に配分される。小選挙区の当選者は，そのまま議席を認められ議員となるが，小選挙区での総当選者数が，比例の得票に基づいて各政党のリストに配分された議席数から除かれていく。このため，混合比例制は「補填式（compensatory）」の混合制とも呼ばれる。合計の議席数は当初比例配分された議席数と同じであり，混合比例制における政党間の議席配分は，純粋な比例代表制と基本的にほぼ同じものになる。ただし，小選挙区での獲得議席数が比例リストに配分された議席数を上回る場合（たとえば小選挙区で議席を獲得した政党が，比例区で5％条項をクリアできなかった場合など）には，小選挙区での獲得議席がそのまま認められ，議席総数は比例配分の算出基準とされた当初の基本定数を上回ることになる。これは超過議席と呼ばれる。

第二は，混合並立制のタイプである。これは従来ほとんど実例をもたなかったが，東ヨーロッパなどの新たな民主主義国や，日本や

イタリアなどの選挙制度改革で採用されることになった。この制度においても有権者は2票をもつが、先に述べた混合比例制とは異なって、小選挙区と比例代表区は基本的に相互に関連することなく、別々に票を集計し議員を選出する。ここから「非補填式（non-compensatory）」混合制ともいわれる。混合比例制が比例性や代表性、すなわち政党間の議席配分について、純粋な比例代表制に近い結果をもたらすのに対して、混合並立制の場合には中程度の比例性、代表性、政党数（政党システム）が予想される。混合並立制は、小選挙区制と比例代表制という二つの対照的な制度を同時並行的に用いる。したがって、選挙結果もそれら二つを混ぜ合わせた中間的なものになると考えられる。

そのため、混合並立制で第一に重要なのは、小選挙区と比例区との議席数の配分比率であると考えられる。同じ混合並立制をとる場合でも、配分率次第では純粋な小選挙区制に近いものにも、純粋な比例代表制に近いものにもなりうるからである。第二に重要な問題は、小選挙区と比例区が及ぼす相互作用である。すなわち、異なる制度の並存が短期的にはそれぞれの純粋型の中間的な帰結をもたらすとしても、長期的には相互に影響し合うことで、どちらかの性格がより強く政党システムを規定する可能性がある。まず、小選挙区との並存によって、中小政党が本来十分に戦いうるはずの比例区でも不利な戦いを強いられる可能性がある。小選挙区において二大政党制化が進行すれば、有権者は比例区においても政権の核となる政党として二大政党を意識し、政権選択のための戦略的投票を行うかもしれない。また中小政党が小選挙区選挙から撤退した場合、選挙区で党組織を維持している大政党に比べて、比例区においても支持者の動員力などの面でハンディを負うことになるかもしれない。ただし、このようなメカニズムに中小政党が戦略的に対応することも

表 3-2　各国の選挙制度とその比例性，政党システム

国　名	議席決定方式	阻止条項(％)	非比例性1945～96年	非比例性1996～06年	有効政党数1945～96年	有効政党数1996～06年
カナダ	相対多数	—	11.72	11.31	2.37	2.94
イギリス	相対多数	—	10.33	17.00	2.11	2.25
アメリカ	相対多数	—	4.90	3.01	1.93	2.01
ニュージーランド（～2005年）	相対多数	—	11.11	—	1.96	—
日本（～1993年）	相対多数	—	5.30	—	3.08	—
オーストラリア	絶対多数	—	9.26	10.11	2.22	2.49
日本（1994年～）	混合並立	—	—	11.31	—	2.74
ハンガリー	混合並立	5	—	6.50	—	2.67
メキシコ	混合並立	2	—	10.80	—	3.03
ドイツ	混合比例	5	2.46	2.74	3.23	3.58
ニュージーランド（2006年～）	混合比例	5	—	2.80	—	3.49
ベルギー	比例代表	5	3.24	4.05	4.32	8.04
ブラジル	比例代表	4	—	2.99	—	8.91
オランダ	比例代表	0.67	1.30	1.00	4.65	5.12
オーストリア	比例代表	4	2.47	2.43	2.48	3.22
イスラエル	比例代表	2	2.27	2.20	4.55	7.57
スウェーデン	比例代表	4	2.09	1.80	3.33	4.22

[注]　ベルギーの阻止条項は2003年より導入。
　　　ハンガリーの非比例性の算出にあたっては，比例代表票のみを用いた。
　　　日本の並立制については，小選挙区票と比例代表票を議席比で合成した得票率を用いた。
[出典]　Lijphart (1999), Cox (1997) をもとに，筆者作成。選挙結果については最新のものを参照した。

ありうる。小選挙区から退出することで，比例区で不利益を受けるのであれば，中小政党は小選挙区からの退出を容易には選択しないだろう。この場合には，小選挙区での二大政党制化が比例区との並立によってむしろ抑制されることになり，より多党制的な帰結が長期的にも維持される可能性も存在する。

表 3-3　選挙制度による有効政党数の違い

選挙制度	有効政党数の平均	該当国数
相対多数制・定数1（小選挙区制）	2.0	26
絶対多数制	2.7	3
相対多数制・定数複数（中選挙区制）	2.5	3
混合並立制	3.2	17
混合比例制	3.6	11
比例代表制	3.6	46

［注］　2001 年に最も近い選挙結果に基づいて算出。
　　　　ここでの混合比例制には，本文の定義では混合並立制となるものも含まれている。
［出典］　西川 (2003：表2) より抜粋。

各国の選挙制度と政党システム

　これまでの整理をふまえ，ここでは各国の選挙データをもとに，それぞれの選挙制度と比例性，政党システムの関係を確認しておこう。表 3-2 は，各国の選挙制度をまとめた前出の表 3-1 に含まれていた国々を中心に，それぞれの国の非比例性指数と有効政党数を並べて表示したものである。相対多数制や絶対多数制の国々に比べて，比例代表制によって議席を決定する国々が，より代表性が高く（非比例性が低く），多党制となる傾向が強い（有効政党数が大きい）ことがわかる。また混合並立制については，多数制と比例代表制の中間的な結果が示されており，混合比例制については，代表性や政党システムに及ぼす効果としては，基本的に純粋な比例代表制と変わらないことが示されている。表 3-3 は，さらに対象国を広げ，選挙制度ごとに有効政党数の平均値を比較したものであるが，同様の結果が示されている。

3 選挙制度と政党組織

**集権的政党と
分権的政党**

　選挙制度の帰結としてもう一つ重要なのは，政党内部組織である。選挙の際に築かれる議員と所属政党との関係は，選挙後にも両者を規定する可能性が高い。たとえば選挙で政党に依存して勝ち上がった議員は，選挙後も所属政党の方針に従順にならざるをえないだろう。さもなければ次回の選挙では公認を取り消され，落選する可能性が高くなる。他方，選挙で政党に依存せず，自身の力で勝ちあがった議員は，選挙後も政党組織からの自律性を保ちうるだろう。

　前者のような議員が多い政党は，党の執行部が政策の方向を定め，個々の議員はそれに従って行動するというような集権的組織をもつことになる。また後者のような議員が多い場合には，政党執行部は弱体化せざるをえない。政党の政策案は，末端の議員の意向を大幅に取り入れたものになるだろう。執行部が末端の議員の意向に沿わない政策案を掲げた場合には，議員の多くが反対して葬り去るかもしれない。要するに分権的な政党，執行部の弱い政党となる。

　ここに存在するのは，次のような因果メカニズムである。選挙制度によって，有権者が候補者個人を選択基準とするか，政党を選択基準とするかは異なるが，そのことが，当選した議員が政党にどの程度依存しているかを変え，選挙後の政策形成などに際しても，政党の指導者層との力関係を大きく規定する。こうした選挙制度と政党内部組織の関係は，比較政治学において従来あまり考察されてこなかったが，近年になって政治制度が各国の政策選択を規定する要因として注目されるようになる中で，とくに強い関心を引くにいた

った。選挙制度が政党内部組織さらに個々の議員の政策活動を規定し，それを通じて各国の政策選択に影響を与えるという考え方が，政治学者ばかりでなく，経済学者や実務家の中でも共有され始めたのである。

個人投票-政党投票　このような観点から，比較政治学において焦点となったのは，個人投票（personal vote）と政党投票（party vote）という概念である。これは「人を選ぶか，それとも党を選ぶか」という投票基準の問題である。個人投票とは，議員個々の資質や政策態度など，議員個人を基準に投じられた票を意味する。政党投票とは，政党の政策内容や有権者の支持政党など，政党を基準に投じられた票を指している。つまり，これらは実際にとられた行動ではなく，あくまでも有権者の選択基準に関する概念である。たとえば小選挙区制において，議員個人の名前が書かれた場合にも，それが議員の所属政党を基準に行われた選択であれば，政党投票とみなされる。このような個人投票-政党投票の比重は，選挙において議員が政党にどの程度依存したのかを示している。個人投票が多ければ議員は自力で選挙を戦ったのであり，政党投票が多ければ議員の再選は政党の力によるものであったと考えられる。

　選挙制度は，こうした個人投票-政党投票の相対的な重要性を大きく規定する。ある選挙制度は有権者に個人投票を促すのに対し，別の選挙制度は政党投票を促す。また選挙制度のうち，とくに投票方式と選挙区定数が相互に連関しながら，大きな影響をもつ（Carey and Shugart, 1995）。具体的には，まず投票方式が候補者方式か選好投票方式の場合には，個人投票の傾向が強まる。これに対して，投票方式が政党方式であれば，政党投票の傾向が強まる。他方，選挙区定数の効果は投票方式が何であるかによって逆方向にな

る。すなわち、投票方式が候補者を選べるものである場合には、定数が大きくなるほど個人投票の傾向が強まるのに対し、投票方式が政党を選ぶものである場合には、逆に定数が大きくなるほど、政党投票の傾向が強まる。

　もう少し詳しく見ておこう。第一に、選挙区において候補者個人の名前を選択する候補者方式の場合には、有権者は候補者個人の資質などを基準にして個人投票を行う可能性がある。しかし小選挙区制においては、各政党が擁立する候補者は通常一人だけなので、有権者がその所属政党を基準に候補者を選択する、すなわち政党投票を行うことも十分に考えられる。この点から候補者方式においては、定数が1なのか複数なのかの違いが決定的に重要になる。定数1の小選挙区制においては、政党と候補者がそれぞれ1対1に対応するので、政党投票への誘因は比較的強い。しかし、複数定数である中選挙区制や大選挙区制の場合には、大政党は同一選挙区に複数の候補を立てることになり、有権者は同一政党の複数候補からの選択を迫られる。議員個人を基準にした個人投票への誘因が大きくなるのである。この傾向は定数が大きくなるほど強くなる。定数が大きくなればなるほど、同じ政党に所属し、同じ選挙区から立っているライバル候補者が増えるからである。

　第二に、拘束名簿式比例代表制のように投票方式が政党方式の制度においては、有権者には政党名を選択することのみが認められるため、政党投票の誘因が強まることになる。ただし、この場合にも個人投票がありえないわけではない。政党が魅力的な候補者を名簿上位に並べていた場合には、有権者は候補者名簿に注目して個人投票を行うかもしれない。この傾向は選挙区定数が小さいほど強くなる。定数が非常に小さい場合、それに対応して候補者名簿に登載される候補者数も少なくなるから、候補者の個人的な魅力をアピール

し，個人投票を集める戦略が有効だからである。しかし定数が大きくなれば，個々の候補者は長い候補者名簿の一部にすぎなくなる。候補者個人への支持の相対的価値は低くなり，政党への支持がより重要になるだろう。

　第三に，非拘束名簿式比例代表制のような選好投票方式の下では，個人投票の誘因がより強くなる。とくに各候補者にとっては，選好投票を集めて名簿上の順位を上げることが当選にとっての条件になるために，所属政党への支持だけではなく，候補者個人への支持が必要になるからである。ただし，非拘束名簿式であっても基本的には比例代表制なのであり，同じ政党の名簿に掲載された候補者の間では得票のプールと移譲が行われる。特定の議員への選好投票は，政党全体への支持を伴ったものなのである。中選挙区制は，得票のプールと移譲がない点で非拘束名簿式比例代表制と異なり，より強い個人投票誘因が作用するしくみといえよう。この点を強調して，国際的な選挙研究において中選挙区制はしばしば複数定数の単記非移譲式投票制（SNTV; single non-transferable vote system）と呼ばれる。

選挙を取り巻く政治制度の影響

　狭義の選挙制度には含まれないが，選挙における個人投票－政党投票の重要性を規定し，政党内部組織の特徴に大きな影響を及ぼす政治制度として，執政制度と政党の公認方法をあげることができる。それらの政治制度は，選挙を取り巻く制度というべきものであり，選挙における有権者の選択や議員の戦略を規定する。

　第一に，執政制度，すなわち議院内閣制か大統領制かという違いは，有権者の選挙における選択に強い影響を及ぼす。議院内閣制の場合には政権選択誘因，すなわち有権者が議会選挙において議員を選挙する際に首相を選択しようとする誘因が働く。したがって議員

個人ではなく,政党(もしくは党首)への投票が行われる傾向が強まる。この傾向は,二大政党制のように選挙前に首相候補が明確な場合にはより強いものとなる。首相候補が明確であれば,有権者は政党や党首名への支持を表明しやすくなるのであり,政党投票が比重を増すことになると思われる。

これに対して,大統領制の下では,大統領選挙が議会選挙とは別個に行われるため,議会選挙における政権選択誘因は働かない。議会選挙は純粋に議員を選ぶ選挙と認識されがちになるために,個人投票の比重が相対的に強くなる。ただし,大統領選挙が議会選挙と同時に行われる場合には,別の時期に行われる場合に比べて,より強く政権選択を意識した議員の選択が行われうる。大統領と議会政党との関係にもよるが,相対的に政党投票への誘因がより大きくなるといえるだろう。

執政制度の影響は有権者の政党投票誘因の強さを介して,政党組織の一体性にも大きな影響を与える。たとえば,同じ小選挙区制の下で二大政党制であるイギリスとアメリカの場合,イギリスでは保守党や労働党は政党としての一体性が非常に強いが,アメリカの民主党や共和党は一体性が非常に弱い。そのような組織構造の違いを導いた要因は,執政制度と選挙制度の組み合わせに求められる (Cain, Ferejohn, and Fiorina, 1987)。

第二に,政党がどのように候補者を選定するのか,あるいは選挙への立候補に政党がいかにかかわっているのかという問題は,選挙において候補者と政党の関係を強く規定し,有権者の投票行動をも左右する。たとえばアメリカでは,ほとんどの州で民主党や共和党の公認候補となるためには予備選挙を勝ち抜く必要がある。このように候補者選定において予備選挙を行う場合には,一つの政党の内部で有力候補同士の争いが生じ,候補者は個人票を確保する必要に

迫られる。これに対して,中央の政党執行部がそれぞれの選挙区の候補者を指名する場合には,そうした誘因は少なく,候補者は有権者の個人的支持を集めるよりも,むしろ政党執行部から高い評価を得ることにエネルギーを集中しようとするだろう。

　比例代表制の場合にも似たような誘因メカニズムの差異が生じうる。すなわち,一部の非拘束名簿式比例代表制の中には,候補者が政党執行部の同意を得ずに立候補することが可能な制度も存在する。たとえば,ブラジルでは現職議員に再立候補の権利を認めていた。このような場合における有権者と候補者のつながりは,政党を介したものというよりは,むしろ候補者個人への支持が中心となるだろう。候補者は,政党執行部からではなく有権者からの評価を高めるよう努めることになる。

　このように立候補の方法,政党公認の獲得方法は,個人投票の獲得誘因を規定する要素となりうる。ただし政党の公認方法については,それが国や州の制度であるのか,それぞれの政党が独自の内部ルールとして決めうるものかという違いが重要になる。前者の場合には,それは選挙制度の一部というべきものであり,それが議員と政党執行部の関係を規定し,政党内部組織を特徴づけることになる。他方で後者の場合には,政党内部のルールは,むしろ先に述べた諸制度によって特徴づけられた政党内部組織の帰結として理解しうることになる。

多国間の比較

選挙制度と有権者の投票誘因,および政党内部組織との関係に関する研究は,政党システムとの関係ほどには十分発展してこなかった。しかし近年になって,いくつかの重要な試みがなされ,実証研究が蓄積されつつあることも確かである。そこで,以下ではシュガートらによって提起された枠組みを参考にしつつ,各国の選挙制度の個人投票-政党投

表3-4 各国の選挙制度と個人投票

国　　名	選挙制度	投票方式	定数	政権選択	計
日本（〜1993年）	相対多数・定数複数	2	2	1	5
コロンビア	比例代表・非拘束名簿式	2	2	1	5
チ　リ	比例代表・非拘束名簿式	2	2	1	5
ベルギー	比例代表・非拘束名簿式	2	2	1	5
オランダ	比例代表・非拘束名簿式	2	2	1	5
ブラジル	比例代表・非拘束名簿式	2	2	0	4
アメリカ	相対多数・定数1	1	1	1	3
イギリス	相対多数・定数1	1	1	0	2
カナダ	相対多数・定数1	1	1	0	2
日本（1994年〜）	混合並立	0.5	0.5	0.5	1.5
ポルトガル	比例代表・拘束名簿式	0	0	1	1
スペイン	比例代表・拘束名簿式	0	0	1	1
コスタリカ	比例代表・拘束名簿式	0	0	0	0
ヴェネズエラ	比例代表・拘束名簿式	0	0	0	0

［出典］　Cox（1997）およびShugart（2001）をもとに筆者作成。

票誘因を具体的に見よう（Carey and Shugart, 1995; Shugart, 2001）。表3-4は，本章で述べてきた選挙制度の諸要素を中心に，各国制度の個人投票－政党投票誘因の強さを得点化して表示したものである。すべて，個人投票誘因の高いものほど高得点となるように設定している。

第一の要素は投票方式である。すなわち，有権者が個人投票を行いやすい順に，a）複数定数における候補者方式（大〈中〉選挙区制）か選好投票方式（非拘束名簿式比例代表制）＝2点，b）定数1における候補者方式（小選挙区制）＝1点，c）政党方式（拘束名簿式比例代表制）＝0点とする。なお，混合並立制が採用されている1994（平成6）年以降の日本については，それぞれの項目について小選挙区，比例区について与えられる得点を単純平均したものである。

第二の要素は，選挙区定数の効果である。ここでも個人投票を行う可能性が高い方から，a）投票方式が候補者方式か選好投票方式で，かつ複数定数＝2点，b）定数が1＝1点，c）投票方式が政党方式で，かつ複数定数＝0点となる。個人投票－政党投票の選択に対する定数の効果は，投票方式次第で逆方向になるから，ここでの点数化は場合分けによって処理している。

　第三に，執政制度と選挙サイクルが有権者の投票行動に与える効果を得点化した。ここでは，有権者の政党投票－個人投票の選択を，政権選択につなげて理解している。a）議院内閣制と多党制（選挙区定数2以上で代替）の組み合わせ＝1点。この場合，選挙は政権選択につながりにくく，相対的に個人投票誘因が強い。b）議院内閣制と二大政党制（選挙区定数1で代替）の組み合わせ＝0点。この場合，議会選挙は事実上の政権選択選挙となって，有権者の政党投票誘因が強くなる。c）大統領選挙と議会選挙が別々に行われる＝1点。この場合には，議会選挙が政権選択という側面を全くもたず，より個人投票誘因が強くなる。d）大統領制の下で，大統領選挙と議会選挙が同時に行われる＝0点。この組み合わせだと，議会選挙が大統領選挙と連動する結果として，有権者の政党投票誘因が強くなる。

　表3-4は，各得点の絶対量に十分な根拠がないにもかかわらず，それらを単純に合計している点，比例代表制における投票方式を政党投票と選好投票方式に単純に二分化しているために，それらの中間に位置づけられる多様な制度の違いを無視している点，場合分けを極端に単純化しているために，投票方式と定数の得点が結果的に同じになっている点など，必ずしも十分に厳密なものではない。しかし，各国の選挙制度と政党内部組織の関係を具体的に示しており，選挙制度と帰結の違いを論じるうえでの出発点となりうるだろう。

4 日本の選挙制度

> 比例性の低下傾向

1925（大正 14）年の普通選挙開始以来，大選挙区制で行われた 1946（昭和 21）年の戦後第一回の選挙を除いて，1993（平成 5）年の選挙までのすべての衆議院選挙において用いられてきたのが，一般に中選挙区制と呼ばれる選挙制度である。日本の中選挙区制は，議席決定方式が相対多数制，選挙区定数が複数，投票方式が候補者方式で単記非移譲という組み合わせからなる選挙制度であった。この制度は，上位から定数まで相対的により多くの票を取った候補者が順に当選し，残りの候補は落選する，すなわち落選した候補者に投ぜられた票は死票となるという意味で，一定程度まで多数派に有利な性質をもつ。しかし，他方で選挙区定数がおおむね 3 から 5 と大きいために，最低当選ライン（基数）が低下し，相対多数制の典型である小選挙区制（定数 1）の場合と比べれば，少数派の代表もかなりの程度当選可能な，比例性の高い制度でもある。

このように中間的な制度の特徴を備えているために，比例性や政党システムへの影響については，中選挙区制は「半比例代表」として位置づけられてきた。実際にも非比例性指数や有効政党数で測るかぎり，比例代表制と小選挙区制の中間的な比例性をもつ（Lijphart, Pintor, and Sone, 1986）。ただしこの点に関しては，多数与党の各選挙区における候補者擁立戦略を考慮に入れ，中選挙区制の下での多数党が過剰擁立による共倒れや，過少擁立による当選者の過大得票という不利益を蒙ることを想定すれば，中選挙区制は半比例代表というより，むしろドント式（日本の比例代表制で用いられて

図 3-1 戦後日本における非比例性指数の変化

[出典] 筆者作成。

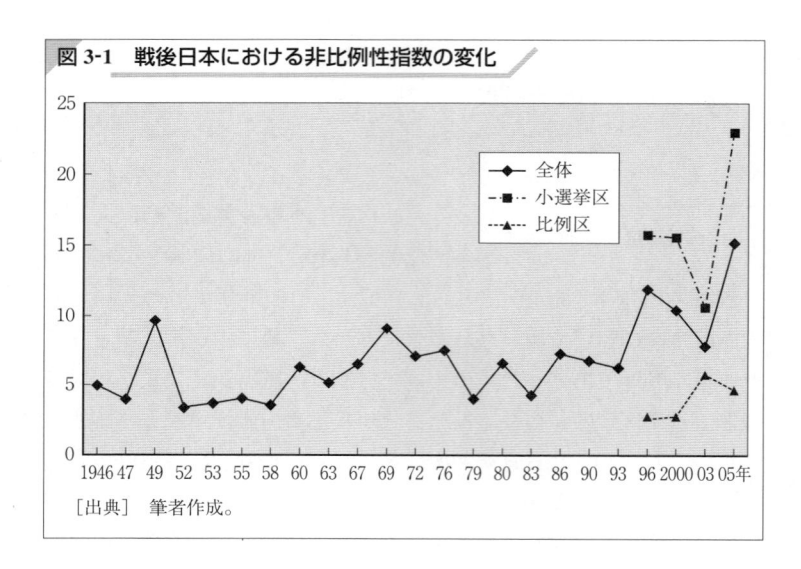

いる議席算定方式）による比例代表制以上に少数派を有利に代表する「超比例代表」であるという解釈も存在する（川人・吉野・平野・加藤，2001）。

1994年，衆議院の選挙制度は混合並立制へと変更された。選挙制度改革の過程では，「政権交代の可能な選挙制度」あるいは「二大政党制の実現」などが謳い文句として掲げられ，あたかも純粋な小選挙区制が導入されるかのような議論が展開された。確かに，新たに導入された混合並立制は，混合比例制とは異なって，独立した小選挙区選出部分を有する点で比例性は低い。ただし，比例代表選出部分が大きいことも事実であり（小選挙区300議席に対して比例代表は当初200議席，後に180議席），結果として表れる比例性は，中選挙区制と同様に中間的なものだと予想された。政党システムについても，少なくとも短期的にはそれほど大きな変化はないものと考え

図 3-2　戦後日本における有効政党数の変化

[出典]　筆者作成。

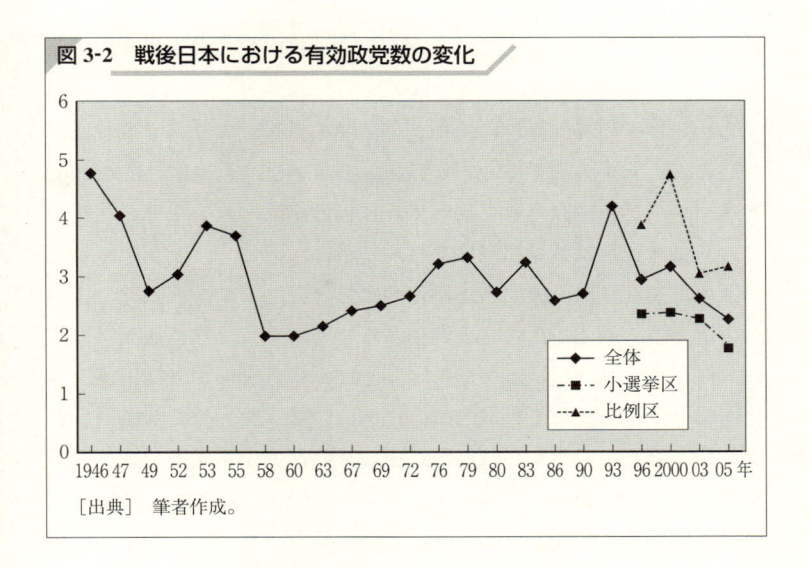

られた。

　戦後日本における非比例性指数と有効政党数の変化を示した図3-1と図3-2からは，興味深い傾向が見出される。すなわち，改革当初の選挙結果から非比例性指数や有効政党数を確認した場合には，むしろ旧制度との連続性が強かった。比例代表部分と小選挙区部分が中和し合うように，中間的な帰結を導いており，短期的には劇的な変化がもたらされなかったことがうかがえる。また，選挙制度改革後の数回の選挙を調査した実証研究からは，中小政党が小選挙区で候補者を擁立した場合の方が，候補者をもたない選挙区に比べて比例代表での得票をより多く獲得したという傾向が確認されている（水崎・森，1998；リード，2003）。このことは，比例区の上積み得票を求めて中小政党が小選挙区からなかなか退出しない可能性を示している。そして，選挙制度改革からしばらくの間，期待されたよう

には二大政党制化が進まなかった事実にも符合しているように思われる。

しかし，その後は徐々に，小選挙区制の効果がより強く表れ始めている。いわゆる郵政選挙（2005年，第44回）は若干例外的な面もあるが，中選挙区制時代と比べて非比例性指数は高い水準となる一方，有効政党数は減少傾向にある。これはおそらく，小選挙区と比例区の重複立候補，復活当選制度の影響などにより，大政党の組織が小選挙区に適応したことと関係するのであろう。先に述べたように，混合並立制における小選挙区制と比例代表制の相互作用は，とくに中小政党にとって長期的には比例区の機能を弱めてしまう場合があるということかもしれない。勝ち目のない小選挙区で政党組織を維持し，毎回候補者を擁立することは，中小政党にとって長期的には継続しがたい戦略なのだろう。中小政党は徐々に小選挙区から退出せざるをえず，その場合には比例区での得票をも失うことになるのである。

政党投票の促進傾向　個人投票誘因の強さ，さらにその帰結としての政党内部組織との関係について論じる場合には，複数定数の単記非移譲方式をとっていた日本の中選挙区制は，個人投票誘因の強い制度と位置づけられる。この傾向はとくに第一党だった自民党に強く表れていた。中選挙区制の下で過半数をめざす大政党は，同一選挙区で複数の候補者を擁立する必要がある。同一政党から立候補したライバルに直面する各候補は，自分たちが所属する政党の政策や党首の魅力などをアピールするだけでは当選できない。再選をめざす政治家は，政党投票ではなく，地元有権者からの個人投票を集めなければならないのである。

中選挙区制の下での個人投票優位は，自民党の組織を分権的なものにしてきた。選挙戦で政党投票に頼れず，個人投票を獲得せねば

ならなかった政治家は，選挙後にも政党組織に忠誠を誓ってばかりはいられない。議員個人への支持を集めるために，選挙区や支持団体にさまざまなサービスを独自に提供しようとする。こうした「個人本位の選挙（政治）」を支えたのが，個人後援会組織であり，派閥であった。小選挙区制ならば，候補者の選挙を支援する母体は選挙区ごとに作られた政党の地方組織となる。しかし，中選挙区制のように複数の同一政党候補が非移譲式の得票を競い合う場合には，単一の政党地方組織が選挙戦を支えることは非常に難しかった。個人後援会はその代替組織としての機能をもっていた。また，派閥は個人主体の選挙戦を資金的にも政治的にも後押しすることになった。候補者は派閥のリーダーから政治資金を受け取り，また派閥のリーダーとのつながりを強調することで自らの政治力をアピールすることができた。派閥リーダーは，資金提供の見返りに忠誠を獲得し，党内での派閥間競争に臨むことになる。派閥所属議員は一体として，派閥リーダーを政党のトップへと押し上げようと活動する。

　このような議員個人中心の分権的な政党は，言い換えればリーダーシップの弱い政党であった。党執行部の指示を，末端議員は聞く必要がなかったのである。国会での党議拘束は存在したが，それは末端議員からのボトムアップで形成された。自民党議員たちは，いざとなれば政党公認を失っても無所属候補として選挙を戦い，勝ち残ることができた。彼らの中の一部は，最も脆弱なはずの新人の時に党公認を得られず，保守系無所属として勝ち上がってきた経験をもっていた。このことは，自民党議員の多くにとって，政党の公認はあるに越したことはないが，なければどうしようもないというほど重要なものではなかったことを示していた。

　中選挙区制が混合並立制に改められたことは，個人投票誘因と政党内部組織にも大きな影響を与えた。まず小選挙区制の部分につい

ては，議院内閣制との組み合わせであり，しかも予備選挙など党執行部の判断によらない候補者決定の方法がほとんど採用されていない。このため，有権者には政党投票の誘因が作用しやすく，議員は党執行部に従順になりやすい。また比例区についても，基本的には政党が決めた順位の下に当選者が確定する拘束名簿式の比例代表制であり，政党投票と党内集権化をもたらす可能性が高い選挙制度である。すなわち，日本の選挙制度は個人投票誘因の強い制度から政党投票誘因の強い制度へと変化したといえよう。先に掲げた，各国の選挙制度の個人投票－政党投票指向を比較した表3-4にも，この変化が表れている。

●引用・参考文献●

川人貞史・吉野孝・平野浩・加藤淳子，2001『現代の政党と選挙』有斐閣アルマ。

西川美砂，2003「2001年参院選における政党システムへの選挙制度の影響」『選挙研究』第18号。

水崎節文・森裕城，1998「得票データからみた並立制のメカニズム」『選挙研究』第13号。

三輪和宏，2006「諸外国の下院の選挙制度」『レファレンス』第56巻第12号。

リード，スティーブン・R.，2003「並立制における小選挙区候補者の比例代表得票率への影響」『選挙研究』第18号。

Alesina, Alberto and Howard Rosenthal, 1995, *Partisan Politics, Divided Government, and the Economy*, Cambridge University Press.

Cain, Bruce E., John A. Ferejohn, and Morris P. Fiorina, 1987, *The Personal Vote: Constituency Service and Electoral Indepen-*

dence, Harvard University Press.

Carey, John M. and Matthew Soberg Shugart, 1995, "Incentives to Cultivate a Personal Vote: A Rank Ordering of Electoral Formulas," *Electoral Studies* 14: 417-439.

Cox, Gary W., 1997, *Making Votes Count: Strategic Coordination in the World's Electoral Systems*, Cambridge University Press.

Duverger, Maurice, 1954, *Political Parties: Their Organization and Activity in the Modern State*, English translation by Barbara North and Robert North, Wiley. (岡野加穂留訳『政党社会学——現代政党の組織と活動』潮出版社, 1970年)

Katz, Richard S., 1986, "Intraparty Preference Voting," in Bernard Grofman and Arend Lijphart, eds., *Electoral Laws and Their Political Consequences*, Agathon Press, 85-103.

Lijphart, Arend, 1984, *Democracies: Patterns of Majoritarian and Consensus Government in Twenty-One Countries*, Yale University Press.

Lijphart, Arend, 1999, *Patterns of Democracy: Government Forms and Performance in Thirty-Six Countries*, Yale University Press. (粕谷祐子訳『民主主義対民主主義——多数決型とコンセンサス型の36ヶ国比較研究』勁草書房, 2005年)

Lijphart, Arend, Rafael Pintor, and Yasunori Sone, 1986, "The Limited Vote and the Single Nontransferable Vote: Lessons from the Japanese and Spanish Examples," in Bernard Grofman and Arend Lijphart, eds., *Electoral Laws and Their Political Consequences*, Agathon Press, 154-169.

Norris, Pippa, 2004, *Electoral Engineering; Voting Rules and Political Behavior*, Cambridge University Press.

Reed, Steven R., 1990, "Structure and Behaviour: Extending Duverger's Law to the Japanese Case," *British Journal of Political Science* 20: 335-356.

Shugart, Matthew Soberg, 2001, "Extreme Electoral Systems and the Appeal of the Mixed-Member Alternative," in Matthew Soberg Shugart and Martin P. Wattenberg, eds., *Mixed Member Electoral System: The Best of Both Worlds?* Oxford University Press, 25-51.

Shugart, Matthew Soberg and John M. Carey, 1992, *Presidents and Assemblies: Constitutional Design and Electoral Dynamics*, Cambridge University Press.

Shugart, Matthew Soberg and Martin P. Wattenberg, eds., 2001, *Mixed Member Electoral System: The Best of Both Worlds?* Oxford University Press.

第4章 執政制度

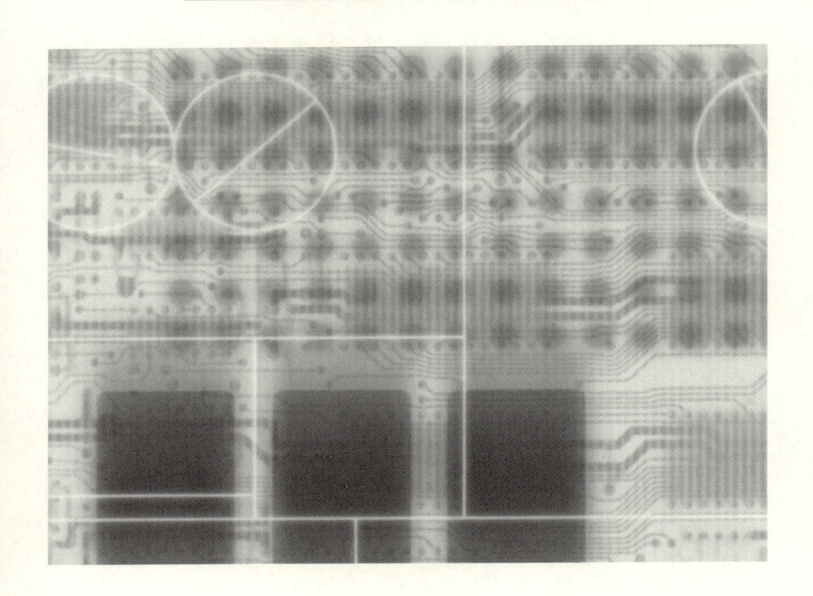

　執政制度とは，行政部門のトップリーダーの選出方法や，トップリーダーと議会や国民との関係を規定するルールである。大統領制と議院内閣制に大別されるが，近年ではいずれとも異なった特徴をもった半大統領制を採用する諸国も増えた。大統領制，議院内閣制，半大統領制それぞれのバリエーションも豊富である。執政制度の違いによって，政治過程や政策選択にはどのような特徴が生じるだろうか。日本政治のあり方は，議院内閣制という執政制度と結び付いているのだろうか。本章では，これらの点について解説する。

1 執政制度の類型

議院内閣制と大統領制　執政制度とは，民主主義の政治体制において行政部門の活動を統括するトップリーダー，すなわち執政長官をどのように選出し，立法部門である議会や国民とどのような関係の下に置くかについての諸ルールを指す。行政のトップリーダーを執政と表現するのは，民主主義体制においては執政長官も選挙を通じて選出される存在だからである。つまり，執政とはそれ自体が国民の代理人として意思決定を行う政治的主体であり，政治家による決定を単に執行する行政とは区別される必要がある。

民主主義体制下の執政制度は，大統領制（presidential system, presidentialism）と議院内閣制（parliamentary system, parliamentarism）に大別される。これら二つの執政制度は，何がどのように異なっているのだろうか。また，執政制度はいかなる政治的帰結を導くのだろうか。本章において主として検討されるのは，これらの点である。

まず，大統領制と議院内閣制の定義を考えることにしよう。両者の定義については，いまだ研究者の間にも争いがある。しかし，最小限の合意可能な定義として，以下のものをあげることはできるであろう。すなわち，執政長官が①どのように（だれに）選ばれるのか，②どのように（だれに）解任されるのか（責任を負うのか），という二つのルールによって，執政制度は定義される。

第一の基準については，議会，とくにその下院によって間接的に選ばれるのが議院内閣制の首相であるのに対し，国民の直接投票に

表 4-1　執政制度を決める二つのルール

		解任（責任）のルール	
		議会による解任（議会に対する責任）	原則として不可能（固定任期）
選出のルール	議会による選任	議院内閣制	自律内閣制
	国民（有権者）による選任	首相公選制	大統領制

［出典］　Shugart (2005: figure 1) をもとに，筆者作成。

よるのが大統領制であると，一般には理解されている。ただし，大統領の選任に関しては，議会選挙とは別個の選挙によって執政長官が選出されることが最も重要なポイントである。たとえばアメリカでは，大統領選挙に際して有権者は選挙人を選び出し，その選挙人が大統領を選出するというしくみを採用している。このように厳密には間接選挙であっても，議会選挙とは別個の選挙によって執政長官が選ばれる場合には，大統領制に含める。第二の基準である，解任のされ方（だれに責任を負うのか）については，議会の多数派に対してつねに責任を負う，すなわち議会の不信任決議によって随時解任される可能性をもつのが議院内閣制の首相であるのに対し，いったん選ばれた後は，固定任期を終わりまで全うするのが大統領だということができる。

　このような定義はいわば十分条件として想定されており，二つの要件を満たした執政制度は，それぞれ議院内閣制と大統領制の理念型とみなされる。ただ，執政制度を区別する基準の意味内容を確認するうえで，2種類の例外にも言及しておく必要があるだろう。第一の例外は，二つの要件のうちの片方だけを満たす混合型の存在である。混合型には，間接選挙によって議会から選ばれた執政長官が

いったん選ばれた後は議会のコントロールを受けず固定任期を務める場合（自律内閣制）と，直接選挙で選ばれた執政長官が以後の政権運営については議会の信任に依存するという場合（首相公選制）がありうる。こうした混合型を実際に採用する国は少なく，自律内閣制の例としてはスイスなど数カ国，首相公選制については一時期のイスラエルがあるのみである（表4-1参照）。

半大統領制

大統領制と議院内閣制を定義づける要件にかかわる第二の例外は，大統領と首相が共に存在する場合である。この場合にまず注意しなければならないのは，「大統領」「首相」のいずれかが，その名称にもかかわらず実質的には執政長官ではない場合である。たとえばドイツやイタリアなどでは，大統領は国家元首として儀礼的な役割のみを果たし，実質的な執政はすべて首相に導かれた内閣がつかさどる。他方，仮に「首相」職が存在しても，他の大臣を任命して内閣を独自に構成するのではなく，他の大臣や長官などと同様，任意に大統領によって任命され，解任される，大統領の単なる一スタッフにすぎない場合もある。これらの場合については，実質的な執政長官に対象を絞ることで問題は解決する。すなわち，前者は議院内閣制，後者は大統領制に含めて理解することができる。

大統領と首相が共に存在し，そのいずれもが，実質的な執政長官として行政権を分担掌握している国や地域もある。こうした執政制度は，「半大統領制（semi-presidentialism）」として「議院内閣制」「大統領制」とは異なる独自の執政制度として類型化される。すなわち半大統領制とは，①国民の直接選挙で選ばれ固定任期を務める大統領が，②憲法上一定の行政権力を有するが，③同時に（大統領の指名に基づいて）議会の多数派によって選ばれ，その信任に依存する首相が存在し，行政権を分担掌握する執政制度のことを指

す。フランス第五共和制が半大統領制の代表例だが，1980年代以降の東欧の民主化過程で多くの国々が採用し，比較政治学においてあらためて関心を集めるようになった。

権力の融合・分立・分有

では，議院内閣制，大統領制，半大統領制というそれぞれの執政制度は，どのように異なるのだろうか。一言で要約すれば，議院内閣制は権力の融合を，大統領制は権力の分立を，そして半大統領制は権力の分有を導く。順に説明しよう。

議院内閣制においては，執政長官である首相は定義上，議会の多数派に選任される。また，議会の多数派によっていつでも解任される可能性をもつ。この二つのルールから導かれる特徴は，議院内閣制における首相は，不信任されないかぎりはつねに議会の多数派の支持を得ていると考えられることである。したがって多くの場合に，行政権と立法権は首相の手の下で融合することになる。

大統領制は執政長官を議会とは別に選出し，また固定任期を与えることによって立法権と行政権を分立させる。大統領が議会とは別に選ばれることは，議会の多数派と大統領の所属政党が食い違う可能性を生み出す。こうした状況は，「分割政府 (divided government)」と呼ばれるが，議会多数派の支持を受けない分割政府下の大統領は，自らが望む政策を法律や予算によって実現していくうえで，大きな障害に直面するおそれがある。さらに任期が固定されているために，こうした状況がいったん発生した場合には，それは容易に解決しない。

半大統領制は，議会からの自律性をもつ大統領と，議会多数派の信任に依拠した首相という二人の執政長官による行政権の分有を特徴とする。このような半大統領制は，その名称から受ける印象とは異なって，議院内閣制と大統領制の中間的性格をもつものではなく，

独自のメカニズムをもつ執政制度と考えられる。すなわち半大統領制においては、大統領与党が議会の多数を占めていれば大統領と首相は同一政党（連合）から選出され、大統領制において議会多数党と大統領の所属政党が同じである統一政府（unified government）となっている場合や、議院内閣制の場合に類似した、議会と執政長官の協調的関係が成立する。しかし、大統領に反対する政党が議会で多数派を占めた場合には、大統領制における分割政府とは異なる状況が生まれることになる。行政権を分担掌握する首相と内閣が議会の信任を要するために、大統領は議会多数派に支持されるような首相候補を選ばざるをえない。これがフランス第五共和制でいうところの「共存（コアビタシオン、cohabitation）」状況である。大統領は敵対する議会の多数派政党から首相候補を指名し、別々の政治勢力がいわば政権を分有する事態が生じるのである。

2 執政制度と民主主義体制の安定

大統領制への批判　　1980年代以降、ラテンアメリカや旧ソ連・東欧などに新たな民主主義国が続々と生まれ、またその中の多くで大統領制（あるいは半大統領制）が選択されることになった。このような文脈で多くの比較政治学者は、大統領制と議院内閣制のいずれがより安定的か、という古くて新しい問いに取り組んだ。新興民主主義国が誕生と同時に抱える最大の課題は、民主主義体制の安定であったからである。そして、新興民主主義国の多くはその立ち上げの時期に危機に直面し、またしばしば民主主義体制が崩壊して元の権威主義体制に逆戻りしたため、執政制度としての大統領制への批判が登場した。その先頭に立ったリン

スらは，大統領制がもつ次のような問題点を指摘し，議院内閣制を擁護した (Linz, 1994)。

第一に，大統領制は硬直的 (rigid) であるという。大統領制の固定任期が，民主主義にとって望ましくない硬直性をもたらすというのである。第二に，大統領制は停滞的 (immobile) であるという。大統領は，議会とは別に直接国民から選ばれるために，議会において少数与党，すなわち大統領支持勢力が少数派となる可能性をつねにはらんでいる。そのことがさまざまな政策決定を困難にする危険性があるというのである。第三に，大統領制は社会の対立構図を深化させる傾向があるという。これは大統領という独任のポストを争うという選挙のあり方に注目した批判である。第四に，大統領制は煽動政治，ポピュリズムなどに陥る危険が大きいという。大統領が国民の直接選挙であるために，ある種の人気投票となるというのである。

リンスらは，こうした大統領制のもたらす硬直性や停滞性などが，しばしば軍部による介入を招いて民主主義体制自体を崩壊させることになったと指摘する。国民の支持を失った大統領，あるいは議会との対立によって政策実行力を失った大統領を，合法的に交代させる方法をもたないという大統領制の制度的欠陥に，軍部が政治的な介入を行う理由を見出したのである。具体的には，ラテンアメリカ諸国で 1960 年代に生じた軍事クーデタや権威主義体制への復帰が，大統領制の問題点の帰結として示されることになった。

大統領制批判の実証的根拠

ステパンとスカッチは，各国のデータを比較することで，大統領制批判の議論を支える証拠を提示した (Stepan and Skatch, 1994)。彼らは，1973 年から 89 年までに 1 年以上民主主義国であるとされた国々のうち OECD（経済協力開発機構）加盟国を除いた 53

カ国について、議院内閣制と大統領制の比較を行った。すると、議院内閣制をとった国の61%において連続10年以上にわたり民主主義体制が継続したのに対し、大統領制では20%にすぎなかった。また、議院内閣制の国で軍事クーデタを経験したのは18%にとどまるが、大統領制では40%にのぼったのである。さらに彼らは、大統領制が議院内閣制よりも少数与党をもたらしがちであること、西ヨーロッパ、アメリカ、ラテンアメリカの民主主義諸国においては議院内閣制の方が内閣における「大臣の再任率（2回以上大臣となる）」が高く、「各大臣の平均任期」が長いことを示し、大統領制が政治的不安定を招き、体制崩壊にいたるという因果メカニズムに関する証拠として提示したのである。

こうした発見は、近年のプシェボウスキらによる、1950年から90年の141カ国を対象とした、より体系的な計量分析によっても裏づけられている。彼らは、経済発展の水準、支配的な宗教、植民地経験など諸変数の影響を統制したうえで、なお議院内閣制の方が大統領制よりも安定的であることを示した。とりわけ、大統領が議会に強い基盤をもっているか、逆に議会の政党システムがきわめて分裂的なときを除けば、大統領制では議院内閣制の場合以上に体制転換の危険性が高まることが示されている（Przeworski, Alvarez, Cheibub, and Limongi, 2000）。

大統領制の擁護論 このような大統領制批判に対しては、多くの比較政治研究者から次のような反論が展開された（たとえば、Shugart and Carey, 1992; Mainwaring and Shugart, 1997）。

第一に、大統領制は国民の直接選挙によって執政長官を選ぶという方法のために、説明責任（アカウンタビリティ、accountability）、政権構成の予測可能性（identifiability）がより明確な執政制度であ

るという。第二に，大統領制において議会と大統領が別個に公選されるしくみ，すなわち二元代表システムは，大統領と議会が適度な抑制と均衡の関係を築くことを可能にする。第三に，任期の不確定な議院内閣制は内閣の不安定性をもたらす。内閣が頻繁に，短期間で倒れる状況が続く場合には，民主主義体制の崩壊に結び付くような危機を招くおそれがある。そして第四に，社会の対立を深化させる勝者総取り的性格は，ウェストミンスター型の議院内閣制において，より強く表れると指摘する。

ウェストミンスター型とは，イギリスの議会所在地がロンドンのウェストミンスター宮殿であることから与えられた名前で，イギリスに代表されるような議院内閣制，すなわち小選挙区制による二大政党制とそれに伴う単独政権，集権的な政党組織と組み合わされる形での強い執政をもたらす議院内閣制を指す。それに比べれば，大統領制は二元代表システムをとることで，むしろより多様な勢力に代表のチャンスを与える制度だというのである。

大統領制批判論者による論証の方法にも疑問が提起された。大統領制を擁護する論者は，リンスらの大統領制批判がラテンアメリカ諸国の事例に限定されて導かれたものであり，執政制度の特徴そのものによるものとはいえないと指摘する。アジアやアフリカの新興民主主義諸国（たとえばナイジェリア，ソマリアなど）の崩壊，あるいは戦間期ヨーロッパにおける民主主義体制の崩壊（スペイン，ポルトガル，ギリシャ，イタリア，ドイツ，オーストリアなど）は，議院内閣制や半大統領制の下での政治混乱に起因していた。

シュガートとケリーは，そうした大統領制の安定性をデータの上でも確認した（Shugart and Carey, 1992）。すなわち彼らは，歴史上民主主義体制の崩壊が多く見られたのは，戦間期と1960年代の二つの時期であるとしたうえで，大統領制批判論が前者を議論に含め

表 4-2　民主主義体制の崩壊と執政制度

議院内閣制		大統領制	半大統領制
ミャンマー 1962*	ポルトガル 1926	アルゼンチン 1930*	オーストリア 1933
エストニア 1934	シエラレオネ 1967*	ボリビア 1964*	エクアドル 1962*
フィジー 1988*	シンガポール 1972*	ブラジル 1964*	ドイツ 1933
ギリシャ 1936	ソマリア 1969*	チリ 1973*	韓国 1961*
ギリシャ 1967	スペイン 1936	コロンビア 1953*	ペルー 1968*
ガイアナ 1978*	スリナム 1982*	キューバ 1954*	スリランカ 1982*
イタリア 1922	タイ 1976*	グアテマラ 1954*	
ケニア 1969*	トルコ 1980*	韓国 1972*	
ラトヴィア 1934		ナイジェリア 1983*	
リトアニア 1926		パナマ 1968*	
ナイジェリア 1966*		フィリピン 1972*	
パキスタン 1954*		ウルグアイ 1973*	

［注］　数字は民主主義体制が崩壊した年。
　　　　＊は途上国の事例。
［出典］　Shugart and Carey（1992: table 3.1）より抜粋して，筆者作成。

てこなかったと指摘する。そして彼らは戦間期を含めたうえで民主主義体制の崩壊を検討した場合には，大統領制と体制の不安定という関係は見られないと論じる（表4-2参照）。

　さらに彼らは，リンスなどの批判は大統領制そのものがもたらす帰結ではなく，大統領制が随伴するそれ以外の諸条件によってもたらされたものだとして，大統領制を安定的に運営する方法，制度設計がありうることを主張する。たとえば，リンスの指摘する大統領と議会との関係の行き詰まりは，大統領制という執政制度それ自体ではなく，大統領が議会で多数党によって支持されないような政党勢力の配置状況に起因する問題だという。したがって，選挙制度などによって政党システムを安定的にすることができれば，危機にいたる状況を回避することが可能となる。言い換えれば，こうした大

統領制擁護論の主張は，大統領制といっても一概にまとめることはできず，執政制度以外の政治制度との組み合わせ次第でさまざまに異なる帰結を示すことを強調するのである。

さらに戦後に限っても，大統領制そのものが民主主義体制の崩壊をもたらしやすいわけではないことが，チュバブによる大規模な計量分析において示されている (Cheibub, 2007)。彼は，先に述べたプシェボウスキらとの共同研究 (Przeworski, Alvarez, Cheibub, and Limongi, 2000) を拡張し，再分析を行った。それにより，確かに大統領制が議院内閣制に比べて体制崩壊しやすいことは認められるものの，それは強力な軍部の存在という第三の要素による見かけの相関であることを示した。ラテンアメリカ諸国に典型的なように，強力な軍部を抱えた権威主義体制が民主化する際に，大統領制を選択することが多かったことが，大統領制における民主主義体制の崩壊という擬似相関関係をもたらしているのである（なお，擬似相関，見かけの相関については第 1 章参照）。

3 執政制度とリーダーシップ

> 新しい関心

執政制度の研究は，体制の安定性と結び付けた議論から二つの方向へと発展しつつある。すなわち第一に，大統領制と議院内閣制をそれぞれ固定的な類型ととらえて両者を比較するのではなく，大統領制と議院内閣制それぞれのバリエーションを細かく見ていくことである。第二に，それぞれの制度がもたらす帰結としては，体制の安定性というようなマクロな帰結ではなく，政策選択，あるいはそれをもたらすものとしてのリーダーシップなど，よりミクロな帰結が注目されることに

なった。体制の安定性などのマクロな帰結に対する関心が失われたわけではないが、そうしたマクロの帰結はあくまでもミクロな帰結の延長線上にあるものとして位置づけられることになったのである。

このように今日の執政制度研究は、よりミクロ的な基礎づけを重視するものへと変化してきたということができる。以下では、上に述べた二つの方向性のそれぞれについて、議院内閣制、大統領制、半大統領制の場合を分けて述べていくことにしよう。

議院内閣制の多様性とリーダーシップ

大統領制と議院内閣制のリーダーシップの比較といえば、かつては「大統領と首相はどちらがより強いリーダーシップを発揮するだろうか、政策などの実行力をもっているだろうか」といった問いが中心であった。そして研究者は、首相の方が大統領よりも強いと答えることが多かった。議院内閣制は、議会多数派のリーダーの下で立法権と行政権を融合させる執政制度なのであり、首相は議会多数派の支持をもとにその政策を法律や予算として実現することができるからである。このように大統領と比較するかぎりにおいては、議会多数派につねに支えられる首相の強さが際立つことになる。

しかし、現在の比較政治学では、議院内閣制にもさまざまなバリエーションが存在するというのが共通理解となっている。議院内閣制の多様性を生み出す要因として、首相が依拠する議会多数派の「質」が大きくクローズアップされる。与党党首としての首相の下、強大で固くまとまった与党に支えられていれば、首相の指導力は強力なものでありうる。しかし過半数ぎりぎりで、かつ内部的にもバラバラな与党に支えられている場合には、首相は議会の信任を維持するのに汲々とした政権運営を迫られることになるだろう。

議会多数派の「質」を規定するものとして、ここでは二つの要素をあげておきたい。第一は、多数派の構成である。具体的には、政

表 4-3 議院内閣制と首相リーダーシップ

		多数派の構成	
		単独	連立
与党の集権性	強い	強いリーダーシップ（ウェストミンスター型）	中程度のリーダーシップ
	弱い	中程度のリーダーシップ	弱いリーダーシップ

［出典］　筆者作成。

権与党が単独なのか連立なのかという違いを指す。詳しくは政党制度を扱う第5章で説明するが，こうした議会多数派の構成は政党システムによって規定されている。さらには，政党システムに影響を与える選挙制度によっても規定されていることは，第3章で述べたところである。

　第二は，与党の政党組織構造，すなわち政党内部組織の集権度である。これも詳しくは第5章で扱うが，政党内の集権度を規定する要因は，党首（執行部）が末端議員の求める財をどの程度まで掌握しているか，別の言い方をすれば党執行部が末端議員の政治家としての生殺与奪の権をどこまで握っているか，に求められる。具体的には，選挙での立候補（公認），当選後のポスト（人事），選挙資金などが，どの程度まで党執行部によって集権的に管理されているか，また有権者がどの程度まで政党を基準とした投票（政党投票）を行う誘因をもつかによって決まる。再選という目標が議員にとって死活的であることを考慮するならば，候補者（公認）決定権の所在や政党投票の誘因の強さがとくに重要である。

　表4-3は，多数派の構成と与党の集権度という，議会多数派の特徴を示す二つの要素が首相リーダーシップをどのように規定するか，について示したものである。議院内閣制における首相のリーダーシ

ップは，それぞれの組み合わせごとに大きく異なる。首相が集権的な単独与党政権を率いている場合には，その指導力はきわめて強力なものとなるだろう。この代表的な例は小選挙区制をとり，集権的な二大政党制が成立していたイギリスに見られる。これに対して連立政権の場合には，首相は連立与党間の政策調整を行う必要に迫られる。首相の指導力には制約が加わることになるのである。単独与党であっても，その集権度が弱い場合には，やはり首相のリーダーシップには制約が加わる。首相は自党内部の多様な意見に配慮せねばならなくなるのである。集権度の低い与党による連立政権に支えられた首相は，非常に脆弱なリーダーとならざるをえないだろう。首相は，連立のパートナーにも，党内の多様に異なる意見にも配慮しつつ，慎重な調整をつねに行う必要に迫られるのである。

大統領制の多様性

そもそも大統領制は，アメリカ建国の父祖たちが合衆国憲法制定に際して創設した制度が起源である。その際に意図されたことの一つは，宗主国であったイギリスに見られた国王の支配と，議会に基礎をおいた多数派支配の双方を抑制しようということだった。アメリカが導入した大統領制は，執政長官を議会とは別個に選出することで，大統領も議会指導者も強力なリーダーシップをふるえないようにして，権力の均衡を図ったのである。

大統領制における権力の抑制と均衡，ないしはリーダーシップ不在による政策過程の停滞は，議院内閣制においては例外としてしか生じることのない少数与党の状態，すなわち分割政府によって生じている面が大きい。しかし，分割政府から生じる停滞性は固定的なものではない。大統領制がどの程度まで政策過程の停滞を導きやすいかは，大統領制に付随する諸制度，あるいは他の政治制度との組み合わせ次第でさまざまなものになりうる。その組み合わせ方によ

って，大統領制にもまた多様な形態が存在するのである。

具体的には，大統領に憲法上認められた事実上の立法権と，大統領の党派的政治力により大統領制における大統領のリーダーシップは大きく異なる。まず事実上の立法権とは，拒否権や大統領令（デクレ，decree）制定権などであり，大統領が議会多数派の抵抗にあい，政策形成執行の困難な状況にいたった際にも，大統領はこのような権限を用いることで，状況を打開して主導性を発揮しうる。大統領の党派的政治力とは，大統領が議会を取り巻く政党勢力とどのような関係をもつか，ということを意味している。大統領制において議会と執政は分離しているが，それらは政党組織を通じて結び付きうる。仮に大統領が議会多数党のリーダーで，政党所属議員を十分にコントロールしえた場合には，立法権と行政権の分離を克服し，安定的な指導力を発揮することができるだろう（辻，2005-06）。

> 大統領の立法権

大統領制を研究する多くの論者は，このような観点から大統領制の多様な形態について論じ，個々の大統領制の強さの程度を具体的に測定しようと試みている。以下では，そうした試みの一つの例として，シュガートとハガードによる点数化の方法を紹介しよう（Shugart and Haggard, 2001）。彼らは，大統領に認められた事実上の立法権として，①包括拒否権，②部分拒否権（item veto），③大統領令，④特定政策分野における排他的法案提出権という四つの項目を設定し，それぞれに各国（地域）の制度を0, 1, 2点の3段階あるいは0と2点の2段階で評価する基準を示した。

大統領の①包括拒否権とは，議会が通過させた法律，予算などを成立させる際の署名を大統領が拒否することをいう。これは消極的なものではあるが，法律や予算に大統領が関与しうることを意味しており，ある種の立法権に含めて考えることが多い。拒否権の強

さは，その範囲，すなわちいかなる法案や予算に対して拒否権の行使が認められているかという点と，拒否権に対する議会の再議決（再可決，オーバーライド）権の弱さ，つまり通常の過半数で再議決が可能なのか，特別多数が必要とされるのかという点から測られる。

次に②部分拒否権とは，大統領が法案の一部の条文のみをとりあげて成立させない権限を指す。部分拒否権は法案の修正権ともいうべきものであり，包括拒否権に比べてより強く，大統領の政策選好をより反映させやすい政策手段だということができる。部分拒否権の強さも，包括拒否権と同様，その範囲と議会の再議決権の弱さから測定される。

さらに③大統領令とは，政令や省令など法律の委任に基づいて施行細目を行政機関が定めるいわゆる「行政立法」や，戒厳令など憲法の一時的停止などではなく，法律の代替物として実質的に国民の権利義務を定めるものを指す。たとえば，30日以内に議会で法律とならなければ効力を失うというブラジルの大統領令，議会が15日以内に否決しなければ法律となるというエクアドルの経済緊急措置令などがこれに相当するが，それらによって大統領は，新税の導入や年金制度の変更などを行うことができる。

最後の④特定政策分野における排他的法案提出権とは，予算や安全保障など一定の政策領域にかかわる法案について，大統領に排他的な法案提案権を認めることを指す。この権限の強さも，その範囲の広さと議会の修正権の弱さから測定される。

表4-4は，これらの4項目に関する各国の得点を単純に足し合わせ，大統領制の憲法上の強さについて序列化したものである。アメリカを起源として誕生した大統領制が，いまや豊富なバリエーションをもっていることが示されている。このような点数化の試みは，決して絶対的なものでないことに注意せねばならないが，大統領制

表 4-4　大統領権限のバリエーション

	得点	国（地域）名	包括的拒否権	部分拒否権	大統領令	排他的法案提出権
強い	6	アルゼンチン	2	2	2	0
	5	ロシア	2	0	2	1
	4	チリ	2	0	0	2
		コロンビア	0	0	2	2
		グルジア	2	0	0	2
		韓国	2	0	0	2
		ペルー	0	0	2	2
		台湾（〜1997）	2	0	0	2
	3	ブラジル	0	0	2	1
		エクアドル	1	0	2	0
		フィリピン	2	1	0	0
	2	ボリビア	2	0	0	0
		ドミニカ共和国	2	0	0	0
		エルサルバドル	2	0	0	0
		グアテマラ	2	0	0	0
		アメリカ合衆国	2	0	0	0
		ウルグアイ	0	0	0	2
	1	コスタリカ	1	0	0	0
		ホンジュラス	1	0	0	0
		メキシコ	1	0	0	0
	0	ニカラグア	0	0	0	0
		パラグアイ	0	0	0	0
弱い		ヴェネズエラ	0	0	0	0

［出典］　Shugart and Haggard (2001: table 3.2).

の多様性を具体的に認識するうえで大きな助けになることが理解できるであろう。

大統領の党派的政治力　　大統領の党派的政治力は，議院内閣制における党派的政治力とは異なる要素によって規定される。議院内閣制においては，多くの場合に首相は与党の党首でもあるため，与党の勢力が大きく，与党が組織的に執行部に集

表 4-5 大統領制と政党の一体性

		議会における大統領支持派	
		多数	少数
議会政党の一体性	強い	強い党派的政治力	弱い党派的政治力
	弱い	中程度の党派的政治力	中程度の党派的政治力

［出典］　筆者作成。

権化されていることが重要である。これに対して大統領制の場合，議会における与野党の区分は議院内閣制の場合ほど明確なものとはならない傾向にある。大統領と同じ政党の議員だからといって，大統領の方針をつねに支持するとはかぎらないのである。逆に，大統領と異なる政党の議員であっても，彼らが大統領の方針をつねに支持しないというわけではない。ここから，大統領が所属政党をどれだけコントロールできるか，また逆に反大統領派がどれだけ結束できるかが，大統領制の多様性の源泉となりうる。つまり，政党制度が大統領の党派的政治力を強く規定する。

具体的には，政党システムを含む政党間関係の側面，すなわち大統領を支持する政党（連合）が多数派かどうかという点と，政党内部組織の側面，すなわち政党の一体性が強いか否かという点の二つの要素によって，大統領の党派的政治力は定まる。表 4-5 はこの関係を示したものである。この表は議院内閣制の首相を支える多数派の特徴を整理した前掲の表 4-3 とも類似しているが，議院内閣制が多数与党を基本的な前提とする執政制度であるのに対し，大統領制では少数与党がありうることを想定している点で大きく異なる。また，大統領支持派の議員は議院内閣制における与党議員とは違い，政党組織の集権度が高くても議会での採決において大統領を支持し

ない可能性が残る。そのためここではより広く，同一政党の議員の行動に一体性が見られるか否かを類型の基準とする。

表4-5において大統領の党派的政治力が最も強いのは，大統領が一体性の高い多数派に支持されている場合であり，これは議院内閣制と全く同様だといえよう。また多数派の一体性が弱い場合には，大統領の議会支配力もやや弱まることになるだろう。しかし少数与党の状況下では，むしろ一体性のより弱い状況が大統領にとって望ましいと考えられる。議会の解散権をもたない大統領は，政策課題ごとに個別に協力してくれる議員を見つけ出すことで反対勢力を切り崩し，多数派形成を図るだろう。反大統領派の一体性が低ければ，こうした切り崩しがより容易になるはずである。一時的な多数派形成による政策過程は，アメリカやブラジルなどの国々でしばしば見られ，分割政府の出現などによる政策過程の停滞を回避する機能を有する。

党派的政治力と他の政治制度

大統領の党派的政治力については，選挙制度をはじめとする他の政治制度との関係にふれておく必要がある。第一に，大統領が議会多数派を形成するかどうかについては，大統領選挙が議会選挙と同時に行われるか，別々に行われるかという選挙のタイミングが一定の効果を及ぼす。選挙が同時に行われるならば，有権者は自分が支持する大統領候補と友好的な関係にある政党（議員）を同時に選ぼうとする誘因がより強くなる。政党（議員）の側も，選挙戦において特定の大統領候補への支持を表明し，一体的な選挙活動を展開することで，大統領候補の人気にあやかろうとするだろう。これは，大統領が着ているコートの裾に議員がぶら下がって当選を果たすようなものとして，コートテール効果と呼ばれる。他方，議会選挙と大統領選挙が一定の期間をおいて行われる場合には，そうした

誘因は働きにくくなる。そのため，議会選挙と大統領選挙では異なった政党に投票する有権者が増えるであろう。

政党の一体性については，議院内閣制における与党の集権度に関する議論に加えて，大統領制に特徴的な次の二つの要因を考慮せねばならない。第一は，大統領（候補）が議会政党とどのような関係にあるか，という点である。議院内閣制において首相（候補）は与党の党首であることが通例だが，大統領（候補）の場合には必ずしも議会政党のリーダーであるとはかぎらない。政党の集権度を規定するのは，選挙での公認権やその後の人事権，選挙資金の管理と配分の権限などであるが，仮にこれらの決定権を政党幹部が握っている場合にも，その決定に大統領（候補）自身がかかわっているのでなければ，これらの決定権は政党リーダーを経由して間接的に大統領を支えるにすぎないことになる。

第二の要因として，行政府の要職の人事権について，大統領が選任しうる政治任用の範囲や議会承認などの制約が重要な意味をもつだろう。議院内閣制に比べて大統領制では，執政長官に認められる政治任用の範囲は一般に広いが，大統領制の中でもその範囲や独占度についてはかなりのバリエーションがある。大統領が人事権を広範かつ独占的に行使している場合には，これが政権党議員を統制する資源となりうるだろう。多くの場合，議員は閣僚などの行政ポストへの転進を歓迎するだろうと考えられるからである。

半大統領制における政治指導

半大統領制におけるリーダーシップを考える際に重要なポイントは，大統領と首相が執政権力を分有しながら，両者の所属政党が異なるという状況（共存，コアビタシオン）が生じる可能性があるところに求められる。この点に関して，たとえばサルトーリらは，フランス第五共和制のコアビタシオンに対して，大統領制における

分割政府よりも肯定的な評価を与えている。大統領と首相はいずれも何らかの政策実行力をもつことができるのであり，大統領制の分割政府状況でしばしば見られる行き詰まりは回避されるというのである (Sartori, 1997)。フランスを半大統領制ではなく議院内閣制ととらえるヒューバーや大山の見解も，コアビタシオンが政策決定の障害にはならないと考える点では共通する (Huber, 1996；大山，2003)。

他方シュガートらは，半大統領制には議院内閣制や大統領制以上に複雑なバリエーションがあり，ひとまとめにこれを評価することは難しいと主張する (Shugart and Carey, 1992; Shugart, 2005)。すなわち彼らは，半大統領制に付随する制度的な相違，とくに「大統領が首相を一方的に（議会の同意なしに）解任できるかどうか」という点に注目すべきことを主張する。その権限の有無が大統領と首相・議会の関係に決定的な違いをもたらし，さらには政権運営のあり方，民主主義体制の安定性にも大きな違いをもたらすというのである。

この点についてまとめた表 4-6 において，点線より上はフランス第五共和制など大統領の一方的な首相罷免権を認めないシステムであり，首相や内閣は大統領から一定程度の独立性を認められている。首相はひとたび大統領から指名された後は，議会の多数の支持（のみ）に支えられて政権を維持する。こうした制度においては，大統領は首相を指名する際に議会の多数派の支持を得られる候補を選任せざるをえず，コアビタシオンの選択に追い込まれることになる。

点線より下は，大統領が首相の一方的な罷免権をもつシステムであり，首相と内閣は，内閣が成立した後もつねに議会と大統領との両者に二重の責任を負うことになる。シュガートらはワイマール憲法下のドイツを典型例とするこうしたシステムを，より不安定な執

表 4-6　半大統領制のバリエーション

国（地域）名	大統領が首相を指名	大統領が首相を罷免	内閣不信任案についての制約	大統領の議会解散	議会への対抗的解散	大統領拒否権（再議決に必要な議員数）
フランス	○	×	×	○（年1回）		×
スリランカ	○	×	×	○		×
セネガル	○	×	×	○		○（5分の3）
ポルトガル	○	×	×	○		○（過半数，特定法案について3分の2）
ルーマニア	○	×	×	×	○	×
ポーランド	○	×	×	×	○	○（5分の3）
リトアニア	○	×	×	×	○	○（過半数）
ブルガリア	×	×	×	×	×	○（過半数）
ドイツ（ワイマール）	○	○	×	○		×
オーストリア	○	○	×	○		×
ナミビア	○	○	×	○（大統領選挙を伴う）		○（3分の2）
アルメニア	○	○	×	○（年1回）		×
グルジア	○	○	○	×	○	○（5分の3）
台湾	○	○	○	×	○	○（過半数）

［出典］　Shugart（2005: table 1）から抜粋して，筆者作成。

政制度と見ている。大統領は首相の罷免権を梃子に，議会は首相の不信任議決権を梃子に，それぞれ首相・内閣をコントロールしようとする。そこには大統領と議会が対立し，いわば政策過程を暗礁に乗り上げさせようとする誘因が埋め込まれているというのである。大統領はコアビタシオンを選択せず，首相をコントロールすることで純粋な大統領としてふるまおうとするだろう。また議会多数派は，分割政府下の大統領制におけるように立法活動に特化するのではなく，与えられた権限を生かして首相をコントロールし，行政との融

合を試みるだろう。すなわちこのような制度は，純粋な大統領制の分割政府よりも深刻な大統領―議会の対立関係を生み出しうる執政制度だというのである。

4 日本における首相のリーダーシップ

「弱い」首相たち　ここまで述べてきた執政制度比較の文脈の中で，日本の首相のリーダーシップを論じるとすれば，どのような位置づけを与えることができるだろうか。戦後日本は現行憲法の下で一貫して議院内閣制を採用し，ほぼつねに首相は議会の多数派に支えられて政権を運営してきた。自民党の長期政権の時期を含め，日本国憲法下で選ばれたほとんどの首相は，衆議院第一党の党首が務めていた。その例外は，芦田均，鳩山一郎，細川護熙，羽田孜，村山富市だが，鳩山を除きその在任期間はすべて2年未満であった。

議院内閣制の下で多数与党が維持されているとなると，次に考えるべきは多数派の「質」，すなわち与党の構成と集権度である（高安，2005）。戦後日本において，与党にはどのような特徴があったのだろうか。第一に，ほとんどの政権は自民党による単独政権であった。首相は複数の政党間の調整なしに，単一の与党を押さえることで政権を安定的に運営することができた。しかし第二に，与党である自民党の意思決定メカニズムは分権的であった。自民党は所属議員が党議拘束に従うという意味では議会内での一体性を保っていたが，そこにいたるまでの党内過程では党首である首相の影響力は制約されがちであった。すなわち，人事や組織に関する決定については派閥の意向が重要であり，党首や党執行部は派閥間の調整を行わ

ねばならなかった。また個別の政策決定に関しては、政務調査会部会や調査会を中心に行われる「与党事前審査」が重要であり、政策領域ごとに、それぞれの部会や調査会で活動するいわゆる族議員が、排他的な影響力を行使した。

こうした自民党の分権的な組織構造は、中選挙区制という選挙制度によってもたらされてきた（建林, 2004）。第3章で論じたように、中選挙区時代の自民党は組み合わせの固定された連立政権ともいうべき性質を帯びており、同一選挙区内で複数の自民党候補が競争していた。このため政党のラベルは十分な機能を果たさず、派閥や個人後援会が政治資金を含む議員の選挙戦を支えていた。有権者も、候補者の所属政党のみを基準にした投票を行っていたわけではなかった。選挙で政党に依存しない議員は、当選後の議員活動についても政党から自律性を保つことになった。このため戦後日本の首相は、他の政党との調整に配慮する必要はなかったが、自党内部の合意調達に苦しんできたのであり、十分にトップダウン型のリーダーシップを発揮することはできなかったといえよう（山口, 2007）。

| 大統領的首相？ |

そうした戦後日本の「弱い」首相の中で、例外的に強いリーダーシップを行使したとされるのが、1955（昭和30）年の自民党結党後では中曾根康弘首相と小泉純一郎首相であった。そして二人は、共にマスメディアなどで「大統領的首相」と呼ばれ、その類似性を指摘されてきた。大統領的首相とは、議院内閣制の首相でありながら、本来首相にとっての影響力資源として想定される、議会多数派の支持あるいは行政官僚制に依存するのではなく、むしろ大統領の影響力を支えるような国民の人気、政治的任用を中心とした個人的スタッフを資源として政権運営を行うリーダーシップのスタイルを指す（村松, 1987）。首相は、マスメディアにしばしば登場して政策案に対する支持を国

民に直接訴えかけ，また省庁官僚のルーティン的な意思決定過程を迂回(うかい)して，審議会などを通じて外部の専門家の意見を取り入れた政策決定，あるいは政治任命職など首相官邸の限られた人員による政策決定を行おうとする。このようなスタイルは，時にポピュリズムと評されることもある（大嶽，2003）。

　日本以外の議院内閣制にも，似た傾向があるとされる。ポグントゥケとウェブは，首相の大統領化はヨーロッパ各国の議院内閣制に共通した現象であり，国内政治の国際政治化，国家の拡大，マスコミュニケーションの構造変化，伝統的な社会的亀裂に基づく政治の侵食等，近年の社会構造変化によってもたらされた動向であると指摘する（Poguntke and Webb, 2005）。イギリスのブレア政権，イタリアのベルルスコーニ政権のマスメディア戦略は，国民への直接的アピールを意識した大統領的なリーダーシップ・スタイルと位置づけられる。

　このような大統領的首相モデルに照らし合わせるとき，確かに中曾根と小泉という二人の首相にはいくつかの共通点が浮かび上がる。第一に，二人は政策面において自民党における主流ではなかった。中曾根は伝統主義や国家主義への指向が強く，吉田茂によって形成された経済重視路線とは一線を画していた。小泉は，郵政事業の民営化という自民党内では受け入れられ難い政策を早い段階から持論として主張していた。第二に，こうした政策的立場を反映してか，二人の自民党内での支持基盤は脆弱であった。すなわち中曾根は小派閥のリーダーであり，小泉は派閥の長でさえなかった。第三に，こうした党内基盤の弱さを補うように，二人はマスメディアを通じて国民へ直接アピールする手法を多用し，またそれを受けて政権支持率は共に歴代の政権に比べて高かった。第四に，審議会や官邸などを用いて，省庁官僚の抵抗を封じ込めるような政策決定を行った。

中曾根は，第二次臨時行政調査会（第二臨調）答申を受けて三公社の民営化などを進めた。小泉は，橋本行革によって強化された内閣官房・内閣府，経済財政諮問会議などを中心に，道路公団民営化や郵政民営化といった，自民党議員の伝統的な票田であった建設業，郵便局ネットワークを切り崩す改革を実行した（牧原，2005）。

**議院内閣制の
ウェストミンスター化**

しかし，議院内閣制のバリエーションに関する本章の基準からすれば，1990年代以降の日本において多数派の「質」に劇的な変化が見られたことを強調せねばならない。すなわち，1994（平成6）年に導入された小選挙区比例代表並立制は，与党である自民党を従来の分権的な組織から集権的な組織へと変容させたのである。小選挙区制の下では，議員にとって政党ラベルの意味が決定的な重要性をもつことになり，並立して用いられた拘束名簿式比例代表制では，名簿上の順位が重要であるうえに，惜敗率ルールや重複立候補制は議員の関心を小選挙区に集中させた。公認候補を決め，重複立候補の可否や名簿順位を決定する権限をもつ党執行部の議員への影響力は，こうした選挙制度の導入によって大幅に強化されたのである。新たな選挙制度の下での日本の執政は，従来と異なって単独ではなく連立政権を常態とするものの，与党自民党の集権化によって，首相の意向に従う多数派に支えられることになった。大統領化したのではなく，よりウェストミンスター型に近い，「強い」首相へと変化したと見ることができるのである（竹中，2006; 待鳥，2006）。

こうした制度変化に着目するならば，中曾根政権と小泉政権の違いもまた顕著であることに気づかされる。中曾根首相は，自ら「大統領的首相」「トップダウン型」という言葉を使い，自身のリーダーシップがそれ以前の首相と異なることをアピールしたが，実際には自民党の従来の意思決定方式をかなりの程度踏襲していた。すな

わち，閣僚などの人事については各派閥の意向に配慮して派閥均衡型を維持したのであり，第二臨調を活用したとされる行政改革などの政策決定も，族議員や派閥のリーダーなどの賛成をとりつけ，党内合意を慎重に調達したうえで行われた。予算増を原則的に認めないゼロシーリングやマイナスシーリングによる財政支出抑制も，省庁縦割りの分権的意思決定に則った横並びの改革手法だと見ることができる。

これに対して，小泉首相の政権運営は，従来のパターンを大きく逸脱するものであった。閣僚人事においては，派閥の推薦を求めず単独で組閣の人選を行った。組閣後は，長期にわたって閣僚の入れ替えを行わなかった。また，中曽根内閣における三公社の民営化が，所管する省庁などの同調者を取り込んで行われたのに対し，小泉政権下の道路公団改革や地方財政改革は，外部の審議会委員や内閣府の特命スタッフなどを中心に細部まで内容が詰められ，所管する国土交通省や総務省の意向とはかなり異なる案を採用することになった。きわめつけは，2005年の郵政民営化法案の決定過程とその後の衆議院解散である。郵政民営化法案においては，与党事前審査は形式的なものにとどまり，党内反対派の声は十分に反映されなかった。結果的に個別政策の法案としては異例の大量の造反議員を出し，参議院での否決にいたった。これを受けて小泉首相は衆議院を解散し，造反議員に対して党公認を剝奪すると同時に対抗馬の公認・擁立を行った。

小泉政権下におけるこうした展開は，一選挙区で複数の自民党候補が争ってきた中選挙区制の下ではありえなかったものであり，選挙制度改革による首相リーダーシップの構造的変化がうかがえる。ただ同時に，これがウェストミンスター型の議院内閣制において一般的なわけではなく，例外的なものであることも確認しておく必要

があるだろう。すなわち，選挙における党執行部の力が強い小選挙区比例代表並立制の下では，事後の執行部による懲罰を恐れた末端議員は，なかなか執行部案に対する造反を行いにくい。このため，解散から対抗馬擁立にいたる展開は事前に回避される。郵政解散は，旧制度から新制度への変化の過渡期に現れた例外的な現象と考えられる。中選挙区制の下で育った造反議員の多くは，従来の「政界の常識」にとらわれて，執行部の行動を見誤ったのである（清水，2005）。

●引用・参考文献●

大嶽秀夫，2003『日本型ポピュリズム――政治への期待と幻滅』中公新書。
大山礼子，2003『比較議会政治論――ウェストミンスターモデルと欧州大陸型モデル』岩波書店。
清水真人，2005『官邸主導――小泉純一郎の革命』日本経済新聞社。
高安健将，2005「政党政治と執政政治の間――首相の日英比較」日本比較政治学会編『日本政治を比較する』早稲田大学出版部。
竹中治堅，2006『首相支配――日本政治の変貌』中公新書。
建林正彦，2004『議員行動の政治経済学――自民党支配の制度分析』有斐閣。
辻陽，2005-06「大統領制比較のための視座――「制度的権力」と「政治的権力」」『法学論叢』第158巻第2号・第3号・第4号。
牧原出，2005「小泉"大統領"が作り上げた新「霞が関」」『諸君！』2月号。
待鳥聡史，2006「大統領的首相論の可能性と限界――比較執政制度論からのアプローチ」『法学論叢』第158巻第5/6号。
村松岐夫，1987「中曽根政権の政策と政治」『レヴァイアサン』第1号。
山口二郎，2007『内閣制度』東京大学出版会。

Cheibub, José Antonio, 2007, *Presidentialism, Parliamentarism, and Democracy*, Cambridge University Press.

Huber, John D., 1996, *Rationalizing Parliament: Legislative Institutions and Party Politics in France*, Cambridge University Press.

Lijphart, Arend, 1999, *Patterns of Democracy: Government Forms and Performance in Thirty-Six Countries*, Yale University Press. (粕谷祐子訳『民主主義対民主主義——多数決型とコンセンサス型の36ヶ国比較研究』勁草書房, 2005年)

Linz, Juan J., 1994, "Presidential or Parliamentary Democracy: Does It Make a Difference?" in Juan J. Linz and Arturo Valenzuela, eds., *The Failure of Presidential Democracy, vol.1: Comparative Perspectives*, Johns Hopkins University Press, 3-87. (中道寿一訳『大統領制民主主義の失敗——理論編:その比較研究』南窓社, 2003年)

Mainwaring, Scott and Matthew Soberg Shugart, eds., 1997, *Presidentialism and Democracy in Latin America*, Cambridge University Press.

Morgenstern, Scott, 2004, *Patterns of Legislative Politics: Roll-Call Voting in Latin America and the United States*, Cambridge University Press.

Poguntke, Thomas and Paul Webb, 2005, "The Presidentialization of Politics in Democratic Societies: A Framework for Analysis," in Thomas Poguntke and Paul Webb, eds., *The Presidentialization of Politics: A Comparative Study of Modern Democracies*, Oxford University Press, 1-25.

Przeworski, Adam, Michael E. Alvarez, José Antonio Cheibub, and Fernando Limongi, 2000, *Democracy and Development: Political Institutions and Well-Being in the World, 1950-1990*, Cambridge University Press.

Sartori, Giovanni, 1997, *Comparative Constitutional Engineering: An Inquiry into Structures, Incentives and Outcomes* (second edition), Macmillan. (岡沢憲芙監訳／工藤裕子訳『比較政治学——構造・動機・結果』早稲田大学出版部, 2000 年)

Shugart, Matthew Soberg, 2005, "Semi-Presidential Systems: Dual Executive And Mixed Authority Patterns," *French Politics* 3: 323-351.

Shugart, Matthew Soberg and John M. Carey, 1992, *Presidents and Assemblies: Constitutional Design and Electoral Dynamics*, Cambridge University Press.

Shugart, Matthew Soberg and Stephan Haggard, 2001, "Institutions and Public Policy in Presidential Systems," in Stephan Haggard and Mathew D. McCubbins, eds., *Presidents, Parliaments, and Policy*, Cambridge University Press, 64-102.

Stepan, Alfred and Cindy Skatch, 1994, "Presidentialism and Parliamentalism in Comparative Perspective," in Juan J. Linz and Arturo Valenzuela, eds., *The Failure of Presidential Democracy, vol.1: Comparative Perspectives*, Johns Hopkins University Press.

Strøm, Kaare, 2003, "Parliamentary Democracy and Delegation," in Kaare Strøm, Wolfgang C. Müller, and Torbjörn Bergman, eds., *Delegation and Accountability in Parliamentary Democracies*, Oxford University Press, 55-106.

第5章 政党制度

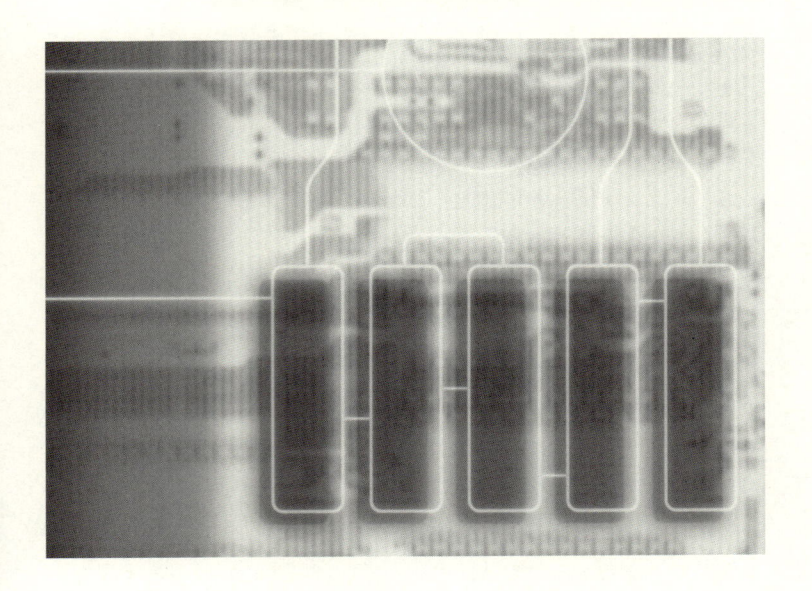

　民主主義体制下の政治は，政党の存在を無視して語ることはできない。政党を考える視点には，政党間の関係を規定する「政党システム」と，政党内部の構成員相互間の関係を規定する「政党組織」という二つがある。各国の政党システムは，どのように特徴づけられるのか。異なる政党システムは，政治過程や政策選択にどのような違いをもたらすのか。また主要政党の政党組織の違いは，リーダーシップや政策選択にいかなる差異をもたらすのか。本章では，これらの点に関する諸研究を紹介していく。

1 政党システムの類型

政党分析の二つの視点　民主主義体制の下での政治家による議会政治を前提とすれば、政党とは、「何らかの共通の（あるいは類似した）利益、価値、信念をもち、それらを実現するために、主に議会など公式のルートを通じて政治権力の獲得をめざす人々の集団」と定義することができよう。議会が多数決をもとに意思決定を行う組織である以上、議会政治は政治家の集団たる政党を中心とした政治、すなわち政党政治として展開される。

では、各国の政党政治の特徴とはいかなるものだろうか。本章では、政党政治の特徴を構成する制度的要素として、政党システム（party system）と政党組織（party organization）の二つに注目する。

政党システムとは、「複数の政党間の競争、あるいは協力などの相互作用のパターン（全体構造）」として一般には定義され、政党制と呼ばれることもある（川人・吉野・平野・加藤, 2001）。政党は政権の獲得や有権者からの支持拡大、あるいは望ましい政策の実現をめざして、他の政党と競争したり、協力したりする。そうした複数政党間の関係は一定程度の安定性をもち、また各国ごとに異なった特徴を示すものとして位置づけられる。また、政党間の関係は政治アクターの行動を枠づけ、政治過程や政策選択を規定するルールとしての側面も有する。そのため本書では、政党システムを単に「パターン」というよりも、政党政治やアクターの行動を規定する「構造」ないしは一種の「ルール」であると考える。

政党組織とは、政党の内部構造のあり方、すなわち政党がその構成員である議員や党員に対して課す内部ルールを意味している。政

党が複数の人たちから構成される以上,たとえ追求すべき価値や利益についての基本的な合意があったとしても,内部にさまざまな考え方や利害の相反が存在することになる。それについて,どの程度まで一本化を図り,どの程度まで構成員の行動の自由を認めるのか。一般党員と議員の間,あるいは議員と党執行部の間に,どのような関係を築くのか。政党組織内部のしくみ,とくに主要な政党のそれは,政党システムと同様,あるいはしばしばそれ以上に各国の政党政治,議会政治のありようを変えるだろう。

政党システムや政党組織は,再選などをめざす政治家の目的追求行動によって大きく規定される。そして政治家の行動が選挙制度や執政制度によって規定されることは,本書でこれまで見てきたところである。その意味では,政党システムと政党組織という政党制度は,第3章で扱った選挙制度や第4章で扱った執政制度,とくに選挙制度の帰結であるともいえる。本章では,政党システムと政党組織がいかなる政治的帰結をもたらすのか,言い換えれば独立変数としての政党制度を中心に述べることになる。

二大政党制と多党制

「複数の政党間の競争,あるいは協力などの相互作用」を規定する構造として各国の政党システムを分類し比較するうえで,これまで多くの研究者が注目してきたのは,主要な政党の数であった。それは議会における多数派形成の様相を大きく規定し,政党間の関係を典型的に示す指標だと考えられたからである。具体的には,二大政党制と多党制という二つのグループ分けを基本として,さまざまな論者による多様なグループ分けが試みられてきた (Lijphart, 1984; 1999)。

二大政党制とは,イギリスの労働党と保守党,アメリカの民主党と共和党というように,主要な二つの政党が競い合う政党システムを指す。多党制とは,三つ以上の政党が競い合い,あるいは協力し

て政権を構成するようなシステムを指す。主要な政党が二つなのか，あるいは三つ以上なのかという差に決定的な質的断絶を見出すこうした区分は，とくに議院内閣制において，政党システムの帰結として導かれる政権構成や政治的安定を意識したものだといえよう。

　この点を具体的に述べれば，次のようになる。ある国の議会に主要政党が二つしかなければ，選挙の結果いずれかが多数派を構成し，議院内閣制であれば単独内閣を形成する。他方，主要な政党が三つ以上あり，どの政党も過半数にいたらない場合には，複数の政党がグループを形成することによって連立内閣が形成される。伝統的に政治学では，二大政党制がもたらす単独内閣がより安定的であり，強いリーダーシップを発揮できる制度であるという考えが有力であった。ここで典型例として念頭に置かれてきたのは，議会政治の母国であるイギリスにおいてとられてきた二大政党制であった。他方，多党制と連立内閣の組み合わせは，フランス第三・第四共和制，戦後イタリアのように，政治的不安定あるいは民主主義体制自体の危機を招きかねないものと考えられたのである。

　ただ，こうした伝統的な議論には明らかにいくつかの問題がある。第一に，三つ以上の政党が存在するからといって，必ず連立政権がもたらされるわけではない。複数の政党のうちの一つが過半数を超えた勢力をもてば，単独政権が作られることになるだろう。すなわち，単独政権をもたらすのか連立政権をもたらすのかという違いに注目するのならば，二大政党制対多党制という大別は十分ではない。第二に，政権構成とその延長としての政治的安定性を論じる場合にも，政党の数のみに注目して議論することには限界がある。たとえば主要政党が二つであっても，その政策指向が極端に異なる場合と比べれば，政党数は多くともそれらの政策指向が似通っている場合の方が，協調的な政党間関係を基盤として政治的な安定性も高まる

ことになるだろう。

政党数以外の基準

こうした観点から比較政治学においては、政党の数だけでなく、異なる基準を導入することで政党システムの類型をさらに細分化する試みが登場した。たとえばサルトーリは、政党の数に加えて、政党間のイデオロギー距離を基準として取り入れることによって、多党制を「穏健な多党制」と「極端な多党制」に区分した。「穏健な多党制」とは、ベルギーやかつての西ドイツのように、イデオロギーあるいは政策指向の近い政党が三つから五つ存在し、連立政権の組み合わせが変わることで政権交代が起こるシステムとされる。各政党は、イデオロギーや政策内容について妥協的であり、全体としては政党間の対立軸において、中央への求心力が働いている。他方「極端な多党制」とは、ワイマール・ドイツやイタリアなど、政党数が六つから八つぐらいで、各政党のイデオロギーや政策指向がかなり隔たっており、全体として分極化の力が働いているようなシステムである（Sartori, 1976）。

またブロンデルは、単に数を数えるのではなく、各政党の相対的な大きさに注目し、多党制を「優越政党（dominant party）を伴う多党制」と「優越政党を伴わない多党制」に区分することを提唱した（Blondel, 1978）。優越政党が存在する場合、たとえばイタリア（キリスト教民主党）、スウェーデン（社会民主党）、そして日本（自民党）などにおいては、すべての政党が横並びであるような多党制、たとえばオランダやフィンランドとは異なって、優越政党を軸とした安定的な統治が行われるのである。

この「優越政党」に関連して、サルトーリの「一党優位政党制（predominant party system）」についても述べておく必要があるだろう。彼は、競争的政党システムの中で一つの政党だけが継続的に

1　政党システムの類型

政権を担う場合を一党優位政党制と呼んだ。サルトーリの一党優位政党制は，ブロンデルの類型とはやや異なって，二大政党制とも多党制とも異なる別の類型とされていた。すなわち，野党が大きくまとまっていても，小さく分かれていても，同様に一党優位政党制であるとされた。このため日本だけでなく，二大政党制とみなされることが多かったインドも一党優位政党制とされた。

サルトーリやブロンデルの細分化は，二大政党制と多党制という二項対立的な理解の問題点に対する修正であり，広く受け入れられることになった。しかし，政党の数以外の基準に注目するサルトーリやブロンデルの類型化は，多くの国々の政党システムを具体的に比較しようとする場合には，十分なものではなかった。彼らの提起したイデオロギー距離や優越性といった基準が客観的かつ網羅的なものではないために，それらを測定することは困難であった。たとえば，一党優位政党制の基準として，サルトーリは長期にわたる連続した政権獲得をとりあげたが，選挙サイクルや上院選挙の意味づけの違いなどもある中で，その基準が用いられる根拠は多分に直観的な面を残していた。恣意的でない基準を設定し，各国の政党システムをそれぞれの類型に当てはめて比較することは難しかったのである。

各国の政党システム　本書では，レイプハルトをはじめとする多くの比較政治研究者と同様に，多くの国の政党システムを操作可能な形で客観的に比較するという観点から，政党システムを政党の数に注目して把握しようとする。ただその際に，サルトーリやブロンデルの問題提起を受け，各政党の相対的な規模によって重み付けを測定する方法を採用する。

具体的には，第一にラクソーとタガペラの開発した有効政党数（ENP; effective number of parties）という指標を用いる。有効政党

図 5-1 選挙制度と有効政党数

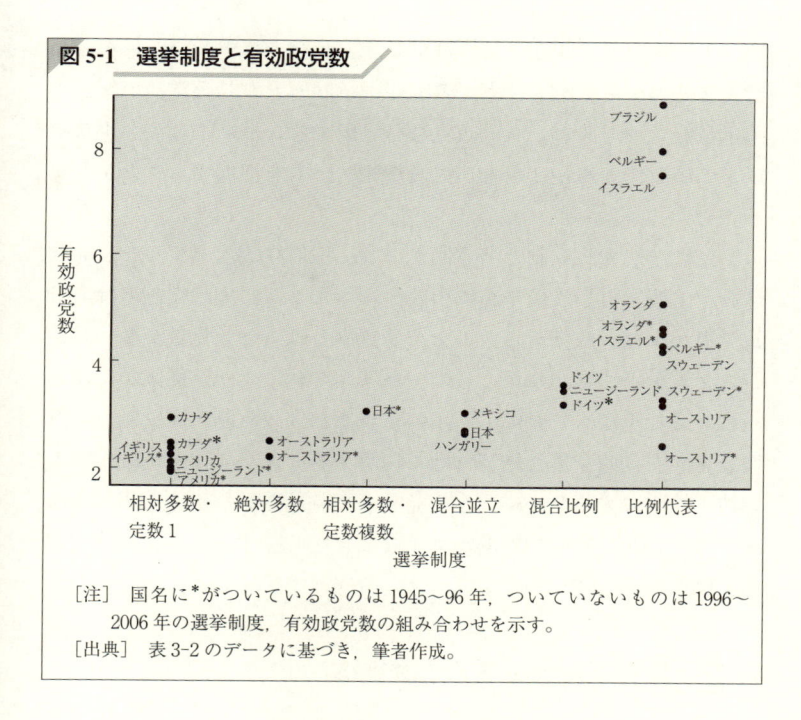

[注] 国名に*がついているものは 1945～96 年，ついていないものは 1996～2006 年の選挙制度，有効政党数の組み合わせを示す。
[出典] 表 3-2 のデータに基づき，筆者作成。

数 N は，以下のように，各政党の議席率（あるいは選挙における得票率，数式では政党 i についての議席率ないし得票率を p_i と表記）を 2 乗し，それを足し合わせたものを分母とすることで算出される（Laakso and Taagepera, 1979）。

$$N = \frac{1}{\sum_{i=1}^{n} p_i^2}$$

この式は二つのことを意味している。まず，有効政党数は議席（あるいは選挙での得票）をもつ政党が増えるほど大きくなる。他方で，政党の数は同じでもそれらの勢力の差が大きいほど，有効政党

数は小さくなる。図5-1は，選挙制度と政党システムの関係を示した表3-2のデータをもとに，各国の選挙制度と有効政党数の関係を図示したものである。有効政党数を算出することによって，小数点以下の値を伴う連続変数として政党システムを把握することができる。

　第二に，二大政党制と多党制という二項対立的なモデルを，方向性を示す概念として緩やかに用いる。つまり，二大政党制とは有効政党数が少ない政党システムを，多党制とは有効政党数が多い政党システムを指すと読み替えるのである。これにより，従来から用いられ，また現在も一般に広く用いられる二大政党制と多党制という概念を，有効政党数と結び付けて理解することができる。以下でも叙述を簡明にするために二大政党制と多党制という用語を用いるが，それは有効政党数の相対的な大小のことを意味することに注意してほしい。

2　政党システムと政治的帰結

政治的安定性　　特定の政党システムが政治的安定をもたらすことは，これまで多くの政治学者が主張してきた。伝統的な政治学の議論では，二大政党制の下での単独内閣による政治的安定という組み合わせが，多党制の下での連立内閣による政治的不安定という組み合わせと対比され，前者の優越が指摘されてきたのである。これに対して，逆に多党制を擁護する議論も登場し，徐々に有力な仮説となっている。たとえばレイプハルトは，二大政党制優越の図式が，アメリカ，イギリスの成功とフランス，イタリア，ドイツの失敗というように，きわめて少数の大国の

事例に限定された議論であったと指摘した (Lijphart, 1984)。そして，比較対象を他の地域に広げると異なる様相を見出すことができるという。たとえば北欧・中欧には，多党制の下での連立内閣で安定的な民主主義を長期にわたって維持している諸国が存在する。他方，アジアやアフリカには二大政党制と単独政権の組み合わせで民主主義体制が崩壊する事例が見られるのである。

では実際には，政党システムと政治的安定性にはどのような関係があるのだろうか。この問題を考えるうえでは，政治的安定性をどのようにとらえるかが重要になる。二大政党制擁護論において注目されたのは，執政すなわち内閣の安定性であった。議会で単独過半数を維持する与党によって支えられると，首相は安定的に内閣を組織し，国政をリードすることができる。他方，多党制における内閣は不安定なものとされた。連立政権の場合には，連立与党間での対立が生じ，分裂にいたる可能性をつねに孕んでいるというのである。

このように，政治的安定性を内閣や政権の安定性ととらえた場合には，二大政党制擁護論者の主張は各国の比較データからも支持されているように思われる。政治の安定性を内閣の寿命（持続性）としてとらえた場合には，政党システムあるいは政権構成（連立政権）との間に一定の相関関係を見出すことができる。図5-2は，有効政党数と内閣の平均寿命との関係を示したものである。有効政党数が少ないほど内閣が安定的に維持される傾向を見てとることができるだろう。

多党制を擁護する論者も，このような二大政党制と内閣の寿命の相関関係を認める。しかし彼らは，従来の二大政党制擁護論が少数の事例のみに依拠して，内閣形成の混乱を民主主義体制自体の危機と直結させてきたことに疑念を呈する。内閣の安定性と民主主義体制の安定性はレベルの異なる問題であり，二大政党制のように勝者

図 5-2 有効政党数と内閣の平均寿命

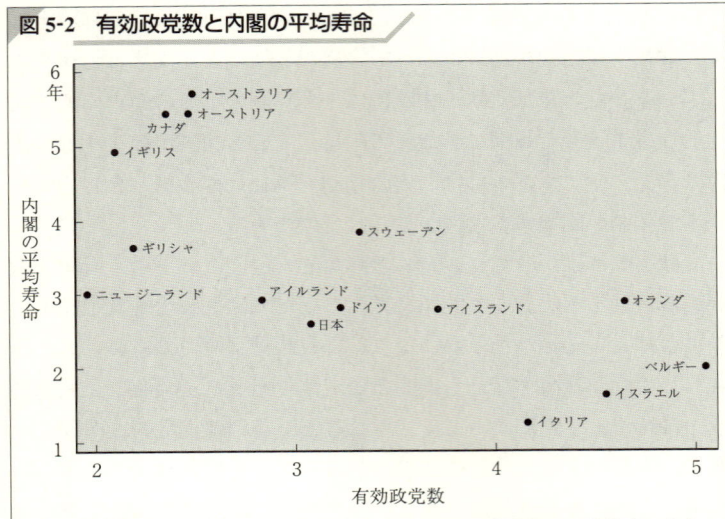

[注] 縦軸の内閣の寿命は，レイプハルトにならい，①内閣の政党構成の変化，首相の交代，選挙，内閣類型の変化（多数内閣，少数内閣など）という四つの基準で導かれた値と，②ドッド（Dodd, 1976）による内閣の政党構成の変化のみを基準とする値をそれぞれ算出し，その平均値をとったものである。

[出典] 有効政党数については，Lijphart（1999）より，内閣の存続期間に関しては，Lijphart（1999），Siaroff（2003）のデータに基づき，筆者作成。

総取り的な政治は，少数派を反体制勢力化してしまうことで，むしろ民主主義体制それ自体を不安定にする。彼らは二大政党制でありつつ内戦の危機にさらされてきた北アイルランドの例などを引きつつ，分断化している社会においては少数派を議会に代表させる多党制の方が体制全体を安定させる，と主張したのである。確かに，多国間比較による分析からは，政党システムと体制安定性との相関関係は見出されていない。

　もっとも，多党制を擁護する議論もこの点についてはそれほど強い証拠があるわけではない。民主主義体制の持続要因を計量的手法

によって分析したプシェボウスキらの研究によれば，一つの政党が下院で大きな議席占有率（3分の2以上）をもっている場合に民主主義体制は崩壊しやすい。他方，首相など執政長官が適度（5年に1度ほど）に交代すると安定的，頻繁（2年に1度以上）だと逆に不安定になるという（Przeworski, Alvarez, Cheibub, and Limongi, 2000）。この分析結果は多党制を支持するとも思われるが，連立政権との関係は微妙であり，なお従来の二大政党制擁護論を完全に掘り崩したとまではいえないだろう。

リーダーシップか代表性か

　二大政党制擁護論が指摘した執政（内閣）の安定性は，強いリーダーシップを意味するものでもあった。単独与党が政権を構成する場合には内閣は安定的であり，自らが望む政策を実行することができる。また，このように内閣の強いリーダーシップが指摘される場合には，単に連立か単独かという政権構成の問題だけでなく，二大政党制がもたらす選挙の性格が強調される。すなわち二大政党制においては，それぞれの政党が選挙において国民に明確な政策の選択肢を提示し，国民はそこから一つの答えを選択する。そこにはよりはっきりとした信託関係が存在するのであり，与党は国民の委任に基づいてより強力なリーダーシップを発揮できる。

　これに対して，多党制と連立政権の組み合わせの場合には，そうした明確な委任は働きにくい。複数の政党が競い合う多党制の選挙においては，各党はそれぞれに異なる政策を掲げて争い，事後に連立政権を形成する過程でさまざまな妥協を行うことになる。このため，国民は選挙において具体的な政権構成や政策内容を選択することが難しくなる。明確な選択は，事後的には説明責任（アカウンタビリティ）の問題でもあるだろう。二大政党制においては，政策決定の責任の所在がより明確なのであり，アカウンタビリティが確保

されやすい制度形態だということができる。

これに対して多党制擁護論は、次のような反論を提示している。第一に、二大政党制擁護論がいう明確な選択は、争点が一つの場合には成り立つであろうが、複数の争点が存在する場合には不可能である。第二に、責任の明確さは、二大政党制によって自動的にもたらされるわけではない。大統領制あるいは二院制における分割政府の可能性は否定できず、また単独政権の場合にも、党執行部の指導力が弱い分権的な政党が政権を握っているのであれば、責任の所在は不明確になる。第三に、多党制下の連立政権であっても、選挙に際して事前に連立政権与党の組み合わせを有権者に提示することにより、国民による政権選択を可能にしている国も見られる。

二大政党制擁護論と多党制擁護論のどちらの主張も、実証分析によってどちらかが否定されるほど十分な証拠が示されているわけではない。総じていえるのは、リーダーシップと代表性の間にはトレード・オフの関係（負の相関）が見られやすいということである。たとえば、二大政党制は確かにリーダーシップの強い、責任の明確な執政をもたらすかもしれないが、多党制であれば実現可能であるような、より多様な民意を反映するという代表性を犠牲にする可能性は高くなるということになるだろう。

政策の収斂と一貫性

政党システムがいかなる政策的帰結をもたらすのかについては、これまでさまざまな形で議論されてきた。古典的見解としての地位を占めているのは、ダウンズの中位投票者モデルである（Downs, 1957）。このモデルによれば、仮に政党が二つしかなく、政策対立軸が一つだけ存在し、そこに有権者の政策上の立場（選好）が単峰性の分布をしているような状況があり、かつ有権者が自分の政策選好と最も近い政党をつねに支持して棄権しないと仮定するならば、両政党の最適な政策対

立軸上の位置は，有権者の中の中位投票者（median voter）の政策選好に重なるはずだと予測される。中位投票者の政策選好に自党の政策位置をとれば，相手政党の位置取りにかかわりなく，その政党は過半数の有権者にとって相対的により近い政党となる。この点は相手政党にとっても同様なので，結局のところ二つの政党が共に同じ政策位置をとることになる。つまり，二大政党の政策の収斂というのが，ダウンズのモデルから導かれる予測である。

　二大政党の政策が全く同じになるという予想は極端であるにせよ，二大政党が政党の政策を政策軸の中央へ収斂させ，政策の穏健化をもたらすことはありうる。実際にも，たとえばアメリカの二大政党は，大統領選挙の際に中道的な政策を唱える傾向が強いと指摘されてきた。さらに有権者の正規分布を前提とすれば，メディアン（中央値，中位値）は同時にモード（最頻値，mode）でも，ミーン（平均値，mean）でもあるので，中位投票者からの支持獲得をめざす二大政党による政治は，どちらの政党が勝者になろうとも，有権者を代表するある意味での民意を反映しているということができる。政策の収斂，穏健化の予想は，こうして規範的にも一定の正当化を受けることになる。

　政党システムから導かれるものとして論じられてきた政策的帰結の第二は，政策の（非）一貫性である。二大政党制が単独過半数与党の存在を通じて執政の安定性をもたらし，強いリーダーシップをもたらすと考えられてきたことはすでに述べたが，こうしたシステムの下で政権交代が生じた場合には，政策の大きな変化，揺れという帰結が導かれることになる。与党と野党が丸ごと入れ替わるのが二大政党制的な政権交代であるために，そこから導かれる政策的結果も大きく異なったものになる。時系列でとらえれば，そこには政策の不安定性，非一貫性が生じることになるのである。たとえばイ

ギリスにおいては，労働党と保守党が政権交代する中で政策転換が繰り返された。こうした政策の非一貫性は，イギリス経済の停滞を導いた一因ともいわれてきたのである。

他方，多党制からは政策の安定性ないし一貫性が導かれる。多党制においては連立の組み替えが頻繁に発生し，その意味では，執政は不安定になりやすい。しかしこうした政権交代は，いわば連立を構成する政党を部分的に入れ替えるマイナーチェンジであることが多い。多党制をもたらす，議席決定方式において比例性の高い選挙制度の下では，各党の勢力バランスが劇的に変化することは概して珍しい事態だからである。与党各党の政策指向の折衷として導かれる連立与党の政策選択は，微修正を繰り返しつつも，大きくは変化しないものと考えられる。

ただここで一つ注意すべき問題は，ダウンズ・モデルに依拠した二大政党制の穏健化と，政策の非一貫性あるいは明確な選択肢の提示という特徴とは，矛盾する可能性があることである。すなわち穏健化の予想が正しく，二大政党の政策が収斂するのであれば，そこからは政策の変化も明確な選択肢の提示も導かれないはずである。穏健化についても，また政策の一貫性についても，それぞれの政党システムを擁護する立場からさまざまな議論が展開されてきたが，いずれの予想がより適切なのか，両者が矛盾するのか，といった点は必ずしも十分に検証されてきたわけではない。

具体的な政策選択　政党システムと政策的結果の関係について，最後に紹介したいのは，具体的な政策内容と結び付けた議論である。これまで検討してきた穏健化や安定性は，政策の特徴を示すものではあっても，具体的な政策内容を指すものではない。むしろ具体的な政策内容に言及しないところに，政党システムと政策的帰結に関する議論の特徴があるというべきであろう。

政党システムとは複数の政党の競争と協調を規定する構造であり，それだけからは具体的な政策内容を導くことは難しい。具体的にもたらされる政策内容は，どのような政策指向をもつ政党が政権を獲得するのかによって決まる。それは究極には制度の問題ではなく，国民の考え方や選択に依存するものだからである。

ただこのような研究動向の中で，いくつかの例外的な比較実証研究が存在することも確かである。たとえばレイプハルトは，多党制を一つの構成要素とするコンセンサス型民主主義の特徴として，コンセンサス型の国々の方が多数決型諸国よりも，より福祉国家的であり，環境保護的であり，犯罪処罰が緩く，対外援助が多い傾向をもつと主張する (Lijphart, 1999)。こうした特徴は，コンセンサス型（多党制）が少数派により寛容な民主主義体制だという特徴から導かれる具体的な政策帰結だ，というのである。

アレシナらは，政党システムと財政政策に一定の関係を見出す。すなわち多党制の国々の方が，財政支出と財政赤字のそれぞれについて，二大政党制の国々よりもより大きいと主張するのである (Alesina and Perotti, 1995)。またボーンとローゼンブルースは，政党システムよりも連立政権を構成する政党の数が，公共投資の大きさをより強く規定すると指摘し，アレシナらの議論の修正を試みている (Bawn and Rosenbluth, 2006)。いずれの議論も，多党制あるいは連立政権が，より多くの政党やそれらの支持団体の意見を調整する必要があるために，より多くの財政支出を必要とするという論理を展開している。

なお，政党システムとさまざまな政治的帰結をめぐる議論は，比較政治学においては，主に議院内閣制を中心に展開されてきた。第4章で見たように，議院内閣制においては執政が議会多数派によって構成されるため，執政のあり方は政党システムの特徴に強く規定

される。これに対して大統領制においては、執政は議会とは別に成立するのであり、議会や政党のあり方は重要だが直接的な関係ではない。大統領制において政党システムがどのような政治的帰結をもたらすのかについては、今後研究が進められるべき課題として残されている。

3 政党組織論

政党組織の比較基準　政党制度のもう一つの要素である政党組織を比較する際には、本書では二つの要素に注目する。第一が「集権─分権」の基準である。政党がその意思決定を行う際に、執行部が主導権をもつのか、あるいは個々の構成員が強い影響力をもつのかという軸である。また第二に、その成員構成の問題として「議員（議会内政党）中心─党員・活動家（議会外政党）中心」という軸を設定することができよう。政党が議会での多数派形成をめざして活動する場合にも、さまざまな人々がその組織を支えるうえで必要となるのであり、政党組織の構成要素としては、議員や議会指導者などの議会内政党以外に、一般党員（地方組織）や活動家（党本部職員）といった議会外政党の存在が重要となる。

　政党は、議会政治の発展とともに歴史的にもその形を変えてきたといわれる。まず最も古いタイプの政党として類型化されるのが、「幹部政党」あるいは「名望家政党」と呼ばれてきたものである。このような伝統的な政党組織は、本章の二つの基準に照らせば、分権的で議員中心的な特徴をもつものと整理できる。19世紀における制限選挙の下では、各地域社会における名望家（地主や資産家）が議員として選ばれたが、幹部政党とは基本的に、彼らが議会内に

形成した組織を指していた。幹部政党においては、個々の議員は自律的であり、意思決定は分権的なものとなる。議員の影響力基盤はあくまでもそれぞれが地域社会にもつ個人的資源なのであり、議会内政党指導者の統制に服する必要がなかったからである。

「大衆（組織）政党」は、20世紀に入り、資本主義の発展、大衆社会化、選挙権の拡大にともなって登場した。大衆組織政党は、幹部政党とは逆に、集権的で党員・活動家中心のパターンをとる政党組織として位置づけられる。大衆政党は議員を中心に構成される議会内政党以外に強固で大きな議会外組織をもつが、そこでは常勤職員である政党活動家を中心に選挙や政策案の作成などが行われ、政党の諸活動を仕切ることになる。つまり大衆政党においては、議員や議会内指導者は、しばしば議会外の中央組織（党本部）が作成する選挙戦略や政策案に従う忠実な代理人として行動する。このような政党組織の下では、議員であることは単に政党内の活動家としてのキャリアの一部に位置づけられることも多い。

各国の主要政党は、その誕生の歴史的経緯によって幹部政党、大衆政党というそれぞれの組織パターンを備えることになった。たとえば19世紀にその起源をもつヨーロッパの右派政党（保守党、自由党などと呼ばれる諸政党）は、分権的かつ議員中心的な特徴をもち、20世紀に生まれたヨーロッパの左派政党（共産党、労働党、社会民主党など）は、集権的かつ党員・活動家中心的な傾向をもつことが多い。ただし、右派政党も左派政党との競争の過程で、選挙の際に強力な集票装置となる一般党員や活動家を集め、議会外組織を整備して、大衆政党化しようとしてきた。たとえばイギリスの保守党などは、比較的大きな院外組織をもち、集権的な組織機構を備えてきた（森本, 2005）。他方で、左派政党の中にも、フランス社会党やイタリア社会党のように集権性が弱い政党も存在する。

このように、集権一分権の軸と構成員の軸は、歴史的には特定の結び付きを見せることが多かったものの、それ以外の形態もしばしば見られる。その意味で、二つの軸は独立した要素なのである (Panebianco, 1982)。

現代の政党組織

より最近の動向としては、先進民主主義諸国の諸党に共通する現象として、大衆政党の衰退、議会外政党の影響力低下が指摘されている。表5-1は、日本とヨーロッパの各国について、主要な政党に所属する党員の数が全有権者人口に占める比率（M/E値）を示したものである。党員の定義は国ごと、また政党ごとに異なっており、客観的な測定は難しい。しかしその点に留意しつつも、M/E値から判断するかぎりは、第一に主要政党における議会外政党の重要度には国ごとに相当の違いがあること、第二に時系列の変化として、各国にほぼ共通した議会外政党の役割低下が見られることなどを読み取ることができるだろう。日本については、まずかなりM/E値の小さい国であることがわかる。さらに興味深いのは、表5-2にも示されているように、各政党の党員数のレベルが大きくばらついていることである。とくに野党第一党たる民主党やかつての社会党の党員数は著しく少ないものであり、全体として日本のM/E値は、公明党や共産党といった中小組織政党の党員数に支えられたものであることがわかる。

M/E値の低下、すなわち各国におおむね共通する現象としての議会外政党の衰退については、次のような要因が指摘されることが多い。すなわち第一に、大衆社会の進展とそれにともなう社会の多様化は、議会内政党と議会外政党を特定の利益（政策）で強く結び付けることを困難にした。すなわち議会内政党は、多様化した社会で選挙を勝ち抜くために、その政策的主張を特定のグループに対する政策から、さまざまな人々に訴える「包括的」なものへとシフト

表 5-1　主要国における党員数の対人口比

	1980年	1990年	2000年	1980年から2000年の平均	1980年から2000年への増減
オーストリア	28.48	23.71	17.66	23.28	−10.82
フィンランド	15.74	13.52	9.65	12.97	−6.09
ノルウェー	15.35	13.13	7.31	11.93	−8.04
スイス	10.66	7.98	6.38	8.34	−4.28
ベルギー	8.97	9.15	6.55	8.22	−2.42
イタリア	9.66	9.10	4.05	7.60	−5.61
スウェーデン	8.41	8.00	5.54	7.32	−2.87
デンマーク	7.30	5.88	5.14	6.11	−2.16
チェコ	—	7.04	3.94	5.49	−3.10
ギリシャ	3.19	6.33	6.77	5.43	3.58
ポルトガル	4.28	5.08	3.99	4.45	−0.29
アイルランド	5.00	4.86	3.14	4.33	−1.86
ドイツ	4.52	3.89	2.93	3.78	−1.59
スロヴァキア	—	3.29	4.11	3.70	0.82
オランダ	4.29	3.19	2.51	3.33	−1.78
フランス	5.05	2.98	1.57	3.20	−3.48
イギリス	4.12	2.63	1.92	2.89	−2.20
日　本	2.63	3.39	2.34	2.79	−0.29
スペイン	1.20	2.07	3.42	2.23	2.22
ハンガリー	—	2.11	2.15	2.13	0.04

［注］　単位は％。党員数は，各国の主要政党について各政党が公表する党員数の合計である。各年に最も近い時期で取得できたデータに基づいている。たとえば，日本のデータ年次は，1980年，1990年，2004年である。

［出典］　日本以外については，Mair and van Biezen (2001)，日本については，大原社会問題研究所編『日本労働年鑑』（各年版），自由民主党編『自由民主党50年史』，「内閣府男女共同参画室ホームページ」に基づき，筆者作成。

させることになったというのである (Kirchheimer, 1966)。第二に，マスメディアの発達によって，議会内指導者は院外組織の動員力に依存することなく，有権者に対してより直接に政策的主張を訴えか

表 5-2　主要政党の党員数と得票数

		1980年	1990年	2000年
自民党	得票	2,826	3,031	3,251
	党員	142.3	220	153.4
	得票／党員	**19.9**	**13.8**	**21.2**
社会党／社民党	得票	1,140	1,602	371
	党員	5.2	7.9	3
	得票／党員	**219.2**	**202.8**	**123.7**
公明党	得票	532	524	898
	党員	16.7	21.3	40
	得票／党員	**31.9**	**24.6**	**22.5**
共産党	得票	580	522	493
	党員	44.0	46.4	40.3
	得票／党員	**13.2**	**11.3**	**12.2**
民社党／民主党	得票	389	317	2,480
	党員	4.7	10.8	3.2
	得票／党員	**82.8**	**29.4**	**775.0**
イギリス・保守党	得票	1,301	1,409	835
	党員	120	75	35
	得票／党員	**10.8**	**18.8**	**23.9**
イギリス・労働党	得票	845	1,156	1,072
	党員	34.8	29.3	38.5
	得票／党員	**24.3**	**39.5**	**27.8**
ドイツ・キリスト教民主同盟（CDU）	得票	1,298	1,705	1,416
	党員	69.3	66.2	63
	得票／党員	**18.7**	**25.8**	**22.5**
ドイツ・社会民主党（SPD）	得票	1,626	1,554	1,848
	党員	98.6	92.1	75.5
	得票／党員	**16.5**	**16.9**	**24.5**

［注］　得票の単位は万票，党員の単位は万人。
［出典］　表5-1と同じ資料より，筆者作成。

けることが可能になった。第三に，政党に対する国庫助成が多くの国々で制度化されたが，政党助成はほとんどの国において議会内政

党に対して交付されることになったために、議会内政党は財政面でも議会外政党から自立することになった（Katz and Mair, 2002）。

集権性と政党規律　大衆組織政党の衰退は、現代の政党組織を再び議員中心にしている。しかしそれは、個々の議員が自律的で執行部権力が弱い、かつての幹部政党への回帰を意味するものではない。先に述べた、議会外政党の衰退をもたらしたとされる要因は、議会内において末端議員をコントロールするための執行部の資源をしばしば同時に強化した。マスメディアでより多く取り上げられるのは党首をはじめとする政党指導者であり、政党助成金の受け手は多くの場合、議会内政党の執行部であったからである。

こうした議会内政党における集権性は、政治学ではこれまで政党規律（party discipline）という言葉で呼ばれてきた。しかし政党規律という概念は、その高い普及度にもかかわらず、十分に明確ではなかったように思われる。政党規律は多くの場合、党内で意見集約が行われ、議会での投票に際して党所属議員が一致した行動をとることと同一視され、議会内の一致度によって測定されてきた。だが、そもそも党内での意見集約にはさまざまな方法がある。意見集約は、党執行部からのトップダウンによる強制によっても、一般議員からのボトムアップによる調整によっても、あるいはもともと党内に異論がないという凝集性（選好の一致，cohesion）の高さによっても実現可能なのである。要するに、政党規律という言葉はもともと集権性や強制を意味する言葉であるはずなのだが、一致度、分権的調整、凝集性など、意味内容の大きく異なる概念と入り交じってしまったのである。

以下の本書では、このような問題を避けるために政党規律という概念を用いず、党内での意見集約に際しては、執行部からのトップ

3 政党組織論

ダウンを集権，一般議員や党員からのボトムアップを分権ないし調整，選好の一致を凝集性と呼び分ける。また，それらいずれかの帰結としての政党による議会内でのまとまった行動は，一致度 (unity) ないし一体性と呼ぶことにしたい (Bowler, Farrell, and Katz, 1999)。

政党規律という概念の混乱にも表れているように，各国の主要政党について，その集権性を客観的に比較可能な形で把握することは非常に難しい。あえていえば，議会内政党における集権性の度合いは，末端議員が追求する再選や昇進に政党執行部がどの程度影響を及ぼしているかによって，かなりの程度まで規定されると考えられる。そのため，執行部の影響力資源から集権性をある程度推定することはできるだろう。具体的には，選挙での立候補（公認権），ポスト（人事権），選挙資金の配分などについて，執行部がどの程度までコントロールしているか，である。

さらに，選挙制度と執政制度は，再選をめざす議員がどの程度「政党名」と「政党指導者」に依存した選挙戦を展開することになるかを規定する。第3章で見たように，拘束名簿式比例代表制や議院内閣制を伴う小選挙区制の場合には，有権者は政党を基準に投票先を選択するのであり，議員は政党に依存する。他方，大統領制における小選挙区制，非拘束名簿式比例代表制や中選挙区制の場合には，有権者は個々の候補者を基準として投票先を選択する可能性が高く，政党への依存はより低いものとなるだろう。選挙戦における政党依存は，当然その後の議員の行動を縛ることになる。政党依存の高い選挙制度の下では，次の選挙での再選を考える議員は，政党執行部に従順にならざるをえないのである。

このように選挙制度を中心として，公認権の所在や政治資金の流れ（政党助成制度）などが政党執行部の資源状況を規定するのであ

り、政党組織の集権性はかなりの程度まで、それぞれの政党ごとというよりも、国ごとの特徴を示すものとなる。

4 政党組織と政治的帰結

集権―分権と政策　政党組織の集権性の程度は、執政リーダーシップの強さに影響を与える。議院内閣制の下で政党組織が集権的であれば、首相は自らを中心にトップダウンで決定した政策に、与党議員の支持を調達して議会で決定することができる。他方で与党が分権的であり、執行部の意向にそれぞれの議員が従わないような政党である場合には、首相のリーダーシップは弱いものとなる。第4章で検討したように、議院内閣制は執政府と立法府とを融合する執政制度であるために、そこでの執政リーダーシップは、多数派の性格（単独政権か連立政権か、与党が集権的か分権的か）を直接反映したものになる。大統領制においては執政府が立法府から分離されているために、議院内閣制ほど直接的な影響を与えるものではないが、大統領与党の集権度はやはり大統領のリーダーシップに一定の影響を及ぼすことになる。

こうした執政の強さは、社会経済状況や国際環境の変化に対応した改革、迅速な政策決定を可能にするだろう。また、拘束名簿式比例代表制、あるいは議院内閣制における小選挙区制といった選挙制度がもたらす集権的な政党組織の下で、政党本位の政治が展開する場合には、有権者の利益は政党相互間の対立軸として表出されやすい。具体的には、「資本―労働」「宗教」「外交」「民族」などの社会的亀裂（クリーヴィッジ）を各政党が代表し、大きい政府か小さい政府か、護憲か改憲か、といったマクロな政策争点が政治的争点とし

て顕在化する傾向が強まる。

　他方，非拘束名簿式比例代表制，中選挙区制，大統領制における小選挙区制などといった選挙制度がもたらす分権的な政党組織の下では，個々の議員が個別に政策活動を行うことで有権者の個人的な支持を集めようとするために，先の場合とは異なった利益が代表されがちになる。具体的には，まず大統領制を伴う小選挙区制の場合には，議員は選挙区の唯一の代表としてふるまうことになる。アメリカに典型的なように，公共事業など，その地域に限定された利益配分型の政策を行うことが考えられる。議員の出身選挙区が企業城下町などで，何らかの特殊な利害関心をもっている場合には，それに沿って特定企業を擁護するような行動も多くなる。

　他方，中選挙区制や非拘束名簿式比例代表制の場合には，いくつかの異なる政策活動による個人投票獲得戦略が可能になる。これらの選挙制度では，小選挙区制の場合と異なり，候補者は同一政党のライバル候補との競争にさらされる。このような場合に，各候補者は選挙区内に一定の「縄張り」を形成し，それを相互に尊重して棲み分けを行うことができれば，個人投票を効率的に集めることが可能になる。

　たとえば中選挙区制や非拘束名簿式比例代表制の選挙区は，小選挙区制の選挙区よりも地理的に広い場合が多いが，同僚のライバル候補が選挙区をそれぞれの「地盤（地理的な縄張り）」に分割し，互いにそれを尊重した場合には，小選挙区制に近い状況が現れることになる。候補者は選挙区内の地盤に公共事業などの政策サービスを展開し，その地域から集中的に票を獲得するのである。このような議員相互間の協調的な棲み分けを「票割り」と呼ぶことができるが，票割りの戦略はこれにとどまらない。中選挙区制や非拘束名簿式比例代表制の場合には，小選挙区制の場合とは異なって，選挙区を

「政策領域（政策的な縄張り）」ごとに分割することも可能となるからである（建林，2004）。

財政赤字と腐敗　こうした選挙での集票をめざした議員，政党の政策活動は，国レベルに集積されることによって，特定の政策的帰結を導くものと論じられてきた。

とくに，中選挙区制や非拘束名簿式比例代表制がもたらす個人本位の政治，分権的な政党組織は，経済的に非効率な政策結果をもたらすとして，批判的評価を受けることが多かった。たとえば，中選挙区制や非拘束名簿式比例代表制で，政党組織が分権的な場合を考えてみよう。ここで議員が地盤を重視し，利益配分による個人投票獲得をめざした場合には，全国的には公共事業支出額を増大させてしまうことになるだろう。他方，議員が専門家として取り組む政策分野とそれに付随する支持団体によって，選挙区を同じくする他の同僚議員との差別化を図ろうとする場合には，全体としては総花的な産業保護と過剰な規制をもたらすことになるだろう。

個人投票誘因を経由した選挙制度の政治的帰結としては，これ以外にも金のかかる政治（政治資金の多さ）や政治腐敗（汚職）が注目されてきた。議員がさまざまな政策を通じて，選挙区や団体からの個人的な支持を獲得するためにサービス合戦を展開する選挙制度の下では，議員は大量の政治資金を必要とし，またその過程で政治腐敗も進行するという仮説が提起されてきた。中選挙区制の日本や非拘束名簿式比例代表制のイタリアにおける頻繁な政治腐敗スキャンダルが，そのような事例として引用されてきた。たとえば，イタリアについてはチャンが，国内の選挙違反訴追件数を従属変数として，議員の接戦度との因果関係を検証した結果，選挙で脆弱であった議員ほど，腐敗する傾向が強いことを見出した（Chang, 2005）。

ただ選挙制度と政治腐敗の関係に関しては，これとは真っ向から

対立する議論を展開する論者もいる。ペアションとタベリニは，個人を選ぶ選挙制度は議員個々の責任追及を可能にするので腐敗の少ない政治をもたらすが，個人ではなく政党を選ぶ選挙制度は議員個人の責任追及が不可能になるために，政治腐敗をより進行させるという。すなわち，さまざまな変数を統制した場合には，小選挙区制や非拘束名簿式比例代表制が，拘束名簿式比例代表制よりも腐敗の少ない政治をもたらしていると主張するのである（Persson and Tabellini, 2003）。興味深い分析ではあるが，彼らの研究の場合に問題となるのはその従属変数である。すなわち彼らは，専門家へのサーベイ調査（体系的に設計されたアンケート調査）を用いて作られたいくつかの「腐敗度」変数を用いているのだが，こうした主観的な腐敗度評価変数が，本当に各国の実態を反映しているのかどうかについては疑問があるといわざるをえない（Treisman, 2000）。

5　日本の政党制度

政党システム

ここまで述べてきた政党制度に関する理論的把握から，日本の政党制度についてはどのように考えることができるだろうか。政党システムと政党組織の両面について，第二次世界大戦後に限定しながら議論してみよう。

日本の政党システムについては，サルトーリの一党優位政党制概念が提示されて以降，自民党を優越政党とする一党優位政党制として理解することが通例となってきた。1955（昭和30）年の保守合同後，自民党は競争的な選挙により連続して下院である衆議院で第一党の地位を占め続け，1993（平成5）年から94年にかけてのわずかな期間を除き政権与党でもあり続けている。とくに1955年から93

年まではほぼ一貫して単独政権を樹立しており，世界的に見てもスウェーデンの社会民主党などと並ぶ代表的な優越政党だと考えられてきた。

しかし本書は，一党優位制という政党システムのモデルが客観的な測定の問題を十分に解決し切れないゆえに，比較政治学のモデルとして有効なものではなかったと見ている。一党優位制は，日本やスウェーデンといった国々の統治の特徴を個別に記述するうえでは有効なモデルであったといえようが (Pempel, 1990)，二大政党制や多党制という他の政党システムのモデル，あるいはそうした政党システムをもつ他の国々との対比が十分に明確ではなく，比較モデルとしては有効でないというべきであろう。

本書では，1993年までの日本の政党システムは，その有効政党数が自民党結党後も2.5から3ポイント台であったことに示されるように，中選挙区制という相対的に比例性が高い選挙制度の帰結としての多党制として理解しうると考える（有効政党数の変動については，第3章の図3-2参照）。そこでは，中小規模の野党が一定程度の議席を確保し続けた。また自民党にはつねに，選挙において同じ選挙区で異なる候補を擁して相互に戦う複数の派閥が存在した。自民党はもともと複数の政党が合併してできあがった政党であり，派閥の源流にはそもそも保守合同以前の政党の違いが存在した。選挙区において各種の票割りは行われたが，それによって自民党候補者相互間の競争がなくなるほどには徹底しておらず，政策領域ごとの票割りのように派閥ごとの政策的差異を強める可能性がある方法も用いられていた。派閥を疑似政党と見た場合には，自民党政権は多党制の下で与党の構成が固定された連立政権と見ることもできよう。

そして，戦後日本の政党システムあるいは自民党政権は，多党制の帰結としての特徴をかなりの程度示してきたのであり，多党制の

枠組みから多くのことが説明可能である。

第一に，自民党政権がもたらした政策の継続性と変化の組み合わせは，多党制の下での連立政権のそれに近い。資本主義体制を維持し，自由経済市場を重視しながら経済発展を目標とするという点では自民党政権は一貫していた。他方で，政権維持はほぼ確実であったにもかかわらず，具体的な政策の微修正をかなり頻繁に行ってきた。たとえば，1970年代には環境政策や福祉政策の拡充を行うなど，社会民主主義的な政策も取り入れてきた。自民党は野党との連立はほとんど行わなかったが，主流派と非主流派の交代など政権の中心となる派閥が入れ替わることなどによって，一定の政策変化を生み出してきたのである。1960（昭和35）年の岸信介から池田勇人への首相交代にともなう安全保障から経済への関心の転換はその典型例だが，場合によっては重要閣僚の交代などによっても政策転換が図られることがあった。

第二に，自民党単独政権期の各内閣は，単独政権であるにもかかわらず，しばしば短命であった。首相が比較的長期に在任する場合にも，閣僚の入れ替えを定期的に行うことがつねであり，二大政党制の下での単独与党，あるいは一党優位政党制モデルが想定する安定的な内閣とはきわめて対照的に，不安定な内閣をその特徴としてきたのである。これは派閥均衡や当選回数主義といった言葉で批判され続けたものであったが，自民党が長期単独政権を維持しながらなお，多数の政党による連立政権の場合と同じように，与党内融和に大きなエネルギーを注がねばならなかったことの表れでもある。

改革の意味

とはいえ，実際の与野党の入れ替わりが生じなかったことは，中選挙区制の下では政権交代が難しいという考えを，多くの有権者に植え付けることになった。1980年代以降，自民党内がいわゆる総主流派化して党内対

立が乏しくなり，疑似連立の組み替えによる政策のマイナーチェンジが抑制され，政策が硬直化したことも影響を与えた可能性がある。ただ，政権交代という問題に焦点を絞るのであれば，理論的には，中選挙区制のまま自民党がいくつかの別々の政党に分裂することによって，多党制の下で連立の組み合わせが流動化する状況への変化もありえた。現実にも，1993（平成5）年の細川護熙政権は，自民党から分裂した一部勢力と野党だった勢力との連立であった。しかし，日本の政党と有権者は，二大政党制の下での単独政権とそれがもたらす政策の大きな変動という，よりドラスティックな変化を求めたように思われる。

　小選挙区比例代表並立制の採用は，政党システムそれ自体を変化させる大きな改革であった。その効果はすでに表れ始めているといえよう。第3章でも見たように，1990年代半ば以降の政党システムの最大の特徴は，二大政党による議席占有率が上昇し，有効政党数が低下傾向を示していることである。とくに第二党が強力になっている。2005年総選挙のように，与党が圧倒的な勝利を収めることがあるのも小選挙区を中心とした選挙制度の特徴だが，より注目すべきは，総選挙での惨敗にもかかわらず第二党の民主党が分裂しなかったことである。中選挙区制時代の社会党であれば，総選挙で議席が減少すれば分裂含みの党内対立が深刻化するのがつねであった。現在の民主党とかつての社会党の違いは，議員や党員の気概の有無などではなく，党を分裂させることがもたらす効果が選挙制度によって全く異なったものになっているところに起因する。

　政策面でも，二大政党制の特徴が表れるようになっている。1990年代の新進党や現在の民主党は，80年代までの社会党に比べると自民党との政策上の距離は近い。このことは，第一党と第二党の政策の収斂ととらえることが可能であろう。しかし，中選挙区制下で

の自民党単独政権を多党制において連立の組み合わせが固定された事例とみなす本書の視点からは，政権交代にともなう政策転換の範囲はむしろ大きくなっていると考えられる。すなわち，現在の民主党に対比されるべきは，かつての社会党ではなく自民党内の非主流ないし反主流のグループの政策なのである。このほか，国会での党首討論の導入，選挙運動へのマニフェスト（政策公約）の導入などの近年の変革も，二大政党間での政権交代が生じることを前提とした選挙制度と整合的であり，全体として日本の統治構造を変容させつつある（飯尾，2007）。

政党組織　日本の政党組織のあり方を考えるうえで注目されるのは，執政制度が議院内閣制であるために国会での投票行動が政党ごとの党議に従って行われてきたこと，およびその党議を形成する過程が選挙制度から生じる政党執行部と末端議員の関係によって大きく変わってきたことである。すなわち，日本の政党は戦後ほぼ一貫して一体性が高かったが，政党組織の集権度のあり方は選挙制度改革を機に大きく変化したと考えられる。

　中選挙区制の下での政党組織は，議会内政党の集権性が著しく低いことが特徴であった。この場合も，社会党や共産党，公明党のように議会外政党ないしは有力な支持母体が存在し，議員に対して事実上外部から統制が加えられているのであれば，党組織の運営は集権的になる。しかし，自民党はもともと戦前の名望家政党の支持基盤を継承しており，議員政党としての性格を強くもっていた。さらに，中選挙区制によって自民党候補者相互間の差異化が図られる必要があり，政治資金に関しても党執行部がコントロールする範囲が小さかったことから，各議員は個人後援会などを組織し，派閥の支援も受けて選挙を戦った。これに関連して，コックスとシースは自

民党議員の計量分析を通じ，選挙区内の同僚自民党議員が多いほど，より多く政治資金を使っていることを示して，中選挙区制と金のかかる選挙との因果関係を見出した (Cox and Thies, 1998)。選挙での当選という最重要目標に党執行部が強く貢献していなかったため，党議の決定にいたる日常の党内政策過程も，政務調査会部会を出発点とするボトムアップによる意思決定が基本となっていた。

　小選挙区比例代表並立制になると，小選挙区においても比例代表においても，党執行部の公認権が大きな意味をもつようになった。小選挙区では公認候補が一人しか立てられず，比例代表は拘束名簿式であるために執行部による順位づけが決定的となるためである。しかも，政治資金規正が強化されつつ政党助成制度が創設されたことによって，議員にとって所属政党からの資金の流れが重要になった。こうして選挙は，個人後援会や派閥に頼るものではなく，所属政党のラベルに依存するものへと変わった。選挙のあり方が変われば，党内の意思決定過程もまた変化する。官邸主導，首相支配といった言い方がなされることが多いが，それはまさに，党首を中心とした執行部権力が強まり，所属議員を上から統制するという集権化が進んだことを意味している（竹中，2006; 清水，2005）。

　自民党の組織運営がボトムアップからトップダウンへと転換したことは，政策にも影響を与えている。中選挙区制下でのボトムアップは，若手議員に活躍の機会を多く与えていたが，それは選挙地盤が相対的に脆弱な議員が政策過程で大きな影響力をもつことにもつながっていた。選挙区内での各種の票割りは，その傾向にさらに拍車をかけたであろう。結果として，自民党はミクロレベルでの利益配分政治に傾斜しがちとなり，1990年代前半のようにマクロな政策転換が必要な局面での躊躇につながった可能性が高い。中選挙区制の下での日本政治を分析した何人かの研究者は，日本の財政赤

字や規制政策を選挙制度に規定された自民党議員の行動原理から説明している (McCubbins and Noble, 1995; McCubbins and Rosenbluth, 1995)。2001 年に発足した小泉政権が，5 年半に及んだ在任期間中に推進した構造改革路線は，政党組織の変化によって可能になったという側面をもつ。ただし，トップダウンの意思決定が主流になるからといって，党執行部がマクロレベルの政策転換につねに関心をもつとはかぎらず，政権交代の可能性や有権者の期待する政策の方向性など，多くの要因の影響を受けることも忘れてはならない。

　総じて，政党システムと政党組織に生じつつある変化は，さまざまな興味深い研究課題を生み出している。たとえば近年の政策転換については，これまでのところ小泉政権での官邸主導などと関連させる形で，政党組織の変化からの説明がなされてきた。他方で，政党システムの変化がいかなる政策的帰結をもたらしているのかは，まだ十分な検討がなされていない。二大政党となった自民党と民主党の政策的立場はいかなるものか，それがいかに実際の政策形成に反映されたのかなどは興味深い問いであろう。政党組織についても，その変化はまだ十分に解き明かされてはいない。たとえば，かつてのボトムアップの政策形成の中心となっていた族議員は，現在どのような活動を見せているのだろうか。本章の提示した視点は，これらの問いに対して一定の予測を与えることができるはずである。

●引用・参考文献●

飯尾潤，2007『日本の統治構造——官僚内閣制から議院内閣制へ』中公新書。
川人貞史・吉野孝・平野浩・加藤淳子，2001『現代の政党と選挙』有斐閣アルマ。

清水真人, 2005『官邸主導——小泉純一郎の革命』日本経済新聞社。
竹中治堅, 2006『首相支配——日本政治の変貌』中公新書。
建林正彦, 2004『議員行動の政治経済学——自民党支配の制度分析』有斐閣。
森本哲郎編, 2005『システムと変動の政治学』八千代出版。

Alesina, Alberto and Roberto Perotti, 1995, "Fiscal Expansions and Adjustments in OECD Countries," *Economic Policy* 21: 207-248.

Bawn, Kathleen and Frances M. Rosenbluth, 2006, "Short versus Long Coalitions: Electoral Accountability and the Size of the Public Sector," *American Journal of Political Science* 50: 251-265.

Blondel, Jean, 1978, *Political Parties: A Genuine Case for Discontent?*, Wildwood House.

Bowler, Shaun, David M. Farrell, and Richard S. Katz, eds., 1999, *Party Discipline and Parliamentary Government*, Ohio State University Press.

Chang, Eric C., 2005, "Electoral Incentives for Political Corruption under Open-List Proportional Representation," *Journal of Politics* 67: 716-730.

Cox, Gary W. and Michael F. Thies, 1998, "The Cost of Intraparty Competiton: The Single, Nontransferable Vote and Money Politics in Japan," *Comparative Political Studies* 31: 267-292.

Dodd, Lawrence C., 1976, *Coalitions in Parliamentary Government*, Princeton University Press. (岡沢憲芙訳『連合政権考証——政党政治の数量分析』政治広報センター, 1977年)

Downs, Anthony, 1957, *An Economic Theory of Democracy*, HarperCollins. (古田精司監訳『民主主義の経済理論』成文堂, 1980年)

Katz, Richard S. and Peter Mair, eds., 1992, *Party Organizations:*

A Data Handbook on Party Organizations in Western Democracies, 1960-1990, Sage.

Katz, Richard S. and Peter Mair, 2002, "The Ascendancy of the Party in Public Office: Party Organizational Change in Twentieth-Century Democracies," in Richard Gunther, José Ramón Montero, and Juan J. Linz, eds., *Political Parties: Old Concepts and New Challenge*, Oxford University Press.

Kirchheimer, Otto, 1966, "The Transformation of Western European Party Systems," in Joseph LaPalombara and Myron Weiner, eds., *Political Parties and Political Development*, Princeton University Press.

Laakso, Markku and Rein Taagepera, 1979, "'Effective' Number of Parties: A Measure with Application to West Europe," *Comparative Political Studies* 12: 3-27.

Lijphart, Arend, 1984, *Democracies: Patterns of Majoritarian and Consensus Government in Twenty-One Countries*, Yale University Press.

Lijphart, Arend, 1999, *Patterns of Democracy: Government Forms and Performance in Thirty-Six Countries*, Yale University Press. (粕谷祐子訳『民主主義対民主主義——多数決型とコンセンサス型の36ヶ国比較研究』勁草書房, 2005年)

Mair, Peter and Ingrid van Biezen, 2001, "Party Membership in Twenty European Democracies, 1980-2000," *Party Politics* 7: 5-21.

McCubbins, Mathew D. and Frances M. Rosenbluth, 1995, "Party Provision for Personal Politics: Dividing the Vote in Japan," in Peter F. Cowhey and Mathew D. McCubbins, eds., *Structure and Policy in Japan and the United States*, Cambridge University Press, 35-55.

McCubbins, Mathew D. and Gregory W. Noble, 1995, "Perceptions and Realities of Japanese Budgeting," in Peter F. Cowhey and Mathew D. McCubbins, eds., *Structure and Policy in Japan and the United States*, Cambridge University Press, 81-115.

Panebianco, Angelo, 1982, *Modelli Di Partito: Organizzazione e Potere Nei Partiti Politici*, Il Mulino. (村上信一郎訳『政党――組織と権力』ミネルヴァ書房, 2005年)

Pempel, T. J., ed., 1990, *Uncommon Democracies: The One-Party Dominant Regimes*, Cornell University Press.

Persson, Torsten and Guido Tabellini, 2003, *The Economic Effects of Constitutions*, MIT Press.

Przeworski, Adam, Michael E. Alvarez, José Antonio Cheibub, and Fernando Limongi, 2000, *Democracy and Development: Political Institutions and Well-Being in the World, 1950-1990*, Cambridge University Press.

Sartori, Giovanni, 1976, *Parties and Party Systems: A Framework for Analysis*, Cambridge University Press. (岡沢憲芙・川野秀之訳『現代政党学――政党システム論の分析枠組み〔新装版〕』早稲田大学出版部, 1992年)

Siaroff, Alan, 2003, "Varieties of Parliamentarianism in the Advanced Industrial Democracies," *International Political Science Review* 24: 445-464.

Treisman, Daniel, 2000, "The Causes of Corruption: A Cross-National Study," *Journal of Public Economics* 76: 399-457.

第6章 議会制度

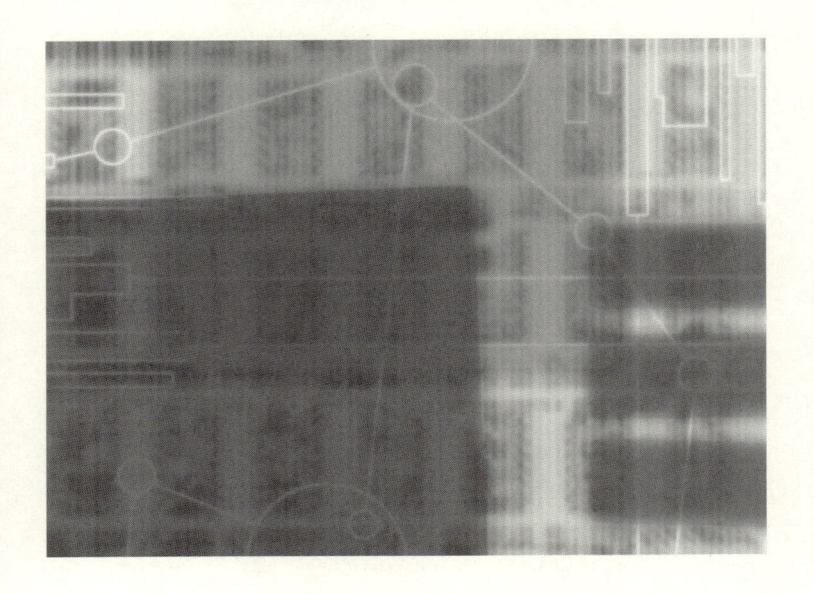

　現代の民主主義体制に求められる効率的な意思決定と，政治社会の少数派を決定過程に包摂するという目標は，しばしば矛盾する。議会は民主主義体制に不可欠の意思決定の場だが，その内部過程は何をもたらし，また何によって定まるのだろうか。現代の議会のあり方は，執政制度や政党制度に影響されているだけではなく，提案権の所在や二院間の権限関係などによっても規定されている。本章では，議会内過程を規定するルールとしての議会制度と，その影響を扱い，日本の国会や地方議会についても検討を加える。

1 議会制度の構成要素

議会の位置づけ　議会とは，主権者からの委任を受けた人々が議員として集まり，政策など政治的判断を必要とする事柄について話し合い，立法という意思決定を行う機関である。主権者が君主であれば議員は任命（勅任）になるであろうし，国民であれば議員は選挙によって決められる（公選）。歴史的には，日本やイギリスでは政府を構成する諸機関の中で議会が最も早く公選となり，君主や勅任の内閣と対峙してきた。アメリカでも，植民地時代にはイギリス国王が任命する総督と，建国後も初期には意図的に間接選挙が採用された大統領と，それぞれ相対しながら議会政治が展開された。

今日の議会はほとんどが公選であり，議院内閣制の下では内閣の形成主体として，大統領制の下では別個の民主主義的正統性をもつ存在として，執政部門との相互作用の中で立法を行う。このことは，議会の基本的性格にとって大きな意味をもっている。すなわち，議会が政府の一部門としてどのような役割を期待されるか，また果たしうるかは，第3章で見た選挙制度と第4章で見た執政制度によって規定される面が大きい。どの程度まで広範な有権者の意思が代表されるか，またどの程度まで執政部門から自律的に意思決定を行いうるかは，議会の活動のあり方とその帰結に強い影響を与えるのである。その意味で議会は，第5章で扱った政党制度と同じく，政策過程において選挙制度や執政制度と政策選択をつなぐ媒介変数としての側面をもつ。

しかし，議会の活動がすべて選挙制度や執政制度によって定まる

とまで考えることはできない。議会はそれ自体が複雑な内部過程（議会内過程）をもち，それを規定するルールをもっているからである。本章では，議会内過程を規定するルールを議会制度としてとらえる。選挙制度や執政制度が同じであっても，議会制度が異なれば，それが政策選択にも影響を与えると考えられる。同時に，議会制度の多くは法律あるいは議会の内部規則などとして，議員や政党によって作られるものである。このような政治アクターの合理的な制度選択という点を重視すれば，選挙制度や執政制度の特徴に適合的な議会制度が採用されるはずだという予測もまた成り立つだろう。

議会制度はどのように分類されるべきなのか，そして議会制度の類型は議会が行う意思決定の特徴にどのように関係するのかを明らかにすることが，以下での課題となる。

効率性と開放性の間で

上に定義したような議会制度について，体系的に論じた研究は意外に少ない。議会に関する研究の多くは，議会と執政との関係，議会内での政党間の関係，あるいは議員個々人の行動を分析するものである。これに対して，議会制度について厳密に定義を与え，その構成要素を明らかにして，政治アクターや政策選択との関係を分析することには，あまり関心が向けられてこなかった。制度論による議会研究も，本書の区分からいえば，多くは議会内過程における政党制度や執政制度の分析である。他方で従来の議会制度研究は，どちらかといえば議事手続きの分類論に近いもので，実務家が主として関心を向けるテーマだったといえよう。

そこで，あらためて原理的に議会について考えることで，その本質をなす要素を析出しておこう。民主主義体制における議会は，一定の時間的制約の中で，民主主義的正統性を確保しつつ，立法という意思決定を行う機関である。議会に与えられた時間に比して必要

とされる法律の数は多く，議会は効率的に政策決定を行わなければならない（効率性）。しかし，政策決定に直接関与させるわけではないにしても，決定までに十分な時間をとって少数派にもそれなりの意思表明の機会を与えるなど，構成員すべてに対して議会内過程をできるだけ開放する考慮がされなければならない（開放性）。それによって議会は，民主主義体制を採用する政治社会，すなわち人々の多様な意見をできるだけ尊重することに価値をおく社会の代表として，その基本的な存在意義を保つことができる。このように，議会は相反する二つの課題を担った機関なのであり，すべての議会は効率性と開放性のいずれを重視するかという選択を行っている。

　議会内過程は，大きく分けると提案，審議，採決という三つの局面からなる。そして議会制度とは，それぞれの局面の流れを規定するルールである。すなわち，限られた時間の中で，だれが，いつ，どのようなタイミングで法案や予算案を提出し，それをどこで，だれのイニシアティブで，どのくらい審議し，さらにはいつ，どのような形で採決し決定するのかに関する取り決めのことである。またこのような議会制度は，議会内過程の三つの局面に対応して，主として提案と審議のあり方を定める「アジェンダ・ルール」と，主として採決のあり方を定める「採決ルール」とに分けて考えることができる。この二つのルールの組み合わせが，各国の議会にそれぞれ多様な特徴を与える。そして，各国の議会において効率性と開放性のいずれが相対的により重視されるのかを決定づけているのである。

アジェンダ・ルール　アジェンダ・ルールとは，議会多数派やそれに支えられた執政が，議案の提出から審議にかけての議会運営の主導権を，どの程度掌握するのかを規定する諸制度を意味している。議会における多数派の主導権は，アジェンダ権力（agenda power）と呼ばれる（Cox and McCubbins, 2005）。

このアジェンダ権力の強さを規定する諸制度がアジェンダ・ルールである。具体的内容としては，法案提出権や修正権，法案の審議順や質問時間配分といった日程設定権などをあげることができる。狭い意味のアジェンダとは議題設定のみを指すが，ここではより広く，議案の提出から審議までの議会運営を主導することの総称としてとらえる。

　法案や予算の提出権が多数派や執政のみに認められている場合には，少数派が成立する可能性のない議案を大量に提出して，議事進行を意図的に遅らせる戦術がとれなくなり，議会運営は効率的になるだろう。また法案や予算の修正権が広く認められていれば，さまざまな視点からの検討を行えるだろうが，個々の修正案を処理せねばならない分だけ審議には時間がかかることになる。法案の処理順や質問時間の配分を含め，こうした議事進行を議会多数派がどの程度まで一方的に決めうるのかという問題が，効率性と開放性のバランスを大きく左右する。少数派に提案権などを優先的に与えることはあまりないが，しばしば議会運営については少数派を含めた全会一致や特別多数が求められる場合があり，それは開放性を高める一方で効率性を低下させることになる。

　審議段階で委員会制が採用されているかどうか，またそれがどのようなしくみになっているのかも，効率性と開放性の間での選択に影響する。委員会は，一方において議会が取り組むべき政策課題を分担して審議を行い，効率性を確保するための存在である。他方で，議会全体（ないしは院全体，本会議）の多数派から見れば，委員会は本会議とは異なった政策選好をもつ可能性がある。このことは，少数派に発言や意思決定への参画の機会を与えると同時に，議会（本会議）多数派にとっての障害ともなりうる。そのため委員会を設置するかどうか，また議案審議に関する権限をどの程度与えるかは，

委員会のメンバー構成をどうするかという主として政党が決定する事項と並んで，議会多数派がどれだけ法案審議を支配できるかを大きく規定する。

　委員会を設置しなければ，議会多数派の選好に反する決定がなされる可能性はそもそも生じないが，限られた時間の中で処理できる法案数には大きな制約要因となる。委員会を設置したうえで，委員会が議会多数派と異なった提案を行えないルールや，委員会が単独では法案を完全に葬り去れないルールにしておくと，多数派にとってはプラスに作用する。他方，議会全体では多数派となりえない勢力を委員会に過大に代表させ，かつ委員会に広範な提案権や原案修正権などを与えれば，少数派を保護する機能をもつことになる。

採決ルール

次に，採決ルールについて検討しよう。すでに述べたように，採決ルールとは議会が決定を行う際のタイミングや方法を規定する制度である。議会内過程において採決は多数派と少数派が最後に対峙する局面であり，民主主義体制の最高意思決定の局面でもある。決定が単純多数で行われるならば多数派の勝利は迅速かつ容易であろうし，採決機会が一度しかないことも同様の効果をもつだろう。しかし，決定を単純多数以外の採決方法で行う場合や，複数回の採決を必要とする場合には，少数派が多数派の意向を阻止できる可能性は高まる。採決に関しては，意思決定の最終段階であるという性質に考慮して，そのタイミングや方法について少数派を完全に無視することがないようなルールが置かれることも多い。

　具体的な採決ルールとしては，二院間の権限関係，定足数，多数決，記録投票に関する規則などをあげることができる（Bergman, Müller, Strøm, and Blomgren, 2003: 113-120）。もちろん，わずか四つで採決ルールが網羅されているわけではないが，これらが各国に

ほぼ共通して存在し,意思決定のあり方に大きな影響を与えることは確かである。採決段階で少数派に有利なしくみがあるほど,議会制度としての効率性は低下しやすくなる。

また,各国比較の対象とする基本要素としては取り上げないが,会期に関するルール(会期制)も,採決ルールの一部として理解できる。会期は,先にアジェンダ・ルールとしてとりあげた日程設定権とも密接に関連するが,それが最も重要な意味をもつのは,採決にいたるまでの残り時間としてであると考えられるからである。会期(任期)が切れれば採決は自動的にできなくなるのであり,少数派は会期切れに持ち込むことで,多数派の提案を事実上否決することが可能となる。

二院間の権限関係とは,第一院(下院)が単独で議会としての意思決定を行いうる程度を規定するルールである。上院の権限が大きい順に,上院が独自の法案提出権をもつか,下院との共同で決定を行うか,単に下院に対する拒否権のみをもつか,あるいは一院制であるかに区分することができる。上院が強い二院制であるほど,少数派は議会の意思決定に実質的に参画する機会を増やすことができ,その影響力を拡大させることができる。すなわち,下院の少数派が上院でより大きな議席率(あるいは上院多数派)を確保していれば,上院の権限を用いることで下院多数派単独での意思決定を防ぐことができる。

定足数は,少数派にとって有利な順に,絶対多数(欠席者を含む議員総数の過半数)を要するか,過半数以下の一定数であればよいか,あるいはルールが存在しないか,という区分になる。少数派による抵抗手段としての欠席戦術の有効性が異なってくるからである。記録投票は,やはり少数派にとって有利な順に,それを採用していないか,採用しているかに二分される。記録投票でない場合には,多

数派からの造反行動が相対的に容易になる分だけ、少数派に好ましい結果になる可能性が高まると考えられる。議会制度研究においては、二院制の意味が比較的多く検討されてきた（たとえば、Tsebelis and Money, 1997; Lijphart, 1999）。しかし、採決ルールとして見た場合にはほかにも多くの要素があり、二院制は代表的なものの一つにすぎないというべきだろう。

二つのルールの相関

アジェンダ・ルールと採決ルールに注目することで、各国の議会において効率性と開放性のいずれが相対的により重視されているのかを理解することができる。アジェンダ・ルールが多数派に有利であり、少数派が採決ルールを盾に議案の審議や採決を抑止できない場合には、議会は全体として立法の効率性を重視していると考えられる。逆に、採決ルールによって少数派保護を重視し、多数派によるアジェンダ権力の行使が文字通り議題設定に限定される場合には、少数派は議案を採決に持ち込ませない、あるいは第二院で巻き返しを図ることなどによって、影響力を拡大することが可能となる。このようなルールの組み合わせならば、議会制度は開放性に重きを置いていると判断されよう。

そこで、アジェンダ・ルールと採決ルールを軸にとって、各国の議会制度を類型化してみよう。アジェンダ・ルールについては、増山がヨーロッパ諸国に日本を加えた、議院内閣制および半大統領制の 19 カ国を対象に、院の多数派がアジェンダ権力を有する程度を指標化しているので、ここではその数値を利用する。具体的には、増山はデーリングによる西ヨーロッパ諸国のアジェンダ・ルール研究を参照しつつ、以下の七つの基準に注目し、各国の議会制度パターンを導いている（Döring, 1995; 増山, 2003b: 61-69）。すなわち、① 本会議における議事運営権が与党によって担われる程度、② 予

算関連法案の提出権を内閣が独占する程度，③委員会審議が本会議による事前決定に拘束される程度，④委員会による法案修正が院全体を拘束する程度，⑤委員会における議事運営に院全体が関与できる程度，⑥院の多数派が議事妨害を排除できる程度，そして⑦法案が継続審議できる程度である。

採決ルールについては，先に述べたバーグマンらの研究をもとに，彼らが対象とするヨーロッパ諸国に日本を加えて，①二院間の権限関係，②定足数，③記録投票採否という三つの要素得点の合成指標を主成分分析という方法で作成した。なお，採決ルールの四つの基本要素のうち，多数決に関するルールをここでの指標作成に用いていないのは，ここで扱う対象国のすべてが法案採決において単純多数方式をとっているためである。

図6-1は，アジェンダ・ルールと採決ルールの双方について得点を算出できた，スイスを除く18カ国の議会制度の位置関係を掲げたものである。この図において，横軸にはアジェンダ・ルールがとられており，その値が大きいほどアジェンダ権力は弱い。縦軸には採決ルールがとられており，その値が大きいほど採決段階における少数派の拒否権が強まることを意味している。

一見して明らかなように，二つのルールの相関は高い。二つのルールは議会内過程の別の局面にかかわるものなので，一方において提案権を多数派に対して全面的に与えて効率性を確保するアジェンダ・ルールを採用し，他方では拒否権を少数派に全面的に与えて開放性を重視する採決ルールを採用するという組み合わせもありうるはずである。しかし，このような組み合わせが実際にはそれほど多くは見られないことは，議会制度が設計され，選択される局面を想像すれば理解できるだろう。すなわち，二院制など憲法に規定されているものを除けば，議会制度は法律や議会内規則として決められ

図 6-1 議会制度の特徴

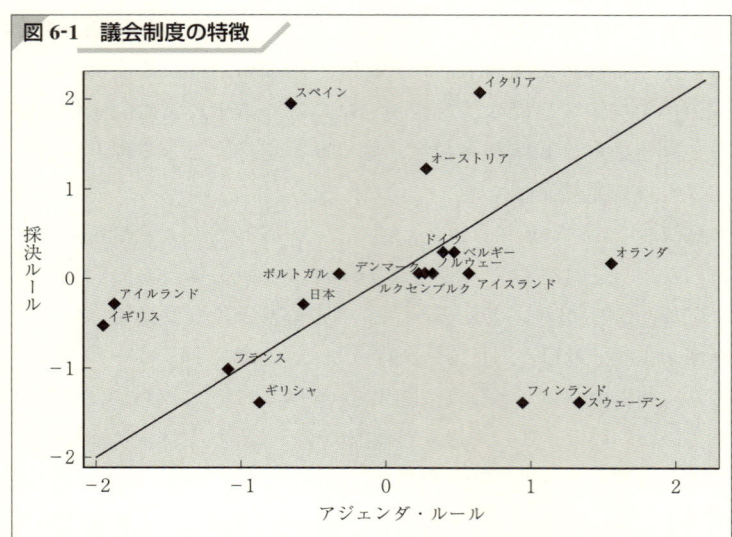

［注］ 横軸は，増山（2003b）において算出されたアジェンダ権力に関する得点。縦軸は，採決ルールの 3 要素の標準化得点に対する主成分分析の第一主成分得点。第二主成分は二院制に関する標準化得点に強く規定されており，二つの主成分得点の組み合わせが同じ国も多いため，ここでは用いていない。
［出典］ 筆者作成。

ており，議会自身が決定し，また随時変更可能なルールなのである。

制度設計者としての議会，政治家を想定した場合には，彼らが議会制度の二つのルールについて，相互に矛盾するような選択を行うことは考えにくい。確かに，相互に矛盾する制度設計を行うことで全体のバランスをとる選択もありうるだろうし，後で述べるような日本における近年の国会改革論のように，制度改革論議の混乱が矛盾した制度選択を導く可能性もある。だが，図 6-1 に示された各国議会の現状を見るかぎりでは，それぞれの議会は議会内過程の各局面を規定する二つのルールがめざす方向性に，矛盾が生じないよう

な選択を行っているようである。

したがって,アジェンダ・ルールが多数派優位な議会では,採決ルールにおいても少数派の保護があまりなされない。逆に,アジェンダ・ルールが多数派に有利でない場合には,採決ルールも少数派の拒否権を強く認めるものとなる傾向がある。前者の典型はイギリスやギリシャであり,アイルランドや日本もそれに含まれる。後者に分類されるのはイタリアやオランダなどである。そこで以下では,アジェンダ・ルールと採決ルールの双方に関して多数派に有利な組み合わせが採用されている場合を「効率性重視型」議会制度,少数派に有利な組み合わせが採用されている場合を「開放性重視型」議会制度と呼び,両者を一括して議論を進めることにしよう。

注意しておきたいのは,政治社会において少数派の意思をどのように扱うかは,本章で扱う議会制度のみによって規定されるわけではないことである。たとえば,選挙制度は小選挙区制を採用し,議会制度は開放性重視型になっているケースを考えてみよう。この場合,そもそも選挙制度によって政治社会全体の少数派の意向は議会に表れにくくなっており,議会制度だけをとりあげて少数派利益を代表した政策結果や政治的帰結が導かれると予想することは難しい。ただ実際には,このように議会制度と選挙制度や執政制度の方向性が全くの逆方向となることも,それほど多くはない。選挙制度や執政制度において少数派の代表性確保や権力の分散が指向されている場合には,議会に代表された少数派の意向を反映する形で,議会制度に関しても開放性重視となる傾向が強い。この結果,選挙制度や執政制度と議会制度が連動して,政治過程全体の構造を形成することが多いと考えられる。

2 議会制度の帰結

多数派の意味　議会制度は立法過程と政策選択にどのような帰結をもたらすのだろうか。これが本節で検討するテーマである。ただ，まずその前に明らかにせねばならないことは，議会における「多数派」と「少数派」の意味である。ここまでとくに限定を付けず，各国の議会制度が議会において多数派を優遇するものであったり，少数派を尊重するものであったりすることを論じてきた。しかし，そもそも議会制度によって守られる多数派，少数派の意味内容は，各国ごとに異なる。具体的には，政党組織が多くの法案について一致して行動するような一体性を保っているか，あるいは議員がそれぞれの法案ごとに所属政党全体の政策的立場とは別に自身の政策的立場を主張し，バラバラに行動するのかが問題となる（第5章参照）。

議院内閣制の下で政党組織が一体性を保っている場合には，多数派とは与党を意味し，少数派とは野党を意味するだろう。しかし，そうした政党の一体性が存在しない状況では，議会制度にとっての少数派とは必ずしも野党とはかぎらず，与党内の一部の派閥や個々の議員も含むことになる。また，大統領制の下では議会内多数党が政権党であるとはかぎらず，多数党が一体性をもっていても政権側の意向が必ず実現するわけではない。以下では，主として政党組織の一体性が高い議院内閣制に焦点を合わせつつ議論を展開するので，多数派と少数派に加えて与党と野党という言葉も用いる。しかし，大統領制の場合あるいは議院内閣制でも政党組織の一体性が低い場合や少数与党内閣の場合には，必ずしも多数派＝与党，少数派＝野

党という単純な関係が成立しないことには注意してほしい。

効率性重視型議会制度の帰結

政党の一体性から導かれる多数派の意味の違いをふまえたうえで、議会制度はどのような帰結をもたらすといえるのだろうか。あらためて検討してみよう。議会制度と政党の一体性の強弱を組み合わせることにより、4通りの帰結が導かれる。

第一に、政党が一体性を保っている場合には、効率性重視型の議会制度は政策決定の「迅速化」ないしは「効率化」をもたらすであろう。決定される政策は、多数派の選好を明確に反映したものとなるだろう。議院内閣制の場合でいえば、与党が一致して提出した議案（しばしば内閣提出の法案や予算案）は、野党の賛否にかかわらず、迅速に可決されることになる。第5章で見たように、与党が一体性を保つ理由は、そもそも所属議員同士の政策選好が近い（凝集性が高い）、党首を中心とする執行部の統制が強い、あるいは議員相互の事前調整がうまく機能している、のいずれかだと考えられる。どの場合にも、多数派である与党は、議会における一体性を議会外過程から調達していることになる。このように多数派が議会内で一体化している場合には、効率性重視型の議会制度は議会内過程を形骸化し、議会を単に粛々と決定を行う装置にしてしまう。「立法登録機」にすぎないと揶揄されることもあるイギリス議会は、その典型である（大山，2003b）。議会に向けられる批判は、このような場合にとくに強まる。

第二に、政党が一体性をもたず、議会多数派が固まっていない場合において、効率性重視型の議会制度はどのような効果があるだろうか。多数派が一体性をもたない状況とは、議会内において争点や議案ごとに一時的な多数派形成が行われることを意味する。多数派形成のために政策内容の修正が議会内過程に持ち込まれるのであり、

効率性をもたらす第一のパターンとは異なった，目に見えて活動する議会内過程がもたらされることになる。また，ひとたびできあがった多数派は，強いアジェンダ権力を用いて速やかに採決を行い，決定にいたる。このような議会においては，多数派に参画する可能性が最も高い，与野党を包括した議会全体の中位に位置する議員の政策が採用されることになるだろう。したがって政策的帰結の側面では，「中庸化」「穏健化」の効果をもつものと思われる。

ただし，こうした一時的な多数派形成は，多数派形成のために要する時間が立法の効率性を著しく阻害し，議会を機能不全に陥らせる危険性も高い。このことは，やがては議会の機関としての民主主義的正統性にもマイナスの影響を与えかねないのであり，議員や政党は，このような一時的な多数派形成を回避する傾向をもつであろう。こうしたパターンは，そもそも議会多数派が内閣を構成し，つねにそれを支えることになる議院内閣制においては稀にしか成立しない。他方，議会が政権形成に関与しない大統領制の場合には，議会多数派が一体性をもたないケースを想定しうる。だが，それぞれの争点について多数派を形成するために個別に交渉することは，議員にとっても高くつく非効率な選択なのであり，やはり一定程度の安定的な連合が求められることになるといえよう。アメリカ連邦議会における政党の存在は，こうした安定的多数派形成による政策過程の効率化と，選挙での看板としての機能をもつことによる選挙費用の節約などという議員個々の制度選択として説明されることがある（Cox and McCubbins, 1993; Aldrich, 1995）。

開放性重視型議会制度の帰結　第三に，政党が一体性を保っている状況で，議会制度が開放性重視型である場合には，野党が与党の議事進行をさまざまな形で妨害し，議事を遅らせることが可能になる。少数派に有利な議会制度

は、意思決定の「停滞性」や政策の「安定性」をもたらすということができるだろう。すべての議会の審議時間は有限であるために、こうした議事妨害は少数派にとって有力な抵抗手段となる。会期が短く区切られた議会の場合には、さらにそうした議事妨害が大きな意味をもつ。つまり、開放性重視型の議会制度は野党に事実上の拒否権を与えることになる。少数派は新たな政策を作ることはできないにせよ、多数派の提案を採決にいたらせないことによって現状を維持することは可能なのである。

たとえば、1993年の選挙制度改革前のイタリア議会では、ファシズムへの反省から内閣や議会多数党のアジェンダ権力行使に抑止的な制度が戦後一貫して採用されてきた（Sala and Kreppel, 1998）。とくに1971年からは、内閣代表をオブザーバー1名に制限した議会内の各派交渉委員会が全会一致で認めた場合にのみ議題にできるという、少数派にきわめて有利な議会制度がとられた。この結果、内閣は行政命令権（英語では大統領制諸国の大統領令と同じく、decreeとされる）を使って懸案の処理をその時々に行わざるをえなくなった。イタリア憲法では、行政命令は即時に効力を生じるが、60日以内に議会がそれを立法化しないかぎり失効するとされており、政策の停滞性に悩まされることになったのである。

二院制がもたらす効果についても、同じ文脈で理解することができる。ツェベリスらは、拒否権をもつアクターが増加するという観点から、二院制が政策の停滞性と安定性をもたらすと主張する（Tsebelis and Money, 1997）。また、そうした議論を裏返すような形で、二院制と財政赤字の関係を論じたのがヘラーである。すなわち、開放性重視型の議会制度の下では政策決定を行うために過大規模の多数派が必要とされるのであり、それゆえに過剰な歳出拡大が行われる傾向があるとして、日本を含む各国のデータでこれを検証して

いる (Heller, 1997)。

このような停滞性に対抗する手段がとられている議会も存在する。たとえば、近年のアメリカ連邦議会では、重要な政策課題について包括法案 (omnibus bill) が多用されるようになり、本来は複数の議案に分割すべき内容を一度に採決してしまう傾向が強まっている。これは、少数派が議会制度を利用して決定を遅延させることを事前に予防する効果をねらったものである。

また、多数派が一体性を保っていれば、強行採決や特別多数による審議打ち切り動議、過大規模連合による連立などによって議事妨害を克服することができる。しかし、議会は多様な立場の間の平等な取り扱いの確保という民主主義の基本価値の一つを具体的に表現したものとしての性質をもつため、強行採決などによる少数派の排除には、マスメディアなどから強い批判が生じることが多い。多数派は、アジェンダ・ルールを活用して議案の審議手順や修正範囲の限定などを行っておくことで、採決段階での少数派の抵抗が立法過程に決定的な影響を及ぼさないよう工夫することになる。

委員会政府の意味　第四に、政党が一体性をもたない状況の下で、開放性重視型の議会制度が存在する場合には、多数を占める政党の一部、あるいは個々の議員がそうした議会制度を用いて影響力を行使することになるだろう。つまり、議会全体から見れば少数派である一部の議員が、アジェンダ・ルールを用いて自分たちの望む政策を実現させる可能性が生じる。この点でとくに重要なのは、委員会制度である。議会過程において委員会の役割が大きく認められている場合、たとえば本会議の決定に先立って委員会での決定が必ず求められる、あるいは委員会で否決された法案について本会議で採決できない、といったしくみの下では、それぞれの委員会に所属する議員が政策決定を大きく左右すること

になる。

こうした委員会の影響力は、第一義的には「門番 (gatekeeper)」としてのものである。本会議多数派が望む法案の通過を阻んだり、審議や採決を遅らせたりするもので、委員会が事実上の拒否権をもつことを意味する。委員会所属議員が、本会議多数派の望む政策よりも現状（何も決めない状況）の方が望ましいと考えた場合には、こうした握りつぶし戦略が最善策となる。だが逆に、委員会所属議員の望む政策が現状よりも本会議多数派の望む政策に近い場合には、委員会は原案を修正し、自分たちがベストだと考える政策案を提起するだろう。本会議多数派は、委員会案が現状よりも望ましいものであるかぎり、これに賛成し可決するからである。この場合には、委員会は単なる拒否権ではなく、積極的な政策形成能力をもつことになる。アメリカ連邦議会については、このような委員会のあり方を伝統的に「委員会政府 (committee government)」と呼んできた (Wilson, 1885)。

委員会政府は、委員会の扱う政策領域にかかわる利益団体と関係する省庁との間にいわゆる「鉄の三角同盟」を生じさせ、個々の業界の利益や選挙区の利益を保護しようとする利益分配型の政策をもたらすと考えられる (Lowi, 1979)。委員会が議会内過程で大きな役割を果たしている場合でも、本会議多数派が委員会をコントロールできれば、議会全体の中位の議員の選好が反映されて政策は「穏健化」「中庸化」する。またこの場合、分業により議員の専門性が上昇し、議会が全体として有する情報収集力なども向上すると期待できる (Krehbiel, 1991)。だが、委員会が自律性をもつ場合には、それぞれの政策を特定の利益に傾いた極端なものにしてしまうだろう。このように、委員会に自律性を与えるしくみは少数派の意向を強く表出することにつながり、効率性を阻害する面がある。

しかしこうした状況は，見方を変えれば一体性の弱い本会議多数派にとっても好ましい面をもつ。多数派の一体性が弱いということは，そもそも個々の議員の選好が多様で，それを集約するための政党組織も十分には機能していないことを意味する。このような条件下では，それぞれの議員が異なる関心に基づき，別々の委員会に所属することによって分業したうえで，各委員会の自律的な影響力を相互に認め合うという，交換関係ないし互恵関係が成立することになる。すなわち，特定政策領域における自分の影響力を認めてもらう代わりに他の議員の他の政策領域における影響力を認め，各委員会が行う政策修正を本会議でも支持するという協力関係である (Shepsle and Weingast, 1987; Weingast and Marshall, 1988)。

　この見解は，アメリカ連邦議会において政党の機能が十分でないことを前提に，その代替物として委員会が存在していることを指摘したものである。より一般的にいえば，政党が一体性をもちえないのならば，自律的で分権的な委員会の存在は単に少数派に有利なしくみとなるだけではなく，議会が全体として効率性を保ちつつ立法を行う一つの有力な手段でもあると考えられよう。

少数派の保護と野党の戦略　ここまでの議論では，議会制度の特徴がいかなる帰結をもたらすかを主に論じてきた。効率性重視型の議会制度の下では，多数派が一体性を保っているかぎりは政策決定の効率性が確保されやすいが，議会内過程は形骸化しやすい。開放性重視型の議会制度の下では，少数派に事実上の拒否権が与えられると同時に，政策の停滞性や安定性をもたらし，議会運営の非効率性を招く可能性があることを明らかにした。

　ただ，そうした大きな傾向が確認できるにしても，少数派に与えられた拒否権が実際にどのような政策的帰結をもたらすか，あるい

は立法過程がどのようなものとなるかは、少数派の選挙戦略（どちらが次の選挙で有権者によりアピールするかという判断）次第でもある。具体的には、たとえば議院内閣制の場合、少数派である野党は与えられた拒否権を梃子に、多数派である与党案を単に葬り去るのではなく、与党の提示する政策案に修正を加えさせたうえで可決する選択肢がありうる。あるいは野党は採決ルールを用いて決定を先送りし、その間に審議の充実を求めるかもしれない。最終的には与党の政策案が可決されるのを認めたうえで、その責任が与党にあることを国民にアピールし、政策に関する疑義やさまざまな情報を提供するための審議にエネルギーを集中するのである。少数派が政策実現をめざすのか、審議を通じた多数派批判をめざすのかは、究極のところ少数派としての選挙戦略に依存したものだといえよう。

これに関連して問題となるのは、よく知られているポルスビーの議会類型論である。彼は、議会が主に果たす機能に注目して各国の議会を比較する枠組みを提起した。有権者の意思を法律に反映させるよう、立法活動に重点を置いて活動する議会を変換型議会と呼び、アメリカ連邦議会をその典型とした（Polsby, 1975）。他方、野党が政権党の立場や責任を追及することで、有権者にさまざまな政策情報を提供するような審議活動を中心とする議会をアリーナ型議会と呼び、イギリス議会を典型例として対比したのである。この枠組みは、アメリカ議会やイギリス議会の実態から帰納的に導かれており、野党の戦略を含んだ議会の活動のパターンを示すものだと考えられる。そのため、議会類型論と呼ばれるものの、これらの類型と議会制度との論理的関係は明確ではなく、むしろ執政制度とのつながりが強いものではないかと思われる。議会制度から明らかになるのは、少数派が議会運営や政策帰結に影響力を行使しうるかどうかだけであり、影響力を行使しうる場合に政策実現をめざすのか、審議をめ

ざすのかは一義的に定まるわけではない。だからこそ,議席を増やした野党がしばしば戦略をめぐって路線対立に陥るのである。

議会制度と野党の戦略との関係では,いわゆる少数与党内閣の問題も重要である。少数与党の状況とは,野党の一部が首相の指名を消極的に支持し（たとえば棄権して相対多数で成立させるなど）,あるいは不信任には同調しないことで,内閣の成立と存続を容認するが,内閣に参加することはせず,個別の政策案に是々非々の態度で臨む状況を選択していることを意味している。少数派に有利な議会制度が存在する場合には,あえて入閣することで与党と政策全般への連帯責任を負わされるよりも,野党としてとどまり,選択肢を保ったままで政策課題ごとに与党との関係を決める方が有利だという計算が働きやすくなる。このような場合には,結果的に少数与党内閣が成立するケースが多くなる（Strøm, 1990; Lijphart, 1999）。

3 日本の議会制度

国会の議会制度

日本の国会に関する本格的な研究は,1980年代に始まった。初期に注目されたのは,モチヅキや岩井らが強調した,国会における野党の「粘着性（ヴィスコシティ, viscosity）」であった（Mochizuki, 1982; 岩井, 1988）。ブロンデルが提唱した粘着性概念は,議会において野党がさまざまな手段を用いて,内閣の提出する法案の成立を阻止する,あるいは遅らせることを指している（Blondel, 1970）。

国会では,1年が複数の比較的短い会期に区分されている。一つの法案の審議は原則として次の会期には持ち越さず,継続審議という重大な例外はあるものの,審議未了の場合には廃案とするという

「会期不継続の原則」がとられている。このように決定への大きな時間的制約が存在する中で、委員会中心主義を採用し、また対等性が強い二院制を採用している。さらに、各委員会の理事会では、議事運営に関して全会一致の慣行がとられている。そのため、国会審議は多くのステップからなる、与党にとっての「障害物競走」とも呼ばれることになった。

これらは全体として、少数派である野党に有利に作用すると考えられた。野党は、与党側の強行採決に対する世論やメディアからの批判の喚起などによって、内閣提出法案の採決を行わせない、あるいはできるだけ遅らせ、時には与党からの譲歩を引き出すことで、一定程度の政策実現を行ってきたと指摘された。別の言い方をすれば、粘着性論に代表される初期の日本の国会研究は、採決ルールの一部を中心に検討を進めることで、議会制度が少数派に有利に作用する傾向を強調してきたのである。

しかしその後、粘着性論にはいくつかの批判が向けられることになった。一つは、主としてアジェンダ・ルールに注目して、国会が採用する議会制度は各国と比較した場合には、むしろ多数派に有利なものであるという批判である。増山（2003b）は、国会法第56条の規定上は日本の国会がむしろ本会議中心主義として理解できると指摘する。両院の本会議は、そもそも委員会審議を省略することができる。いったん委員会に付託した場合にも、「中間報告」を求めたうえで、本会議で採決してしまうことが可能である。委員会が否決した議案に関しても、本会議が採決して成立させることさえできる。また、議事手続きに関する全会一致の慣行も、あくまでも慣行にすぎず、多数派が突破することの可能な制度であるという。強行採決と呼ばれるものはすべてそうした事例である。さらに、会期不継続の原則は国会法上の規定であって（国会法第68条）、多数派に

よる改正が可能である。そもそも多数派は会期を長く設定し，延長することもできる。モチヅキらの強調する時間的制約や手続き的制約は，それほど強いものではないと反論するのである。

川人（2005）も，アジェンダ・ルールに焦点を合わせながら国会には多数派の優位が見られることを論じた。川人は，戦後国会における制度とその運用の変化により，国会中心主義に対する議院内閣制の優越が生じたという。ここでいう国会中心主義とは，議会が高い自律性を保つ制度をもつことによって，内閣の介入を受けずに議会運営を行うことを指す。日本の場合，そこで重視されたのは会派間の協調や全会一致原則であり，国会中心主義は少数派の意向を反映させやすい傾向を帯びた。しかし国会中心主義は，内閣と与党の連携によるアジェンダ権力の行使に基礎を置く議院内閣制の諸制度に圧倒されることで，国会は本質的に多数派重視になっているというのが，川人の分析である。

もう一つの批判は，少数派の戦略に向けられたものである。福元（2000）は，粘着性論が指摘するように野党が採決ルールによって影響力を行使してきたことは否定しないが，野党の活動は政策の阻止や修正よりも，むしろ積極的な討論に向けられてきたと論じる。福元の批判は，従来の見解が国会の採用する議会制度を少数派の重視に求める点にではなく，そこから導かれる国会の活動の特徴づけに向けられている。先に指摘したように，少数派に有利な議会制度が，野党の指向する政策の実現に必ず結び付くというわけではないのである。福元はこの点を実証的に示したといえるだろう。

さて，従来の研究成果から少し離れて，前節で述べた議会制度の分類から日本の国会を見ることにしよう。あらためて図6-1における日本の位置を確認すると，アジェンダ・ルールと採決ルールのいずれについても，多数派が有利な上位5カ国に含まれる。増山が指

摘するように、日本の国会では、多数派がアジェンダ権力を行使しやすい一方で、少数派は採決ルールにおいても不利な扱いを受けていた。日本の国会は、効率性重視型の議会制度を採用しているのである。ただし、左下方に含まれる諸国の中では、図の中心に近いことにも注意を払う必要がある。衆議院と参議院の対等性が強いことなど、下院多数派のアジェンダ権力が圧倒的に強いとされるイギリス議会などに比べると、国会が採用する議会制度は少数派が影響力を行使する余地を残しているともいえるだろう。初期の国会研究が注目したのはこの部分であった。

このように、比較の枠組みの中に日本を位置づけることは、国会をめぐる議論を考えるうえで大きな示唆を与える。また、内閣提出法案の成立率がイギリスよりは低く、イタリアなど非ウェストミンスター型議院内閣制諸国よりは高いという特徴にも、きわめて整合的である。

改革論への含意 もっとも、現在提出されている国会改革論の中には、こうした議会制度の比較分析から導かれる国会の特徴をふまえているようには思われず、必ずしも的確とは言い難いものもある。国会改革論には憲法学の専門家や実務家も多く関与しているが、そこでしばしば提起されるのは、議員立法の促進、立法や調査のためのスタッフの強化、および党議拘束の緩和などである。これらを総称して、国会機能の強化という言い方がなされることも少なくない。本章で扱った議会制度をめぐる議論とは直接結び付かないものも多いが、簡単に順を追って検討していこう。

まず、議員立法の促進とスタッフ強化は、いずれも国会が内閣からの自律性を高めることをねらった改革提言である（谷, 2003）。内閣提出法案とはすなわち官僚が準備した法案であり、これが立法の

ほとんどを占めていることが、日本における官僚支配の根幹にある。そのため、国会がスタッフを拡充させて独自の調査機能をもつことによって議員立法を増やしていけば、真の政治主導が実現する、という論理から成り立っている。先にあげた川人の議論に即していえば、議院内閣制に対して国会中心主義の復権を提唱しているということになろう。だが、日本の執政制度は近年、議院内閣制の中でも執政がとくに優越するウェストミンスター型に移行しつつあり、衆議院の選挙制度も小選挙区制を中心としたものになった。その状況下で執政制度が権力分散的な構造をとる場合に適合的な議会制度を導入しようとしても、期待された機能は果たしえないであろう（増山，2003a）。

党議拘束の緩和は、本質的には政党組織など政党制度の問題だが、議案の審議と採決は国会で行うため、議会制度の問題でもある。この改革提言が期待するのは、党議拘束が緩和されることによって、議員が自律的に態度を決定せねばならなくなり、その帰結として国会での法案審議が形骸化しなくなる、というものである。しかし、党議拘束を緩和するということは、議案ごとに多数派形成を行わせようとすることにほかならず、内閣提出法案について考えれば法案ごとに内閣の信任を確認するに等しい。それは、議院内閣制を採用しながら執政権力をきわめて弱体化させる結果となって、近年の選挙制度改革や内閣機能強化とは整合性がない。

また、党議拘束の緩和によって、議会内での政党の一体性は失われる可能性がある。その場合には、多数派の一体性と議会制度の組み合わせについて論じたように、議案ごとの多数派形成には膨大な時間と労力を要するため、政策決定は停滞するであろう。それを回避し、立法の効率性を低下させないためには、結局は委員会政府のような各種の取引のしくみが作られる可能性が高いのである。選挙

制度のありようによっては，集権的な政党組織が成立し，議員が所属政党執行部に自発的かつ機械的に追従する可能性もある。日本の場合，1990年代の選挙制度改革は，政党組織の集権化を促すものであった（第5章参照）。このような状況において，議会制度レベルで党議拘束をいわば無理矢理に緩めたとしても，その実効性はきわめて疑わしいし，それによって有権者に対する説明責任が向上するとも思われない。

最後に，国会改革論と不即不離の関係でしばしば論じられる，参議院の問題についても述べておこう。参議院については，第二院として「独自性」を発揮すべきだということが強調される。その具体的な方法として，一部では選挙制度改革や権能の部分的放棄が主張されることもある。確かに，参議院は内閣との間で信任関係が成立しておらず，議院内閣制の下での著しい例外となっている（竹中，2005）。選挙制度も，小選挙区，中選挙区，非拘束名簿式比例代表の混合という特異なものである。その一方で，政策過程での権限については衆議院との対等性が強い（大山，2003a）。このような制度構造の下では，内閣が参議院をコントロールすることは本質的に困難である。かつて自民党は，衆議院に生まれた派閥を参議院にも拡張し，ポスト配分などの政党内ルールを適用することで，参議院が構造的にもつ自律性を抑止していた（待鳥，2001）。しかし，衆議院の選挙制度や政治資金制度の変革による派閥の機能低下などから，今後それが再現される可能性はほとんどない。最近になって，日本政治の全体的な構図の中で，参議院をどのように位置づけ，二院制に何を期待するかについての再検討が始まっている（福元，2007；飯尾，2007；只野，2007；待鳥，2008）。

地方議会の議会制度　日本の地方議会が採用する議会制度に最も特徴的な点は，一院制であるところに求め

られる。そこから，採決ルールによって少数派が影響力を行使しうる手段には大きな制約が課されることになる。執政長官である知事や市町村長が予算の排他的な提案権をもち，議案の提案権も有していることは，知事や市町村長がアジェンダ権力を行使できることを意味している。議会側の与党が知事や市町村長と協調を行うかぎりにおいて，地方議会の内部過程は基本的に効率性重視型の制度構造を採用していると考えることができる。日本の地方政府において頻繁に見られる相乗り与党の存在は，議会内過程を含む政策過程が与党にとって有利であることを反映しているともいえよう。

しかし，首長と与党のアジェンダ権力は，実際にはいくつかの重大な制約を受けている。その最大の要因は，選挙制度に起因する議会内での政党の一体性の限界である。この点はすでに第3章で見たが，日本の地方政府が採用する中選挙区制や大選挙区制など比例性の強い多数代表制の選挙制度の下では，M+1ルールによって政党数が増加する。また，議員個々人にとって所属政党からの公認を得る意義は相対的に小さくなることから，政党が議員の行動を十分にコントロールすることが困難となる。議会内政党（会派）の分裂が生じやすくなり，各政党指導部はアジェンダ権力の行使に慎重にならざるをえない。地方政府では執政制度が二元代表システム（大統領制）を採用していることも，与党として首長を制度的に信任するわけではないため，政党の一体性を低下させる傾向を助長する。

さらに，広い意味で議会制度に含まれる議会内慣行も，アジェンダ権力行使への制約として作用する。代表的なものとして，多くの地方議会においては議長ポストが1年交替の輪番制によって運用され，与野党に関係なくベテラン議員が名誉職的に選任されることがあげられる。このような慣行がある場合，議会内で与党ないしは多数党が積極的な議会運営を行うことは困難になり，議会内会派間の

関係は対等で互恵的なものとなる傾向が生じやすい。これは相対的に見て少数派にとって有利である。すなわち，日本の地方議会はアジェンダを積極的に設定することはできないが，首長側から出された議案で好ましくないと思われるものを拒否することは比較的容易なのである（曽我・待鳥，2007）。また，議会多数派と首長与党が異なる分割政府が出現した場合，日本の地方議会の制度構造は行き詰まりや困難な政策課題の先送りを助長しやすい面をもっている。

このように考えてくれば，日本の地方議会は遠くない将来に，一院制を含めた議会制度を大幅に変革して開放性重視に向かうか，あるいは選挙制度や議会内慣行を変革して効率性重視を強めるか，という選択を迫られる可能性があるだろう。二元代表システムの執政制度が存続することを前提に，最重要課題である財政運営や予算配分についてそれぞれの帰結を考えてみると，開放性重視はミクロレベルでの総花的予算配分につながり，短期的には住民の満足度を高める可能性がある。しかし，執政長官が最重要視するマクロ財政の安定運営と齟齬を来すことになるだろう。他方，効率性重視はマクロ財政運営とミクロ予算配分の整合性を高めるが，第10章で扱われる中央・地方関係の制度構造のあり方次第では，地方政府の住民サービスが際限なく低下する，いわゆる「底辺への競争（race to the bottom）」が生じるおそれもある。

●引用・参考文献●

飯尾潤，2007『日本の統治構造――官僚内閣制から議院内閣制へ』中公新書。
岩井奉信，1988『立法過程』東京大学出版会。
大山礼子，2003a，『国会学入門〔第2版〕』三省堂。
大山礼子，2003b『比較議会政治論――ウェストミンスターモデルと欧

州大陸型モデル』岩波書店。
川人貞史, 2005『日本の国会制度と政党政治』東京大学出版会。
曽我謙悟・待鳥聡史, 2007『日本の地方政治——二元代表制政府の政策選択』名古屋大学出版会。
竹中治堅, 2005「「日本型分割政府」と参議院の役割」日本政治学会編『年報政治学 2004——オーラル・ヒストリー』岩波書店。
只野雅人, 2007「議院内閣制の基本構造」土井真一ほか編『岩波講座憲法 第4巻——変容する統治システム』岩波書店。
谷勝宏, 2003『議員立法の実証研究』信山社出版。
福元健太郎, 2000『日本の国会政治——全政府立法の分析』東京大学出版会。
福元健太郎, 2007『立法の制度と過程』木鐸社。
増山幹高, 2003a「書評 議員立法のすすめ——谷勝宏著『議員立法の実証研究』信山社, 2003年」『レヴァイアサン』第33号。
増山幹高, 2003b『議会制度と日本政治——議事運営の計量政治学』木鐸社。
待鳥聡史, 2001「参議院自民党における閣僚ポスト配分ルールの形成——出発点としての1971年参議院議長選挙」『選挙研究』第16号。
待鳥聡史, 2008「「多数主義」時代の二院制を再考する——日本政治は参議院とどう向き合うか」『論座』2008年1月号。

Aldrich, John H., 1995, *Why Parties?: The Origin and Transformation of Political Parties in America*, University of Chicago Press.
Bergman, Torbjörn, Wolfgang C. Müller, Kaare Strøm, and Magnus Blomgren, 2003, "Democratic Delegation and Accountability: Cross-national Patterns," in Kaare Strøm, Wolfgang C. Müller, and Torbjörn Bergman, eds., *Delegation and Accountability in Parliamentary Democracies*, Oxford University Press, 109-220.
Blondel, Jean, 1970, "Legislative Behavior: Some Steps towards a

Cross-National Measurement," *Government and Opposition* 5: 67-85.

Cox, Gary W. and Mathew D. McCubbins, 1993, *Legislative Leviathan: Party Government in the House,* University of California Press.

Cox, Gary W. and Mathew D. McCubbins, 2005, *Setting the Agenda: Responsible Party Government in the U.S. House of Representatives,* Cambridge University Press.

Döring, Herbert, 1995, "Time as a Scarce Resource: Government Control of the Agenda," in Herbert Döring, ed., *Parliaments and Majority Rule in Western Europe,* St. Martin's Press, 223-246.

Heller, William B., 1997, "Bicameralism and Budget Deficits: the Effect of Parliamentary Structure on Government Spending," *Legislative Studies Quarterly* 22: 485-516.

Krehbiel, Keith, 1991, *Information and Legislative Organization,* University of Michigan Press.

Lijphart, Arend, 1999, *Patterns of Democracy: Government Forms and Performance in Thirty-Six Countries,* Yale University Press.（粕谷祐子訳『民主主義対民主主義——多数決型とコンセンサス型の36ヶ国比較研究』勁草書房，2005年）

Lowi, Theodore J., 1979, *The End of Liberalism: The Second Republic of the United States* (second edition), W. W. Norton.（村松岐夫監訳『自由主義の終焉——現代政府の問題性』木鐸社，1981年）

Mochizuki, Mike Masato, 1982, *Managing and Influencing the Japanese Legislative Process: The Role of Parties and the National Diet,* Ph. D. Dissertation, Harvard University.

Polsby, Nelson W., 1975, "Legislatures," in Fred I. Greenstein and Nelson W. Polsby, eds., *Handbook of Political Science,* vol. 5, Addison-Wesley, 257-319.

Sala, Vincent Della and Amie Kreppel, 1998, "Dancing Without a Lead: Legislative Decrees in Italy," in John M. Carey and Matthew Soberg Shugart, eds., *Executive Decree Authority*, Cambridge University Press, 175-196.

Shepsle, Kenneth A. and Barry R. Weingast, 1987, "The Institutional Foundations of Committee Power," *American Political Science Review* 81: 85-104.

Strøm, Kaare, 1990, *Minority Government and Majority Rule*, Cambridge University Press.

Strøm, Kaare, 2003, "Parliamentary Democracy and Delegation," in Kaare Strøm, Wolfgang C. Müller, and Torbjörn Bergman, eds., *Delegation and Accountability in Parliamentary Democracies*, Oxford University Press, 55-106.

Tsebelis, George and Jeannette Money, 1997, *Bicameralism*, Cambridge University Press.

Weingast, Barry R. and William J. Marshall, 1988, "The Industrial Organization of Congress: Or, Why Legislatures, Like Firms, Are Not Organized as Markets," *Journal of Political Economy* 96: 132-163.

Wilson, Woodrow, 1885, *Congressional Government: A Study in American Politics*, Houghton Mifflin.

第7章 官僚制

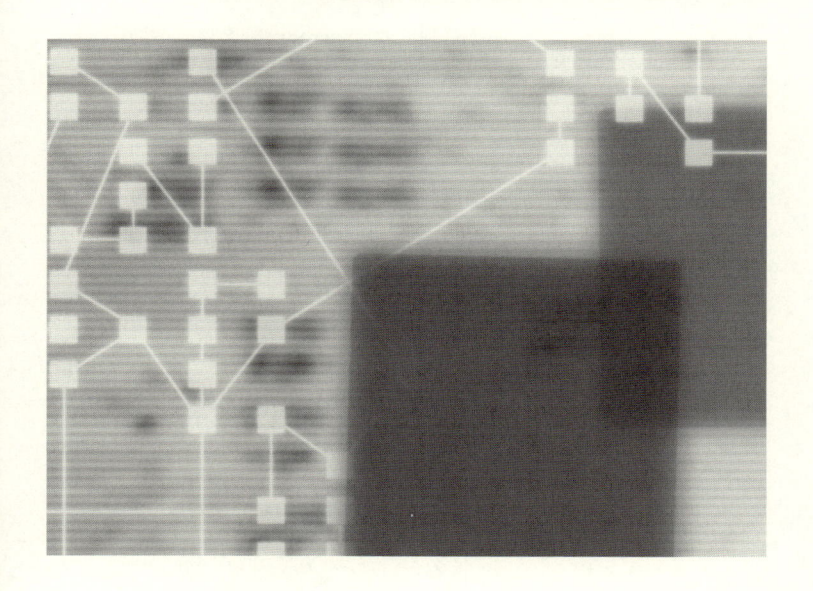

　国民の直接の代理人である政治家たちは，なぜ自ら政策の形成や実施を行わず，選挙によらずに任用される官僚にそれを委ねるのだろうか。そのようなことが民主主義体制において許される理由は何だろうか。官僚たちは，委ねられた権限をどのように用いるのだろうか。これらの問いは，民主主義体制の本質にかかわる面をもつ。そして，官僚がもつ能力や権限のあり方を規定するルール，つまり官僚制について考えることは，こうした疑問への答えにつながる。本章はそのための視点を与えるであろう。

1 官僚の自律性と能力

> **制度としての官僚制**

「官僚制 (bureaucracy)」とは，選挙を通じてではなく任命によって行政機関の職位に就いている公務員とその活動を規定する，公式および非公式のルールのことである。本書において「官僚 (bureaucrat)」とは，中央政府と地方政府の行政活動を担う個人ないしは複数の公務員を意味している。つまり官僚制は，官僚が仕事を進めていく際の組織や手続きに関するしくみである。具体的には，文部科学省や国土交通省などの中央省庁，あるいは地方自治体の役所といった行政組織，およびそれらに関連する法令などが，本書でいう官僚制に該当する。

一般に，官僚制という語は官僚集団や官僚組織を指す一種の集合名詞としても用いられる。しかし，本書では概念の混乱を避けるため，政治制度の一つとして官僚の行動を規定するルールないしはしくみに限定して，官僚制と呼ぶ。とくに複数の官僚をひとくくりにする必要がある場合には「官僚集団」，官僚によって構成され一体的な意思をもつ機構については「行政官庁」や「官僚機構」という語を充てる。

以下では，政治制度としての官僚制が政治過程全般の中でいかなる役割を担うのか，そうした官僚制のあり方に規定される官僚の行動がいかなる帰結や効果をもたらすのか，またその結果，主権者たる国民にとっていかなる意味をもつのかを説明していこう。

> **官僚制の二つの構成要素**

官僚の行動を規定する制度としての官僚制を構成する第一の要素は，国民や政治家が官僚に対して有するコントロールの程度，

逆にいえば、官僚が国民や政治家に対してもつ「自律性」の程度である。自律性とは、官僚が有権者から選出された政治家から離れ、自らの選好に即して意思決定を行い、行動することを指す。民主主義体制における官僚は、行政権の行使を担うという意味で、主権者たる国民の代理人である。しかし、国民から同じく委任を受ける代理人である政治家と比べると、ある種の「非民主的」な側面をもつ。政治家が有権者の選挙によって選ばれるのに対し、官僚は政治家の選任のみに基づいて職位に就くからである。言い換えるならば、官僚は第一義的には政治家の代理人であり、国民との間には直接の委任関係をもってはいない。

ただ、官僚がどの程度まで国民に対して応答的なのかについては、各国ごとに大きなばらつきがあり、有権者から直接に選任されないからといって官僚がつねに等しく非民主的であるというわけではない。それは、政治家がいかに官僚をコントロールするかによって多様なものとなる。政治家が国民の代理人として官僚を十分にコントロールしている場合には官僚は民主的であるが、政治家のコントロールが不十分なときに官僚は非民主的あるいは自律的な存在になるといえよう。

官僚制を構成し、その多様性を生み出す第二の要素は、官僚の「能力（専門性）」をどの程度重視するしくみとなっているか、という点である。そもそも民主主義体制において、なぜ非民主的な性格をもつ官僚が存在するようなルールが認められるのだろうか。官僚はすべて政治家の言いなりになるしくみにすべきではないのだろうか。こうした疑問に答えるためには、官僚の存在をより積極的に位置づけるようなもう一つの特徴、すなわち官僚のもつ能力や専門性に注目する必要がある。官僚の能力（専門性）とは、政策の形成を補助し、政策執行を十分に行うための専門知識や判断力の程度を表

す概念である。官僚は，特定の専門知識や情報，技術などをもつがゆえに，選挙によらずにその職に就く。つまり，政治家による政策の形成を助け，政策執行を担うために，政治家にその代理人として雇われるのが官僚なのである。官僚の能力をどの程度まで重視し，尊重するのかは，各国で異なっている。

このように官僚制は，官僚の自律性（非民主性）と能力（専門性）をどの程度まで重視するかによって特徴づけられる政治制度として整理できる。ここで一つ注意しておく必要があるのは，民主主義体制下での官僚制がもつ両義性である。ある政治社会が，国民の意向をできるだけ政府の運営に反映させることをめざす場合には，官僚を政治家に従属させ，その強いコントロールに服させるのがよいということになるだろう。そこでは官僚の自律性は不要となる。しかし，自律性を奪われた官僚は，国民が期待する能力（専門性）を十分に発揮することができないだろう。官僚制という政治制度においては，その非民主的性格こそが官僚の能力の発揮を可能とする側面があり，非自律性（民主性）と能力（専門性）はトレード・オフ（負の相関）の関係にあるといえる。

**自律性と能力を
どのようにとらえるか**

官僚制の構成要素を上に述べたように理解した場合，官僚の自律性と能力を具体的にどのように把握できるだろうか。

まず，政治家に対して官僚がもつ自律性については，四つの側面からとらえることができる。民主主義体制においては，国民は政治家に官僚のコントロールを委ねている。したがって官僚のもつ自律性は，政治家がどの程度，またどのような手段で官僚をコントロールしようとするかによって多様なものとなる。そこで，それぞれの手段の内容に注目することで，各国の官僚の自律性の度合いをとらえることができるだろう。

第一は、予算や組織編制といった官僚機構がもつ資源に対する政治家のコントロールである。省庁やその内部部局にどれだけの予算を議会が与えるのか、また、それらの新設や再編を行政官庁が自由に決定できるのか、議会の承認を必要とするのかといったことが、ここでの指標となる。

第二は、官僚人事への政治的な介入の程度である。ここでは、昇進や配置に対して政治家の意向がどの程度反映されるのかが問われる。執政長官（ないしは各省大臣）が公式には任命権者であるにしても、それは執政長官の恣意的な選択で人事管理がなされるということを必ずしも意味しない。任命権の行使に対する制約が定められていることや、実質的には任命権を各省庁に委譲していることも多い。

第三は、行政官庁の意思決定手続きに対するコントロールである。これは、新規の政策案の策定や既存の政策執行の際の許認可など、各省庁が行うさまざまな決定に対して、どのような手続きを踏まなければならないかを法律などで規定することを意味する。ここでの手続きとは、政治家への報告や意見聴取のほか、特定の関係団体や集団の意見聴取などが求められる。手続きを通じて、どのような利益やどのような情報が政策形成に注入されるかを規定しているのである。

第四は、官僚に対する権限委譲（委任）の程度を通じてのコントロール、すなわち政府として行う決定のうちどこまでを行政官庁が実質的に決定しているか、どの程度の裁量を官僚がもっているか、という問題である。法律の内容をできるだけ詳細にして、官僚の意思決定や行動上の選択の余地をできるだけ狭めるほど、官僚の裁量は小さくなる。

他方、各国の官僚制が規定する官僚の能力をとらえるためには、次の二つの点に注目する必要がある（ウェーバー，1970）。一つは官

僚個々人の能力であり、もう一つはそうした個々人の能力を引き出すための組織構造である。

　まず、各国の官僚集団における官僚個々人の能力は、採用方法、学歴などから把握することができるだろう。官僚の採用にあたっては、一定の知識や業務の処理能力を客観的に測定可能な試験形式で判断することで採否を決める方式と、知識や業務の処理能力を客観的な形で証明することを求めずに任命権者の選考（銓衡(せんこう)）によって採用を行う方式を区別することができる。前者を資格任用制ないしはメリット・システム、後者を自由任用制ないしはスポイルズ・システムと呼ぶ。後で述べる政治任用も自由任用制の一種である。

　概して、資格任用制によって採用される官僚の方が、その能力は高くなるだろう。また、官僚が受けてきた教育の水準も、各国の官僚の個人的能力を示す重要な情報となる。確かに、学歴とその人間の能力には必ずしも１対１の関係はないだろう。しかし、高校、大学、大学院のどの段階までの教育を受けてきた者が官僚となるのか、大学や大学院においてどこの学部を卒業した者が多いのかといったことは、その国の官僚制の専門性を知る一つの手がかりとなる。

　官僚個々人の能力を十分に引き出すような組織構造としては、公務員の身分保障や適切な人事管理をあげることができる。優れた資質をもった官僚を雇い入れたとしても、官僚制がその力を発揮させるしくみを備えていなければ、官僚集団の能力は低い水準にとどまることになるだろう。公務員の身分を保障し、安定的な職場環境を与えることは、官僚を短期的な政治状況の変動から自由にし、その能力を発揮させることにつながる。また、優れた業績を上げた官僚には報償を与えることで、勤務への意欲を引き出すなどの適切な人事管理も官僚の能力を引き出す必須の要件といえよう。

**各国の実態把握①
——自律性**

自律性と能力という二つの観点から，各国の官僚制の実態は具体的にどのようにとらえられるであろうか。共通の尺度から比較した研究はそれほど多くはないが，以下ではそうした先行研究を紹介しつつ，各国の官僚制を比較の中に位置づけてみよう。

まず，1960年代から70年代初頭には比較政治学の一分野としての比較行政学が唱えられ，いくつかの研究成果を得た。しかしながら，これらはいずれも各国行政の公式制度の記述にとどまるものであり，体系的な比較を提起するものではなかった。

その後1970年代には，各国の官僚制の実態を科学的に解明しようとする試みが進められた。その一つの成果は，アバーバック，パットナム，ロックマンによる西側民主主義国の政官関係の比較研究であった（Aberbach, Putnam, and Rockman, 1981）。この大規模な国際共同研究は，アメリカ，イギリス，西ドイツ（当時），フランス，イタリア，スウェーデン，オランダの政治家と官僚を対象として，同一の質問文を用いたサーベイ調査（体系的に設計されたアンケート調査）を実施し，政治家と官僚の主観的認識から両者の関係を分析しようとしたものであった。それによって，政策の立案，決定，執行といった各段階において政治家と官僚の協働が進展している様相が明らかにされた。本章のいうところの官僚の自律性を，データに基づいてとらえようとしたのである。こうしたサーベイ調査は，各国の政治システムを比較する重要な試みであるが，調査に多くの費用がかかるために対象を限定せざるをえないという難点をもつものであった。

これに対し，客観的な指標によって官僚の自律性を測定する試みは，近年になってようやく進展を見せ始めた。シュナイダーは，官僚の選好や社会からの自律性は，官僚がどのように採用され，ポス

トを割り振られるかというキャリアパターンに規定されているという考えから、各国の官僚制を比較した (Schneider, 1993)。彼はまず、官僚が独自の集団として社会から自律的である「国家アクター型」と、社会集団からの影響を受けて非自律的である「パワーエリート型」という二つの理念型を描く。すなわち前者では、官僚は給与労働者ないしは専門職の一つとして認知され、官僚養成のための競争的大学を卒業し、試験で選抜されたさまざまな階級の出身者から構成される。採用後にはさまざまな部局で勤務し、基本的に生涯を官僚として過ごす。後者では、官僚は資本家階級の上層の子弟から構成される。ビジネスマンを養成する大学を卒業し、試験によらずに採用され昇進する。採用後は同じ部局で勤めることが多く、民間へ早期に転ずる。

　このような二つのパターンを対比したうえで、シュナイダーは日本、フランス、アメリカ、ブラジル、メキシコの官僚集団を比較した。少数の競争的な大学の卒業生が試験を通じて採用され、能力に基づいて昇進しつつ生涯にわたって官僚として勤め上げる日本の官僚集団は、基本的に社会から自律的な選好をもつ国家アクター型だが、省庁横断的な人事を行わないという点で特定の社会集団と継続的に接触する傾向があり、非自律的な要素ももっていたという。

　より体系的に官僚の自律性を測定しようとしたのが、エプスタインとオハロランの研究である (Epstein and O'Halloran, 1999)。彼らは戦後アメリカの 257 に及ぶ連邦の主要立法について、法律の条文を一定のルールでコード化することで、政治家による官僚への権限委譲の程度と決定手続きへの制約を数量化した。すなわち、官僚の自律性の第三と第四の要素を、可能なかぎり客観的に把握しようとしたのである。また彼らはこれら二つの要素、すなわち意思決定手続きへの制約と委任の範囲との間に、負の関係を見出した。つまり、

表 7-1　官僚の自律性指標

大 ←			自律性		→ 小
スウェーデン フィンランド アイスランド ノルウェー	デンマーク	フランス オーストリア ルクセンブルク ベルギー オランダ ポルトガル	ニュージーランド カナダ スペイン ドイツ	イタリア アイルランド オーストラリア イギリス	

[注]　Huber and Shipan (2002: table 7.1) に基づき，各国の法律条文の長さを，～10，～20，～30，～40，それ以上の基準で5段階に区分した。
[出典]　筆者作成。

官僚に与えられる権限委譲の幅が大きいほど，決定に関する手続きが多く課されることが明らかにされたのである。

さらに，各国の官僚への権限委譲の程度（本章のいう自律性の第四の要素）を，同じく客観的に測定可能な指標からとらえたのが，ヒューバーとシッパンである（Huber and Shipan, 2002）。さまざまな国において政治家がいかに官僚をコントロールしているかを統一的に測るために，彼らが注目したのは，法律の長さであった。法律が長くなるほど，単に形式や手続き的な条文が増えているのではなく実質的な内容が詳細化されていることを確かめ，言語や記載方法といった技術的要素の違いによる長短は統制したうえで，法律の長さを官僚の自律性の低さの指標としたのである。具体的な調査対象となったのは議院内閣制をとる19の先進国であり，男女の雇用機会均等に関する法律に用いられた単語数をカウントした。同じ内容の法律を対象とすることで，法技術的な必要性から生じる政策分野ごとの長短の違いも統制したのである。彼らの指標に基づく各国の官僚の自律性は表7-1に示されている通りである。

**各国の実態把握②
——能力**

官僚の能力を具体的に指標化し，測定する試みも少ない。先にとりあげたアバーバックらの研究では，官僚の出身地，階層，受けてきた教育などの調査が行われている。このような社会的背景を探ることで，官僚集団がどの程度，経済的ないしは社会的なエリート集団との重なりをもつのかを明らかにしようとしたのであり，出身大学や学部などの情報から各国の官僚集団の専門知識の程度や種類などを知ることができる。ただ，そこでは官僚の能力が直接の関心となっているわけではなく，また前に述べたように比較しうる対象も限定されている。

各国の官僚の能力を明確に統一的な基準から比較したのは，エヴァンスとラウシュである（Evans and Rauch, 1999; Rauch and Evans, 2000）。彼らは35の発展途上国（地域）を対象に，それぞれの国（地域）の官僚制に詳しい専門家へのアンケート調査を行うことで各国（地域）の官僚集団の能力を測ろうとした。具体的には，経済政策の形成における官庁の役割の大きさ，公務員採用における資格任用制の比重，公務員のキャリア（官僚として勤める年数，昇進の期待度，民間との移動），賃金，名誉といった職業公務員の受け取る見返りなど，10項目の官僚集団の実態に関する質問を行い，各国（地域）の官僚の能力を示す指標を作成し，ウェーバー指標と名づけたのである。各国（地域）の具体的な指標は，後に掲げる図7-1の横軸に示されている通りである。

2 官僚の自律性と能力の帰結

| 自律性の帰結 | 官僚の自律性が高まることは,官僚に対する民主的コントロールが効かなくなること

を意味し,官僚が自由に政策を形成することを可能とする。この結果として市民の望むような政策とはほど遠い政策が成立する。これが,官僚の自律性の政治的帰結として長らく主張されてきたことであり,今日の官僚批判の根底に流れている発想でもある。

戦前の日本がなぜ戦争に進んでいったのかという問いへの答えとして,辻 (1969) らが提示したのも,こうした議論であった。明治憲法体制は天皇への一元的な権力集中を表向き謳いつつ,実際には国会・政党,内閣,官僚,司法,枢密院,軍部などに権力は多元的に分散していたため,軍部が暴走し,国民が望んでもいない戦争を開始した。そして,官僚機構が戦後改革においても温存されたため,同じ構図が戦後にも継続されているという。このような理解は,学界やジャーナリズムを超えて一般にも広く受け入れられた。たとえば 1980 年代の日本異質論者も同じ構図で日本をとらえた。戦後の日本でも,国民からの統制の枠外で官僚が産業界と結び付きながら経済成長に邁進したが,そこでの生産者重視の政策は必ずしも国民の望むものには近くないとされた。

官僚に対する民主的コントロールの不十分さを批判する議論は,日本だけのものではない。官僚機構の強大化に対する警戒心が伝統的に強いといわれるアメリカにおいても,1930 年代のニューディール政策以降の政府の役割の拡大にともない,官僚の自律性が高まったと指摘される。現代国家化に随伴した官僚の裁量拡大が「自由

主義の終焉」をもたらしたと論じたのは、ロウィであった。彼は、官僚への大幅な権限委譲が結局、社会の中で組織化された利益を保護する方向に政策を偏向させたことを、経済政策、福祉政策、都市政策などを題材にとりあげて明らかにした (Lowi, 1979)。

このように、政府の役割や機能の拡大と複雑化が官僚の自律性の増大につながり、それがさらに国民の選好から離れた政策結果に結び付くといったメカニズムは、先進国に普遍的なものと考えられてきた。さらに、日本やドイツのように、相対的に遅れて近代化した国の場合には、君主制の下での権威主義的官僚機構が十分に民主化されていないという負の遺産を抱えていたために、この行政国家化の問題と権威主義的官僚機構の遺産の重合という、より深刻な課題を抱えることになったと指摘されている。

しかし、こうした命題は十分なデータの裏づけをもとに主張されてきたわけではない。少なくともその妥当性を検討するうえでは、次の2点を考える必要があるように思われる。第一に、立案すべき政策の量が増え、その複雑性が増したからといって、そのような政策立案のすべてが官僚に委ねられるのだろうか、また、官僚に委ねられるとしても、そこに何の制約もかけられないのだろうか。第二に、官僚が形成する政策が国民の選好から離れたものになるという命題は、そもそも官僚が望む政策と、国民が望む政策は異なるものであるということを前提としている。しかし、官僚の政策選好は国民のそれから必ず離れているといえるのだろうか。離れているとしても、それはどの程度なのだろうか。

第一の点について理論的に考えるためには、官僚に権限委譲がなされるのはいかなる場合なのかを検討することが必要になる。より詳細な検討は、後ほど第3節で行うが、ここでは、行政国家化にともない官僚の裁量が拡大するという命題は、必ずしもデータで支持

されているわけではないことを指摘しておこう。先に見たエプスタインとオハロランの研究は、重要立法とそこでの権限委譲の程度について、時系列的な比較も行っている。そこでは重要立法の数が時代を経るにつれ増加していることは確かめられた。政府の役割は時代を追って大きなものになっている。しかしそのことは、官僚の裁量の拡大を意味してはいなかった。データを子細に見ると、官僚への権限委譲の量は増えているが、同時に、官僚が委譲された権限を行使する際に課されるさまざまな制約も増えている。結果として、官僚の裁量は大きくも小さくもなっていないのである (Epstein and O'Halloran, 1999)。

第二の点について、従来は、民主主義体制において人々の参加の場となるのは政治だけであり、行政はそのような参加の場とならないという教科書的な理解を前提として、官僚と国民の異質性を自明視してきた。確かに、自分たちの身分を国民の評価によって直接的に奪われることのない官僚集団は、基本的には政治家に比べて応答性が低いといえるだろう。しかし、このことは官僚が国民に対して全く応答的でないことを意味しているわけではない。国民からの批判が自分たちの組織基盤を揺るがすような状態、あるいは組織基盤が確立されておらず、国民の支持を必要としているときには、官僚もまた国民への応答性を高めると考えられる。政治家が国民に対して応答的であるかぎり、国民から批判されるような官僚機構は、政治家から切り捨てられるはずだからである。

戸矢はこのような観点から、1990年代に組織存亡の危機に瀕した日本の大蔵省が有権者の評判を得るために、金融ビッグバンの導入を進めていった過程を明らかにした (Toya, 2000)。他方、カーペンターは、20世紀初頭の合衆国において、郵政省と農務省という創設まもない省庁が、社会の中の諸利益・集団とネットワークを構

築していくことで組織的な自律性を確立していく過程を描いている (Carpenter, 2001)。久保 (1991) が明らかにしたように，アメリカ環境保護庁の政権に対する自律性も，環境保護団体などとの強固なネットワークによって支えられていた。

> 専門性の帰結

官僚が専門知識を的確に利用した政策を形成し，実施することによって，その政策が目標とした状態はよりよく実現される。たとえば，環境政策によって一定程度の経済的損失を甘受しつつ，自然環境の保護を図ろうとする場合を考えよう。ここではまず，排出物規制を行うとして，どのような排出基準を設定すれば，どの程度環境が保護ないし改善されるかについての知識が必要となる。さらに，その基準を満たすためにはいかなる装置が必要となり，企業の経済的負担はどの程度になるかを予測する必要もある。これらの知識や予測能力が十分でなければ，思っていたほどの環境の保護や改善が図れなかったり，あるいは思いもしないほど経済活動が停滞したりといった事態が生じかねない。

このように，官僚の能力（専門性）は政府の政策の目標達成度を変える。官僚が高い能力をもつ国では，その国がめざす目標はよりよく実現されると考えられるのである。逆にいえば，官僚の能力や専門性の帰結は，どのような目標が設定されるかをまず明らかにしないと，解明することは難しい。国により，時代により，政府の政策の目標は変化するが，ここでは最大公約数的な目標として経済成長をとりあげよう。国家にとってつねに最優先の目標ではないにしても，経済成長を好まない政府は存在しない。それゆえ官僚の能力の帰結を比較するうえで，測定が比較的容易な対象となる。これまで多くの研究が蓄積されてきた分野でもある。

経済発展のためには，さまざまな企業の活動に共通して用いられ

る道路や鉄道などのインフラ整備が必要になる。能力が高く,専門知識を備えた官僚は,こうしたインフラ整備を適切に行い,また産業分野間での物や人材といった資源の配分などに積極的に関与することによって,国をよりよく発展に導くものと考えられた。各国の経済発展段階に応じてどの分野の成長を見込みうるのかを的確に判断できるだけの知識と,それに応じて資源の配分をコントロールできるだけの能力の双方が官僚に備わっている場合には,国家が経済発展を主導しうると考えられたのである (Johnson, 1982)。

同時に,インフラ整備や産業間の資源配分は政治的な利益供与の道具ともなりうる。ここに官僚制のもう一つの要素である,自律性がかかわってくることになる。すなわち,どこにどれだけのインフラを整備し,どの産業を育成するかという決定を政治家が行う場合には,さまざまな圧力団体の要求や選挙区事情などをめぐる政治過程の帰結として,経済効果を最大化する観点とは異なった理由から決定が行われがちになる。しかし,官僚がそうした決定を担う場合には,選挙民に生殺与奪の権を握られておらず,身分保障が強い彼らは,より長期的で戦略的な観点から,経済合理性に沿った決定を行う可能性があるというのである。

事例としての戦後日本

戦後日本の高度経済成長は,このような主張を支持する例と考えられてきた。ジョンソンは,戦前から戦後にかけての経済の総司令部としての商工省,通商産業省(通産省)の姿を描き出し,日本の驚異的な経済成長がなぜ可能になったかという問いに対して,経済成長を第一目標とする経済官僚による国家主導型経済という一つの解答を提示した。能力の高い官僚と,彼らの政治家からの大きな自律性が,戦後日本を発展に導いたというのである。ジョンソンはこのような日本の特徴を「開発型国家」と名づけ,アメリカのような「規制型国家」と対

比する一般モデルとして提起した。開発型国家は他の発展途上国，とくに 1980 年代における東アジア諸国の事例にも応用され，その目覚ましい経済発展を説明するモデルとして用いられた（たとえば，Wade, 1990）。中選挙区制と並んで，日本が稀少な事例を提供し，比較政治学の発展に寄与した例といえる。

　しかし，このような賢明な官僚の主導により経済成長が可能になったという議論は，その後各方面からさまざまな批判を受け，修正されてきている。各国の実態をよく観察すれば，官僚が賢明であったとも，企業をコントロールしてきたともいえないことが明らかにされてきたのである。たとえば日本について，サミュエルズは通産省による民間企業のコントロールはジョンソンがいうほど強力なものではなかったと指摘した。通産省はさまざまな産業分野について広い管轄権をもっていたが，その中での企業コントロールはそれほど強いものではなかった。民間企業が望まないことは強制できなかったのであり，通産省と民間企業の関係は，より互酬的なものであったというのである（Samuels, 1987）。また青木も，官僚はむしろ自己利益追求のために関連業界の虜になっている部分と，それを国家全体の合理性と整合させようとする部分の両面をもつことを強調した（Aoki, 1988）。さらにオキモトは，通産省と民間企業は上意下達の関係にはなく，審議会や業界団体などのさまざまな制度装置によってつながりあったネットワーク国家を構成していたと主張し，国家主導の経済発展仮説を批判した（Okimoto, 1989）。

　他の東アジア諸国（地域）についても，経済発展の原動力となったのは，台湾においては官僚のコントロールを外れた台湾人の経営する中小企業であったとされ，韓国においては輸出指向の強い経済エリートの存在であったというように，必ずしも官僚やそれとの結び付きの強い企業が発展を主導したのではないことが示された（大

図 7-1 官僚の能力と経済成長の関係

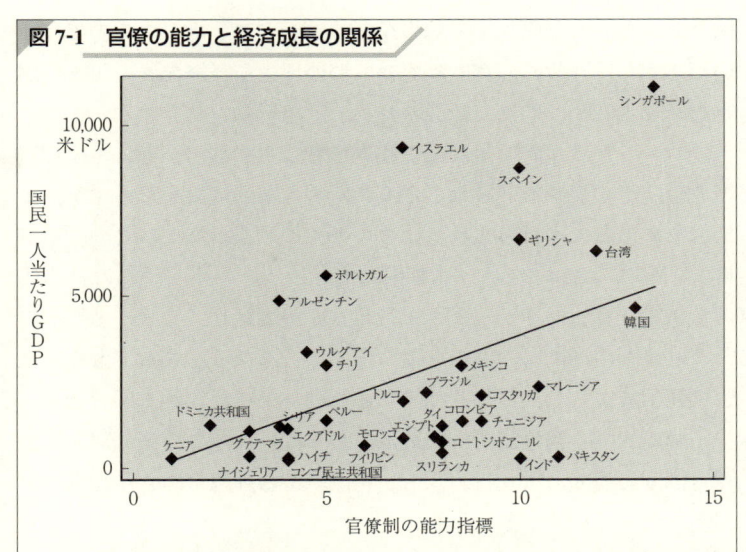

[出典] 官僚の能力指標は，Evans and Raush (1999: 763, appendix C)，国民 1 人当たり GDP (1979 年から 2003 年の平均。単位米ドル) は，IMF, World Economic Outlook (http://www.imf.org/external/data.htm) を用いて，筆者作成。

西，1994)。その一方で，先にも少しふれたエヴァンズとラウシュは，ジョンソンらの見解を東アジア諸国（地域）以外にも適用して，その妥当性を検討した。図 7-1 にあるように，官僚の能力を測るウェーバー指標と経済成長の程度の間には正の相関が存在する。さらに彼らは，経済成長率とウェーバー指標の間の正の関係は，地域差や当初の経済発展レベル，教育レベルなどの影響を統制した場合にも消えない，頑健なものであることを計量分析により明らかにしている (Evans and Rauch, 1999)。

このような研究動向を見るかぎり，官僚の能力や専門性の高さは，経済発展の原動力となるとはいえないが，官僚が経済発展の阻害要

因とならないよう保証する効果をもつということはできるのではないだろうか。一般に，官僚は次の二つの理由で経済発展の阻害要因となりうる。一つには，社会のレント追求行動を誘発することである。レントとは政府の規制により生じる独占や寡占がもたらす利潤であり，その規制で守られる企業には大きな利益をもたらすが，市場競争によってもたらされるはずの多くの利益（たとえば，より低価格での消費が可能になるなど）を損ねてしまう。もう一つには，市場でも供給される財やサービスを行政官庁が生産してしまうと，その分だけ民間市場による供給を追い出すことになる。ここでもやはり市場競争によって得られるはずだった利益が損なわれる。

　市場における競争制約的な政策の多くは，民間の事業に対する許認可制度の導入により行われる。官僚による許認可のさじ加減一つで新規参入の程度が変化することになる。それだけに官僚は，企業や個人などによるレント追求に巻き込まれるおそれがある。政府の規制などから利益を得るための圧力活動に多くの資源が用いられれば，それだけ本来市場での生産に用いられた資源は減少してしまう。また，レント追求は賄賂を伴うことも多い。このような賄賂に使われた資源も官僚の懐に入るだけであり，市場での生産に結び付かない。官僚集団が腐敗すればするほど，人々は官僚機構による政策実施（たとえば許認可の付与など）が公平に行われるとは考えなくなり，ますますレント追求行動が激しくなる（Shleifer and Vishny, 1998）。

　他方，国営企業や公団などさまざまな政府関連の団体などの膨張は，民間部門の活動への圧迫を引き起こしやすい。だが，官僚は再就職先の確保などの理由から，それを進めることもある。また，政治家が支持基盤への利益供与として，これらを利用することも多い。19世紀アメリカのスポイルズ・システムに見られるように，政治家による利益供与の古典的な形態は，公務員ポストを用いた雇用の

提供であった。これが資格任用制の広がりとともに難しくなって,国営企業などに場を移していることが多いのである。

3 官僚の自律性と能力の規定要因

従属変数としての自律性と能力

前節では,官僚制を構成する要因である自律性と能力を独立変数として,その効果がいかなるものであるかを述べてきた。今度は,自律性と能力の二つがいかなる要因によって定まるかを考える。官僚の自律性と能力を従属変数としたとき,それを変化させる独立変数となるのは何だろうか。

官僚の自律性と能力は,政治家による選択の産物である。官僚は,政治家の代理人としてその存在根拠を与えられる。したがって,官僚が自律性をもつとしても,それは政治家がそれを是認するかぎりで保たれるものだと考えられる。官僚の能力についても,政治家が官僚をいかにして任用するかによって大きく左右される。

しかし,政治家が官僚に委任を行う本人だからといって,政治家はいつでも官僚を十分にコントロールしており,官僚を通じて政治家たちが望む政策を実現できているということではない。具体的には三つの問題が存在する。第一に,政治家といっても,多くのさまざまな考えをもった政治家がいる。したがって,そもそも官僚にどのような政策を形成,実施させるのかについて,考え方が一つになるという保証はない。第二に,本人にとって忠実かつ有能な代理人を雇えることが最も望ましいことだが,忠実さと有能さはしばしばトレード・オフの関係にある。第三に,官僚が何を考え,何を行っているのかは,政治家の側からは見えにくい。これら三つの問題に

ついて，以下ではさらに検討を加えよう。

> **執政制度と官僚制**

政治家の代理人としての官僚を考えるときに重要なのは，その官僚に委任を行う政府部門が単数か複数か，という問題である。この点を規定するのが執政制度である。すなわち，議院内閣制では内閣のみが委任を行うことになるが，大統領制では大統領と議会の双方が委任を行う。それによって，自律性と能力という官僚制の二つの側面は大きく違ってくる。以下では議論を簡単にするために，議院内閣制としては議会第一党が単独内閣を構成するウェストミンスター型を，大統領制としてはアメリカ合衆国のように権力分立が貫徹しているタイプ，すなわち法案提出権が議会に独占され，大統領は拒否権のみをもつ場合を想定することにしよう。

議院内閣制と大統領制の大きな違いの一つは，選挙に基づく有権者からの直接の委任関係のあり方に求められる（第4章参照）。議院内閣制の場合は有権者が選挙によって直接に委任するのは議員のみだが，大統領制の場合は議員に加えて大統領も対象となる。これを官僚の側から見ると，議院内閣制において直接の委任を行うのは内閣のみとなる。大統領制においては，大統領と共に議会も官僚に委任を行う存在となる。大統領制では，議会多数派と大統領は同一の政治勢力が占めるという保証はなく，議会が大統領に権限委譲を行うことも予定されていない。このため，官僚のコントロールもまた大統領に委任されるとはかぎらず，議会は直接に官僚をコントロールしうる。

大統領と議会の双方から委任を受けることは，官僚にとってどういう意味をもつだろうか。官僚が好む政策をより実現しやすくなるのだろうか。それとも逆なのだろうか。直観的には，委任を行う政府部門が多い方が，さまざまな要求に従わねばならない分だけ，官

図 7-2 執政制度と官僚制

a
大統領 — 官僚 — 議会・内閣
4000万　5000万　6000万　　　　1億　　（円）

b
現状／大統領制での帰結　議院内閣制での帰結
大統領が受容　　　　議会・内閣が受容
4000万　5000万　6000万　　　　1億　　（円）

c
現状／大統領制での帰結　　　議院内閣制での帰結
大統領が受容　　議会・内閣が受容
4000万　5000万　6000万　　　　1億　　（円）
サービスの提供量・税負担の額

［出典］筆者作成。

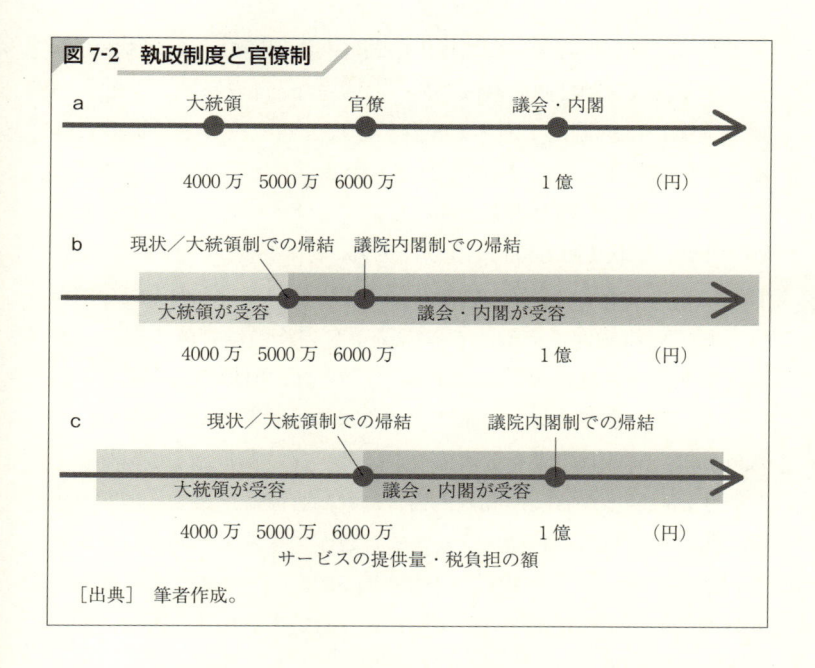

僚の自由は利きにくくなるように思える。しかし，問題はそう単純ではないだろう。政治家と官僚のおのおのが政策形成においてどのような権限をもっているかによって，異なる様相が生じる（曽我，2005：2章）。

図 7-2 の例を用いながら説明しよう。ここでは，ある公共サービス（たとえば道路の建設，あるいは老人介護）について，どの程度の税金を徴収してどれだけのサービスを提供するかをめぐり政策形成が行われる場面を想定している。議会多数派およびその委任を受けた内閣は，サービスの拡大によって関連業界からの票や政治資金などを期待できるのでそれを好む。官僚も，サービスが拡大すればポストが増えるのでサービス拡大を好むが，長期的な維持可能性も考慮

するため，税負担とサービス提供の間にある程度のバランスをとろうとする。大統領は政府財政全体への考慮などもあって，公共サービス提供には抑制的である。3者が好む公共サービスの提供の程度・税の水準は，図7-2aのそれぞれの点として示すことができる。

まず，官僚が新規の事業を開始しようとする場合を考えてみよう（図7-2b）。現状では5000万円の公共サービスが提供されているが，官僚はもっと多くの事業の実施を好んでいるので，その実現を図ろうとしている場面である。ここで法案を書くのは官僚である。議会・内閣あるいは大統領は法案修正は行わず，官僚の法案に対し諾否を与える存在である。つまり，政治家の手によって法律が成立しなければ，官僚は事業を進めることはできないものとする。

まず執政制度が議院内閣制の場合には，官僚は，議会・内閣の承認を得つつ，自らの目標を実現することができる。内閣が最も好むのは1億円のサービス提供だが，1億5000万円のサービス提供でも現状のサービス提供と同じように好ましいと評価するので，5000万から1億5000万円のサービス提供を行うという法案であれば承諾する。よって，官僚は内閣が承諾することを予想できる法案のうち，6000万円の事業という自らが最も好む内容を実現する法律を成立させることができる。これに対して，大統領制の場合はどうなるだろうか。議会が可決する法律の内容は変わらないが，大統領は現状でもすでに過大なサービス提供が行われていると考えているので，これ以上のサービス拡大には反対する。たとえ議会が官僚の法案を可決しても，大統領は拒否権を行使するだろう。したがって，官僚は新規事業を開始することはできない。

次に，上とは逆に，官僚に広範な行政裁量が与えられており，官僚が公共サービスの提供量を決めている場合を考えてみよう（図7-2c）。当然，官僚は自らが最も好む6000万円の事業を実施する。こ

こで，この公共サービスが政治的争点となり，政治家が関与を試みるとする。議院内閣制であれば，内閣は自らの好む1億円のサービス提供を行う法律を制定するだろう。しかし，大統領制の場合は，大統領と議会の双方が同意できるような新たな法律を制定することはできない。したがって，官僚が選択した現行のサービス水準は維持される。官僚はいわば漁父の利を得るのである。

つまり，新たに事業を実施しようとする場合には，議院内閣制の下における官僚の方が自分の望む結果を得やすい。ところが，すでに官僚が実施している事業に政治家が関与しようとする場合，官僚にとっては大統領制の下に置かれている場合の方が，自分の望む事業を維持しやすいのである。議院内閣制における官僚は，新規の政策を形成しやすいという意味でその活動量は大きいが，自らが実施する政策を維持しにくいという意味で自律性は低い。大統領制における官僚は，逆に活動量は小さいが自律性は高いのである。

官僚の能力と政策選好

官僚の選抜方法をどのようなものにするかによって，政治家は官僚の能力を操作できる。しかしそれは，官僚が政治家と近い政策選好をもつかどうかと，トレード・オフの関係にある。社会の中のどのような人間を選出し，官僚にするかによって，官僚の能力と選好は変化する。試験における能力証明に基づく資格任用制は，官僚の専門知識や情報を重視する選抜方法である。これに対して，政治任用制は官僚の選好を重視する選抜方法である。

したがって政治家は，官僚の選好を近づけることと，官僚の能力を高めることの得失を天秤にかけながら，政治任用制と資格任用制のどちらかを選ぶ。どこの国の政治家にとっても，自分に近いところで仕事をする官僚，つまり行政官庁の幹部になるほど，自分との考えが近いことの重要性が増す。そのため一般的にいって，政治任

用を行うとすれば幹部に導入される可能性が高い。しかし、これをどこまで広く行うかは、国によって、また時代によって異なる。

政治家が選抜方法によって官僚の能力と選好を一定の方向に向けようとするのに対し、官僚も自ら能力や選好を変化させるという対応をとりうる。能力を高く評価されることは、官僚のさまざまな資源を拡大させる。そのため、どの官僚も情報や専門知識を高めることに努める。官僚機構外部の大学における専門職教育や専門家集団が確立されることで、その領域の専門性が社会的にも認定されるようになる。そのような外部とのネットワークを形成することが官僚の能力評価にもつながっていく（Carpenter, 2001）。

官僚が自らの政策選好について、特定の政治家や政党の政策選好と同質化しようとするのか、あるいはそこから一定の距離を置き、中立化しようとするのかという選択は、さまざまな条件に規定される。委任者がだれなのか明確であり、その政治家がずっと委任を続ける可能性が高いほど、政策選好は同質化していく傾向がある。そのような場合には、委任者と異なる選好をもっていても、自分が望む政策は実現しないか、実現しても大きな困難の末のものになるからである。したがって、議院内閣制で単独政権が成立しているか、あるいは連立政権の組み合わせが固定化しており、かつそれが長期政権化しているような場合には、官僚の選好は政権党のそれに寄り添っていく可能性が高い。逆に、大統領制の場合や、議院内閣制でも連立政権で組み替えが頻繁に生じる場合、あるいは政権交代が頻繁であるような場合には、官僚は諸政党から中立的な選好を維持しようとするだろう。

| 官僚への委任はどのような場合に行われるか |

政治家にとって、官僚に政策形成を委任することにメリットもデメリットもあるのなら、できるだけメリットが大きいときに委

任を行い，デメリットが大きいときには委任を行わなければよい。基本的にはその通りなのだが，問題はもう少し複雑である。たとえば，政策が技術的な問題や高度に専門的な内容を含むものである場合，官僚機構がもつ情報や知識の必要性は高まる。しかし，こうした場合に委任を行うと，官僚が実際に政治家たちの意向に沿った政策を策定したのかどうか，政治家には判断がつかないことになるだろう。情報や専門知識の格差から，官僚は容易に政治家をだますことができる。つまり，官僚に委任する必要が大きいときほど，官僚に委任すれば勝手なことをされてしまう危険も高まるというディレンマが存在する。

政治家は官僚が，①多くの知識，情報をもっており，②自分たちと同じ政策選好をもっている場合には，多くの委任を行う。このことは直観的にも予測できる (Bawn, 1995)。ただし，より詳細に見れば，さらに費用に関係した二つの条件を考慮する必要がある。③まず官僚への委任を行わないならば，政治家は自分たちで政策形成をする必要があるが，これには一定の費用と危険性を伴う。政治家は専門知識をもたねばならないし，また専門知識を政策形成に生かすために委員会の役割を大きくするなど，議会の分業，専門分化を進めた場合には，議会（本会議）多数派の意向とは離れた政策決定が行われる危険性も生じる（第6章参照）。④また官僚の裁量に制約を加えたうえで委任を行うことにも，やはり費用が生じる。官僚の裁量を制約しようとすれば，詳細な法律を制定せねばならないが，それには時間，労力，専門知識が必要となるからである。要するに，政治家は，①②という委任の便益のみならず，③④という費用を勘案しつつ適切な委任，裁量の程度を決定する。

①と③を実際にデータにより確かめたのが，エプスタインとオハロランである (Epstein and O'Halloran, 1999)。彼らはアメリカ連

邦政府を事例として,議会の多数党が大統領に対抗しつつ,議会内部の委員会と官僚のどちらに政策形成を委任していくかを分析し,次の2点を明らかにした。第一に,委員会所属議員の選好が議会多数派のそれに近い場合は,官僚への委任は小さい。しかし,委員会所属議員の選好が議会多数派の選好から離れている場合には,官僚に大きな委任がなされる。具体的には,予算や議事運営を扱う委員会は政策形成の中心となる。しかし,外交や教育などの政策領域では官僚への委任は広範となり,議会の委員会は官僚の監視役を担当する。第二に,政策領域の複雑性が増すほど官僚への委任は進む。宇宙開発,科学技術などの政策領域では,官僚は大きく権限を委譲されている。

これに対し,②と④をデータにより検証したのが,ヒューバーとシッパンである (Huber and Shipan, 2002)。彼らは委任者が複数であることの効果を勘案したうえで,議会や内閣の立法能力が官僚への委任に与える影響を分析した。第一に,アメリカ各州の医療保障政策の分析では,分割政府であるため議会が官僚を独自にコントロールしようという動機をもっていると考えられ,かつ議会が自ら細部にわたる規定をおくだけの立法能力をもつ場合にかぎり,議会多数派は法律を詳細化して,官僚の裁量を狭めようとすることが明らかにされた。第二に,先進各国の男女雇用機会均等法についても同様に,少数与党や連立与党政権の下で委任者の選好が多元的であり,かつ内閣が安定的で立法能力をもっている場合にかぎり,法文は詳細化され,官僚への委任は小さくなることが示された。

4 日本の官僚制の特徴とその帰結

> 自律性の大きさ

戦後日本の官僚集団の自律性は,少なくとも1960年代から80年代までは,概して大きかったといえるだろう。これに比して,戦後改革期と1990年代以降の自律性の程度については,議論はあるものの相対的に低いといえるだろう。また,自律性が概して高かった時期についても,それは主として大臣に対するもので,自民党の族議員に対する自律性は必ずしも高いとは言い難かった。第1節で掲げた官僚の自律性の四つの指標ごとに,それぞれの時期における特徴を見ていこう。

1960年代から80年代における日本の官僚制は,自律性を次のようにして確保していた。まず,予算について,国会の介入を極小化するしくみとなっていたことが指摘できる。1950年代までは議員立法による歳出プログラムの提案などがしばしば行われ,予算編成過程は不確実性の高いものであった。しかし,国会法改正によって歳出を伴う議員立法に制約が加えられるなどした結果,60年代以降には予算編成の主導権は大蔵省がほぼ完全に掌握した。1960年代末ごろから自民党内部での歳出拡大要求が強まり,大蔵省は対応に苦慮するようになるが,それは政府予算案の国会提出以前の段階で決着しており,国会が関与する可能性はほとんどなかった。

組織編制については,1983（昭和58）年以前は国家行政組織法において局レベルまで国会承認が求められるなど,他国と比べて組織編制に対する議会のコントロールは強いものであった。確かに1950年代まで政治家は組織編制に介入を続け（牧原,2003）,たとえば独立行政委員会のさまざまな組織形態が模索された（伊藤,

2003)。その後も，1971年の環境庁設置，84年の総理府と行政管理庁の統合による総務庁設置など，政治家の主導による組織変革が行われており，完全に自律性を確保したとはいえなかった。しかし，これらはいずれも大臣を置く庁であり，省の新設や統廃合となると，1960年の自治省設置後は2001（平成13）年の省庁再編まで行われなかった。制度構造が政治家に許容する介入の余地を考えれば，非常に高い組織的安定性であった。1984（昭和59）年の国家行政組織法改正によって，局以下のレベルが政令に委ねられたことと合わせ，この部分でも官僚機構は一定の自律性をもっていたのである。少なくとも，政治家が積極的かつ頻繁に組織編制に介入したわけではない。

第二に，人事面で政治家が関与する余地はいっそう乏しかった。政治任用ポストはきわめて限定的であった。昇進や配置に関する政治家の個別介入もきわめて少なかった。各省庁は年功序列を基礎としながらも，能力主義に基づいて昇進の差を少しずつ付けていく人事管理を行った（稲継，1996）。第三に，政策執行に際しての手続き的な制約は少なかった。行政手続法は1993（平成5）年まで制定されなかった。アメリカの1946年，あるいは同じ大陸法系の西ドイツでの制定が1976年であることに比べても，行政執行の裁量は明らかに大きかったといえる。他方で法案策定については，各種審議会での検討を経たうえでの原案策定，その後の各省間協議，内閣法制局審査，与党の事前審査などの形成手続きが1960年代以降に制度化されてきた。第四に，政治家からの委任の程度は大きかった。個別の法律による委任がない場合でも，各省設置法における「〇〇に関する事務」を扱うことという規定などをもとに，行政指導をはじめとする広い裁量の行使が認められていたのである。

族議員との関係　　以上のように，大臣のコントロールを通じたよりフォーマルな過程に着目するかぎり，高度経済成長期から1980年代まで官僚は高い自律性を享受してきた。その一方で，官僚はよりインフォーマルな自民党族議員らのコントロールを受けていた。たとえば省庁の幹部人事は，任命権者たる大臣からは自律的に決められていたが，族議員の応援をつねに必要とする各省庁は，その人物評価を人事に一定程度反映せざるをえなかった。省庁人事は，族議員の間接的なコントロールを受けていたのである。また，政策形成過程における与党事前審査は，省庁官僚にとって避けて通れない関門だったのであり，省庁が族議員の意に反する政策を自律的に形成することは不可能であった。さらに政省令あるいは省庁内の通達など，官僚の決定に委ねられる部分が大きかったのは確かだが，族議員はこれらにも個別に介入することができた。自民党は政省令などについても，それが政策を大きく左右する重要な内容を伴うものである場合には，政務調査会部会や調査会に官僚を呼び付けて検討対象とした。

与党内部というよりインフォーマルな場に政策決定を移すことで，族議員に代表される政治家は，官僚のより柔軟な監視を可能にしたのである。ただし，省庁官僚と族議員は，関係団体を含むいわゆる「鉄の三角同盟」を形成して共通の利害をもつことも多く，族議員の意向から大きく外れないかぎり，両者の関係が対立的なものになることはなかった。

こうした族議員による省庁官僚のコントロールは，議院内閣制であるにもかかわらず，複線化した委任構造が存在したことも意味していた。官僚は，内閣（大臣）からの統制と族議員からのコントロールを二重に受けることになったのである。官僚という代理人にとっては，先に述べたような，大統領制における複数の本人に類似し

た状況がもたらされることになったのである。ただ，そうした内閣（大臣）と族議員による複線的委任構造と，大統領制の下での大統領と議会による二元的委任構造がもつ本質的な違いには，注意を払う必要があるだろう。すなわち，大統領は主権者たる国民から直接選ばれ，議会とは別個の正統性をもつ存在であり，官僚への委任もそれぞれ国民の直接の代理人として行いうる。これに対して，自民党政権における内閣（大臣）はあくまでも自民党議員によって選ばれた代理人である。族議員は，内閣（大臣）を介さない委任を好む場合には任意にそれを選択することができた。究極的には，議院内閣制の下で官僚に委任を行うのは政権与党なのであり，それを構成する議員たちなのであった。

能力の高さと高度経済成長

戦後日本の官僚の能力は，少なくとも1990年代まで概して高かったといえるだろう。一貫して資格任用制が採用され続け，官僚になる人材の学歴なども社会の中で最も高い部類であり続けた。この点は，とくにキャリアと呼ばれる幹部候補生について顕著であった。ここから第2節で紹介した，高度経済成長に対する官僚の大きな役割を指摘する議論が登場した。その多くはすでに批判を受け，今日では官僚が主役となって高度経済成長が実現したとする見解はむしろ少数派である。しかし，官僚が何らの役割も果たさなかった，あるいは果たすだけの能力をもっていなかった，というのは妥当ではないだろう。国民が官僚に対して寄せ続けた信頼も，主として能力面でのものだったと考えられる。

経済発展と官僚の関係を考える際には，能力が高いことに加えて，社会からのレント追求の影響を受けないことや，民間部門の圧迫要因にならないことによって，経済活動を阻害しないことが重要であった。日本における官僚の汚職は，少なくとも1990年代以前まで

は，業者との関係の深いノンキャリア官僚を中心としたものであり，キャリア官僚のそれはさほど多くなかった。総じてその程度は，他国と比べて低いものだったといえるだろう。また，日本の官僚機構は規模的に小さなものであり，公共部門による民間部門の圧迫は抑制されてきた。この規模の小ささは，総定員法や国家行政組織法における総局数規定などの職員や組織に対するマクロ総量規制と，公務員の賃金上昇を民間と同一水準に抑える民間準拠方式を採用することでもたらされてきた。

自民党政権安定以前の政官関係

ここまで見てきたように，1960年代から80年代にかけての日本の官僚制の特徴は，官僚が内閣（大臣）に対する自律性の高さ，族議員に対する自律性の低さと選好の一致，そして能力の高さを保つことを可能にするしくみであったところに求められる。ではなぜ，日本の官僚制はこのような特徴をもつようになったのだろうか。

日本の場合，執政制度は議院内閣制をとっている。とくにウェストミンスター型の場合，議院内閣制では官僚への委任は内閣（大臣）から単線的に行われるはずである。だが，日本では政治任用職は少なかったため，政務次官などを含めても与党議員のうち内閣の一員となる割合は低かった。さらに，中選挙区制の帰結として政党の凝集性も低かったため，与党議員は内閣や大臣に官僚に対するコントロールを完全には委譲せず，自分の手に留保しようとしてきた。これらの結果として，与党議員は自民党政務調査会の部会所属などを通じてその分野の専門家となり，官僚にとっての第二の委任者となった。これがいわゆる族議員政治である。このような複線的な委任構造が形成されたのは，次のような展開によっていた。

そもそも，日本国憲法が議院内閣制を導入した際に内閣法に実質的な改正がなされなかったため，官僚と内閣（大臣）との関係につ

いては戦前のしくみが維持された。すなわち，原則的には各大臣のみが所轄省庁の運営に携わるという分担管理原則と，きわめて限定的な政治任命の継続である。この結果，大臣は全体として内閣を構成し，執政集団として官僚機構をコントロールしていくというより，各省庁の官僚集団に取り込まれることが多かった。もちろん，所轄分野に精通した大臣や，いわゆる実力者として同じポストを重任している大臣の場合には，独自性を発揮することもあった。しかし全体として見れば，大臣の政策選好は与党あるいは内閣の選好よりも，省庁官僚集団の選好に近接することが多かったといえよう。行政と立法が分立し，国会議員が手を出せないという意味での官僚の自律性が存在していたのである。これに対して1950年代までは，国会中心主義をいわば旗印として，与党の一般議員たちの中にも議員提出法案や組織編制への介入を通じて官僚に対抗する姿勢が見られた（川人，2005）。

委任構造の複線化　1955（昭和30）年以降に自民党政権が継続していくようになると，政官関係は変容を始める。与党と官僚の対立が続くことは，両者にとって大きな負担であった。高度経済成長への離陸を始める時期において，与党として必要な政策が長期的な政策体系に組み入れられない一方で，相互に調整されない短期的・個別的な利益供与の乱立が長期的な政府の運営にもたらす弊害は無視できなかった。こうした問題を解消し，中選挙区制の下での与党議員のニーズと経済成長のための政府運営の効率化を両立させる必要が強まったのである。ここに，ウェストミンスター型議院内閣制であれば与党議員と官僚をつなぐ結節点となる内閣を経ることなく，自民党議員から官僚へという形で直接委任を行うしくみが形成されていったと考えられる。

　官僚への委任が拡大したもう一つの要因は，官僚と与党の政策選

好の接近であった（建林，2005）。自民党政権が長期化していく中で，そもそも自民党と選好が異なる者は官僚になろうとはせず，また選好が異なる者が官僚になったとしても，そのような者が出世していくことは難しかった。この二つのメカニズムの結果，官僚集団の政策選好は自民党のそれと同質化していった。

こうした同質化のメカニズムは，官僚の高い能力維持を可能にした要因でもあるだろう。もし官僚集団の政策選好が与党と大きく異なっていれば，与党は自分と考え方の似た官僚を採用するために，政治任用を拡大したいと考えるだろう。政治任用を行えば，官僚集団の能力は概して低下する。日本の場合，政策選好の近さがいわば自動的に調達されたために，自民党は官僚の人事に介入することなく，能力重視の選抜を維持することができたのである。

こうして成立した委任構造の複線化は，第3節の大統領制についての検討で論じたものと似た帰結をもたらす。一方では，官僚が新規の事業を開始する際の調整費用を高める。他方では，権限委譲がなされているかぎり，自らが望む政策を選択することができ，それが政治家の関与によって覆されることは少ない。このため，戦後初期には政治的調整を嫌い政党からの超然性を指向していた官僚も，むしろ政治家と積極的に接触を行い，利害の調整などに踏み出していくことで政策形成を進める方向へと変質をとげていった。より正確にいえば，利害調整に積極的に関与する官僚ほど省庁内部で評価されるようになり，幹部に就きやすくなったと考えられる。牧原（2003）は原局型官僚から官房型官僚への転換として，真渕（2004）は国士型官僚から調整型官僚への転換として，この現象をとらえている。同時に，官僚への委任が広まり，官僚は裁量範囲を拡大できた。事前審査制による確実な拒否権を手に入れたことで，自民党議員は安心して委任を行えるようになったのである。結果として，官

僚制の活動量は増大した（村松，1981；1994）。

現代日本の官僚制

一般議員層から省庁官僚への直接的な委任に基づく政策形成は，中選挙区制と議院内閣制の組み合わせを前提とするかぎり均衡的な制度であり，それゆえ 1990 年代に入るまで維持された。内閣官房の拡充など内閣機能強化が試みられても，それは十分な実効性をもたなかったのである。

逆に見ればその均衡は，選挙制度が改革されて自民党の一般議員の性格が変化すれば，崩れる可能性を秘めていた。したがって，1990 年代の選挙制度改革に始まる統治機構の再編は，与党議員・内閣・官僚の関係にも及び，これら三者の関係は，ウェストミンスター型議院内閣制のそれに近づけられたのである。一般議員は所属政党執行部に権限を委譲し，官僚は内閣との関係を強めた。政策決定の中心は内閣（首相官邸）となった。このことは実際に，官僚たちの日常的な接触の対象が族議員などから大臣や副大臣へと大きく移行するという変化をもたらしつつある（村松・久米，2006）。

この点を官僚の側から見ると，内閣に対する自律性が低下し，逆に族議員からのコントロールは弱まりつつあることを意味する。再び自律性の四要素に立ち返るならば，次のようにいえるだろう。まず予算編成過程と組織編制においては，首相に率いられた執政（内閣）の影響力が拡大した。予算編成において経済財政諮問会議が財務省から主導権を奪ったことは，よく知られている。その背景には，2001（平成 13）年の省庁再編によって省庁の大規模な組み換えがなされるとともに，内閣官房の強化と内閣府の設置がなされて首相・内閣のスタッフ機構が強化されるという組織編制に関する変化があった。人事についても，元の所属省庁への復帰を前提としない内閣官房や内閣府への転属などによって，省庁横断的な人事が若干ながら出現し，官僚が所属省庁ではなく所管大臣に忠誠を示す傾向も見

られるようになった。

　法案策定においても，各省庁ではなく内閣官房や内閣府による原案策定が行われる事例や，与党の事前審査を経由しない事例も見られるようになるなど，その形態は多様化した。第四の要素である委任の程度が相対的にどちらの方向に変化したのかは，現在のところ明確ではないが，地方分権論や「小さな政府」論の強まりの背景には，委任範囲を縮小すべきであるという認識があるように思われる。21世紀に入り，日本の官僚制がそれまでとは異なる特徴を帯びつつあることは明らかだろう。

　官僚の能力に関しても，1990年代以降に変化の兆しが見えつつある。グローバル化や情報化の進展にともなって，対外交渉や民間部門との調整などで求められる専門知識は複雑化・高度化した。それによって，厳しい競争試験を経た少数のいわゆる名門大学の法学部卒業者を幹部候補として，採用後に省庁内部の職務経験や短期の留学で育成するという，従来型の幹部官僚養成システムによる対応は難しくなった。官僚の専門知識は，政策の形成や執行にとって十分なものとはいえなくなってきたのである。こうした変化を受ける形で，従来の公務員制度が抜本的に再検討されつつある。資格任用制の原則は維持されてはいるが，政治任用の拡大，いわゆるキャリア制度や公務員の身分保障の見直しなど，これまで日本の官僚制を形作ってきた諸ルールが改革の対象としてとりあげられている。

　このように今日の日本の官僚は，内閣や大臣からのより一元的なコントロールを受けるようになり，政策を実質的に決定できる範囲も狭められている。かつて，族議員との密接な連携と内閣からの弱い統制という複線的な委任構造の下で広範な裁量を与えられていた時代に比べて，明らかに自律性を失いつつあるように見える。ここで忘れてはならないことは，本章の冒頭で述べた，民主的コントロ

ールと能力の間のトレード・オフの関係である。政治家のコントロールが強まり，自律性を奪われた官僚は，その能力を低下させることになるだろう。その兆候はすでに存在する。現代日本の官僚制は，新しい選挙制度と執政制度の下での均衡への移行過程にあるといえるだろう。

●引用・参考文献●

伊藤正次，2003『日本型行政委員会制度の形成――組織と制度の行政史』東京大学出版会。
稲継裕昭，1996『日本の官僚人事システム』東洋経済新報社。
ウェーバー，マックス／世良晃志郎訳，1970『支配の諸類型』創文社。
大西裕，1994「比較行政学（開発途上国）」西尾勝・村松岐夫編『講座行政学 第1巻――行政の発展』有斐閣。
川人貞史，2005『日本の国会制度と政党政治』東京大学出版会。
久保文明，1991「レーガン政権と環境保護政策――規制緩和と運動の制度化」阿部斉・五十嵐武士編『アメリカ現代政治の分析』東京大学出版会。
曽我謙悟，2005『ゲームとしての官僚制』東京大学出版会。
建林正彦，2005「官僚の政治的コントロールに関する数量分析の試み」日本政治学会編『年報政治学 2005-I――市民社会における参加と代表』木鐸社。
辻清明，1969『新版 日本官僚制の研究』東京大学出版会。
牧原出，2003『内閣政治と「大蔵省支配」――政治主導の条件』中公叢書。
真渕勝，2004「官僚制の変容――萎縮する官僚」『レヴァイアサン』第34号。
村松岐夫，1981『戦後日本の官僚制』東洋経済新報社。
村松岐夫，1994『日本の行政――活動型官僚制の変貌』中公新書。
村松岐夫・久米郁男編，2006『日本政治 変動の30年――政治家・官

僚・団体調査に見る構造変容』東洋経済新報社。

Aberbach, Joel D., Robert D. Putnam, and Bert A. Rockman, with the Collaboration of Thomas J. Anton, Samuel J. Eldersveld, Ronald Inglehart, 1981, *Bureaucrats and Politicians in Western Democracies*, Harvard University Press.

Aoki, Masahiko, 1988, *Information, Incentives, and Bargaining in the Japanese Economy*, Cambridge University Press. (永易浩一訳『日本経済の制度分析——情報・インセンティブ・交渉ゲーム』筑摩書房, 1992年)

Bawn, Kathleen, 1995, "Political Control versus Expertise: Congressional Choices about Administrative Procedures," *American Political Science Review* 89: 62-73.

Carpenter, Daniel P., 2001, *The Forging of Bureaucratic Autonomy: Reputations, Networks, and Policy Innovation in Executive Agencies, 1862-1928*, Princeton University Press.

Epstein, David and Sharyn O'Halloran, 1999, *Delegating Powers: A Transaction Cost Politics Approach to Policy Making under Separate Powers*, Cambridge University Press.

Evans, Peter B. and James E. Rauch, 1999, "Bureaucracy and Growth: A Cross-National Analysis of the Effects of "Weberian" State Structures on Economic Growth," *American Sociological Review* 64: 748-765.

Huber, John D. and Charles R. Shipan, 2002, *Deliberate Discretion?: The Institutional Foundations of Bureaucratic Autonomy*, Cambridge University Press.

Johnson, Chalmers, 1982, *MITI and the Japanese Miracle: The Growth of Industrial Policy, 1925-1975*, Stanford University Press. (矢野俊比古監訳『通産省と日本の奇跡』TBSブリタニカ, 1982年)

Lowi, Theodore J., 1979, *The End of Liberalism: The Second Republic of the United States* (second edition), W. W. Norton.（村松岐夫監訳『自由主義の終焉——現代政府の問題性』木鐸社，1981年）

Okimoto, Daniel I., 1989, *Between MITI and the Market: Japanese Industrial Policy for High Technology*, Stanford University Press.（渡辺敏訳『通産省とハイテク産業——日本の競争力を生むメカニズム』サイマル出版会，1991年）

Rauch, James E. and Peter B. Evans, 2000, "Bureaucratic Structure and Bureaucratic Performance in Less Developed Countries," *Journal of Public Economics* 75: 49-71.

Samuels, Richard J., 1987, *The Business of the Japanese State: Energy Markets in Comparative and Historical Perspective*, Cornell University Press.（廣松毅監訳『日本における国家と企業——エネルギー産業の歴史と国際比較』多賀出版，1999年）

Schneider, Ben Ross, 1993, "The Career Connection: A Comparative Analysis of Bureaucratic Preferences and Insulation," *Comparative Politics* 25: 331-350.

Shleifer, Andrei and Rober W. Vishny, 1998, *The Grabbing Hand: Government Pathologies and Their Cures*, Harvard University Press.

Toya, Tetsuro, 2000, *The Political Economy of the Japanese Financial Big Bang: Institutional Change in Finance and Public Policy Making*, Ph. D. Dissertation, Stanford University.（青木昌彦監訳／戸矢理衣奈訳『金融ビッグバンの政治経済学——金融と公共政策策定における制度変化』東洋経済新報社，2003年）

Wade, Robert, 1990, *Governing the Market: Economic Theory and the Role of Government in East Asian Industrialization*, Princeton University Press.（長尾伸一・畑島宏之・藤縄徹・藤縄純子訳『東アジア資本主義の政治経済学——輸出立国と市場誘動政策』同文舘出版，2000年）

第8章 司法制度

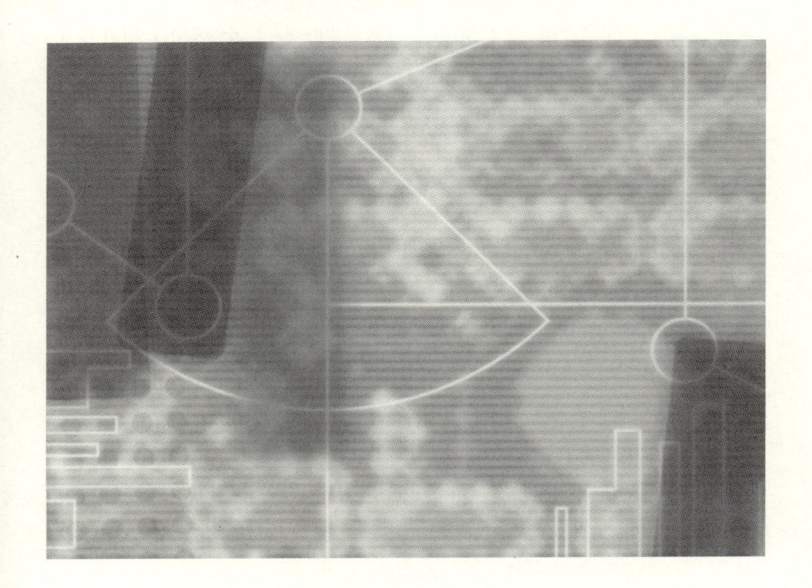

　裁判所のあり方を規定するルールとしての司法制度は，これまで政治学の対象にはあまり含まれていなかった。しかし，権力分立の一角を担い，民主主義体制における基本権の守り手である裁判所は，議会や執政，さらには国民とさまざまな関係を形成する。司法制度の特徴は裁判所の権限と独立性によって定まるが，それは各国の政治に対して何をもたらすのだろうか。政治家はどのような理由から司法制度を選択するのだろうか。そして，日本の司法制度の特徴は何だろうか。本章では，これらの論点について考えていく。

1 司法制度の二つの軸

政治制度としての司法制度

本章では,政治制度としての司法制度をとりあげる。従来の日本の政治学の教科書では,司法について言及することはあまりなかった(例外として,ラムザイヤー,2003)。これは,司法とは法学が扱うべきものと考えられてきたためであろう。しかし,司法は「法の番人」として,そのあり方は政治家や官僚による政策形成,実施に大きな影響を与える。社会や経済に対して与える影響もまた大きい。そこで本章では,司法制度を政治制度の一部としてとりあげ,それが政策に与える影響,さらに社会や経済に与える影響について論じていく。

最初に司法制度という概念を明確にしておこう。まず本章では,司法という言葉を裁判所とほぼ同義に用いる。司法は,広い意味では裁判所以外にも検察や弁護士といった法曹全体を含む言葉として用いられる場合があるが,政治制度としてとらえるかぎりは裁判所がより重要だからである。そして司法制度とは,裁判所のあり方を規定するルールだということができる。具体的には,裁判所と執政,議会,行政省庁,国民との関係を規定するルール,裁判所をいかに構成するかに関するルールなどを意味している。

裁判所の存在こそが権力分立によって政治社会の一般構成員を保護するための鍵だ,という考えは古くから存在する。たとえば,ハミルトンは『ザ・フェデラリスト』第78篇において,モンテスキューの権力分立論を引きながら,「裁判所の完全なる独立は,〔政府の〕権力を制限する憲法にとっては,ことに欠くことのできないも

のである」と述べる。加えて,「憲法の明白な趣旨に反する一切の立法行為を無効であると宣言するのが裁判所の義務なのである」と論じる (ハミルトン=マディソン=ジェイ, 1999: 342)。

これらの文章は,政治制度としての司法制度をとらえる二つの視点をよく表現している。裁判所は違憲審査権などを通じて,政策過程においてどの程度の影響力をもつのか。裁判所がどの程度立法府や行政府から組織的に独立しているのか。この二つが,政治制度としての司法制度のあり方をとらえるうえで最も重要なポイントである。さらに,司法制度によって規定される裁判所の権限の広狭や他の政府部門からの独立性の高低は,いかなる帰結をもたらすのだろうか。裁判所の権限や独立性はどのような要因によって決まるのだろうか。本章は,司法制度を政治学的にとらえることでこれらの問いに答えようとする。

裁判所の権限と独立性

政治制度としての司法制度をとらえるうえでは,二つの側面を分けて考えることが重要である。第一は,裁判所が議会の成立させた法律の命運をどの程度左右することができるか,またそうした政策過程への介入を通じてどの程度政策の内容に影響を及ぼすことができるか,ということである。つまり,裁判所の権限の大きさに注目する視点であり,以下では権限の軸と呼ぶことにしよう。第二は,裁判所の組織のあり方や組織管理に,議会,執政,行政省庁,さらに国民がどの程度関与してくるかということである。これは司法の独立性の軸と呼ぶことができる。

法学において司法制度が語られる場合には,主として第二の要素である独立性の軸,すなわち裁判所の組織的自律性が注目される。しかし,それだけでは司法部門が他部門との間に相互作用関係を構築する側面が含まれず,政治制度としての司法制度を理解するには

不十分である。そこで，本書ではもう一つの要素である権限の軸にも注目していくことにしよう。

権限の軸

裁判所が法律の命運を左右する程度は，違憲審査や行政訴訟をどの程度扱うかによってとらえられる。端的には，それは権限の問題である。すなわち，裁判所に違憲審査権が認められていれば，違憲判決を通じて議会が制定した法律を廃棄あるいは変更させることができる。また，行政訴訟において政策内容あるいは政策形成手続きに違法行為があると判断することで，行政省庁の活動の見直しを迫ることもできる。また，違憲審査権や行政訴訟の存在は，このような直接的な影響だけでなく，間接的にも及ぶ。政策を形成する議会や執政，行政省庁は，違憲審査権や行政訴訟を広範に認める司法制度の下では，成立させた政策が訴訟で否定されることがないように考慮しながら，内容を決めていくはずだからである。この場合，裁判所は表面上何も行動を起こすことはないが，結果的には裁判所の政策に対する考え方が政策内容に反映されることになる。

最初に違憲審査制を確立したのは19世紀初頭のアメリカであり，1803年のマーベリー対マディソン事件での連邦最高裁判決が契機となった。この判決におけるマーシャル首席判事の言葉「何が法であるかを判断するのは，ひとえに司法府の義務であり領分である」（引用は，阿川，2004: 110）は，よく知られている。その後もアメリカでは，とくに20世紀以降において，初期ニューディール立法や人種別学（白人と非白人を別々の公立学校に通わせること），さらには連邦議会の議席配分など，他の政府部門が採用する政策への違憲判断を行い，長期にわたって影響を与え続けている。

現在では多くの国が違憲審査権を確立しているが，違憲審査を行う裁判所や裁判の形態によって政策形成への影響力は異なると考え

られる。違憲審査権の形態は大きく三つに分けることができる。まず，法律の成立後に私人からの具体的な訴訟を待って違憲審査を行える，事後的なタイプがある（付随的違憲審査制あるいは私権保障型）。アメリカや日本がこれに該当する。他方，フランスなどでは違憲審査は法律の成立以前にのみ行われる。議会通過後，大統領の親署の前に判断を行う事前的なタイプである（抽象的違憲審査制あるいは憲法保障型）。この場合には，私人が審査請求を行うことはできない。最後に第三のタイプは，これら両方が可能なものである。オーストリアやドイツなどに見られる。

　違憲審査を行う権限が最も大きいのはいうまでもなく第三のタイプであるが，第一と第二のタイプについては，その権限の大小は判断しにくい。立法が行われた後の状況変化の中で判断を行う余地が大きいことから，第一のタイプの方が，法規範の形成力という点でその権限が大きいようにも思える。しかし，付随的違憲審査制の場合には，違憲審査権の行使にはあくまで私人の訴訟をまたなければならないことや，一度成立してしまった法律を破棄する方が成立以前に拒絶するよりも難しいこと，また違憲判決はあくまで当該事案にしか効力をもたないので，違憲判決が即時に法令の廃止や改正をもたらすとはかぎらないという弱点も存在するのであり，一概にどちらの権限が大きいと結論づけることはできない。

権限と組織形態

このような違憲審査権の形態の違いは，違憲審査や行政訴訟を扱う裁判所が他の訴訟を扱う裁判所とは別個に存在しているかどうか，という組織形態の違いにも表れる。抽象的違憲審査を認めている国の場合には，憲法裁判所が別個に設置されることが多い。また，そのような国ではしばしば行政裁判所も設けられる。たとえばフランスでは，違憲審査を担当する憲法院，行政訴訟を担当するコンセイユ・デタが存在す

る。ドイツでも連邦憲法裁判所，連邦行政裁判所が共に存在する。これに対して付随的違憲審査を採用するアメリカの場合，違憲審査や行政訴訟を専管する裁判所は存在しない。戦後の日本も同様である。

独立の憲法裁判所や行政裁判所が設置されることは，司法の活動量を高めうる。裁判所による積極的な法規範形成に対して，組織面での障害となるのは専門性の不十分さと訴訟件数の多さだからである。違憲審査や行政訴訟だけを担当することは，これら二つの障害を取り除くうえで有効な方法となる。このように，司法による政策形成への影響力は，具体的には裁判所がもつ違憲審査権の形態や裁判所の組織形態によりとらえることができる。

ただし，これらの点において裁判所による違憲審査や行政訴訟をより容易にする環境条件が整えられたとしても，実際にどの程度積極的な影響力行使がなされるかは，国によって，時期によって，さらには裁判官によって大きく異なる。なぜなら，そうした影響力を行使しようとするかどうか，すなわち積極的な権限行使に対する意思の有無が，権限の有無と同様に重要な問題となるからである。たとえば裁判所や裁判官ごとに，司法積極主義，司法消極主義などといわれるような，司法の役割についての規範的立場は異なるだろう。個別の政策課題に関する裁判所や裁判官の政策選好も，実質的な権限行使の意思を規定するだろう。また，憲法裁判所や行政裁判所が組織的に独立していても，裁判官が他の裁判組織との間で頻繁に異動させられるのであれば，専門性は育たない。組織形態は一つの目安ではあるが，人事管理を含めた組織運営の実態を見なければわからない面も多い。

独立性の軸

裁判所の独立性は，組織編制と人事管理という二つの側面から規定される。組織編制

とは，予算がどのように決められるか，裁判所構成員がどの程度の規模か，といった側面を指す。人事管理とは，裁判所構成員がだれによってどのように任命されるか，あるいはそもそもどのような人間が構成員になるのか，構成員の昇任や給与などの人事上の処遇はだれによってどのように行われるのか，といった側面である。民主主義体制における裁判所は，主権者である国民に代わって統治の一部を担う存在である以上，議会や執政と同様に国民の代理人なのであり，一定の民主的コントロールに服すべき存在である。言い換えれば，司法の独立性とは，裁判所が主権者たる国民や，そのより直接的な代理人としての議会や執政からどの程度の民主的コントロールを受けるのか，ということを意味している。

二つの側面のうち，裁判所構成員の人事管理が最も直接的な民主的コントロールの手段である。裁判所構成員の任命権をだれがもち，どのような人間を構成員に任命するのか，またどのような場合に構成員が罷免ないし交代させられるのかは，裁判所の形成する政策を大きく変える。裁判所構成員の任命と罷免の方式は，大きく二つに分かれる。①事件ごとに，国民の中から抽選などで選出された者を構成員（の一部）とするもの。このような構成員は，陪審員（jury）や裁判員（citizen judge）と呼ばれる。②一定期間，裁判業務に専任する者を構成員（の一部）とするもの。このような構成員は，判事ないし職業裁判官（judge）と呼ばれる。

国民を判決の構成員とする①の場合，職業裁判官とどのような分担を行うかによって，さらに二つの類型に分けることができる。①a 陪審制は，国民からの構成員である陪審員のみによって事実認定と有罪か無罪かの判断を行うものである。職業裁判官は量刑の判断だけを行う。これに対して①b 参審制は，国民から選ばれた参審員（lay jurist）と職業裁判官が合同で罪責と量刑を判断するもの

である。アメリカ，イギリス，カナダなどが陪審制を，ドイツ，フランス，イタリアや北欧諸国などが参審制を採用している。日本で導入が予定されている裁判員制度も，この区分では参審制に当たる。加えて，意思決定を全員一致で行うのか多数決で行うのか，国民を構成員とする場合に無作為抽出するのか，特定の推薦を受けたものの中から選ぶのかなど，多様な選択肢がある。

　②の判事の任免方法は，さらに三つに分けることができる。②a 直接選挙方式，すなわち法曹資格をもつ人物が立候補し，有権者が直接選挙によって判事を選出する。アメリカの州の中にはこれをとるところも多い。日本では，最高裁判所判事の罷免についてのみこの方式を採用している。②b 執政長官や議会による任免を行う政治任用方式で，アメリカでも連邦最高裁判事はこの方式によっており，また日本の最高裁判事の任命もこれに該当する。たとえば，日本の最高裁判事には，法曹資格をもたない官僚などが任命されることもある。②c 資格任用方式で，官僚と同じように一定の能力証明を任命の要件とするものである。日本の場合，最高裁を除く判事はこの方法によっている。

　国民によるコントロールの程度は陪審制が最も高く，逆に国民からの独立性が最も高いのは判事の資格任用方式である。日本では，いわゆる法曹一元が資格付与のための司法試験と司法修習までにとどまっており，職業裁判官は独自の閉鎖的な専門職集団として養成されるシステムであるために，職業裁判官と国民の距離は大きかったといえよう。議会や執政からの独立性は，やはり資格任用方式が最も高く，政治任用方式が最も低い。ただし，政治家たちの司法への影響力は，任免以外にも昇進や配置などの人事管理への介入を通じて行使されることもありうる。また，政治任用方式の場合，具体的にどのような政治家がどのような任免権をもつのかも重要である。

裁判官の任免が多数の政治家の同意を必要とする場合には，特定の政治アクターの影響を受けにくくなるのであり，こうした細かな制度の違いも，司法の独立性の実態を左右することになる。

> 独立性の測定

次に，ここまで述べてきた定義と指標に基づいて，各国の司法の独立性を測定してみよう。図8-1は，フェルドとフォイクトによる指標をもとに，組織編制の側面と人事統制の側面に関する各国（地域）の司法の独立性を図示したものである（Feld and Voigt, 2003）。彼らは司法の独立性を形式的独立性と実質的独立性の二つの側面に分け，前者を判事の任命権，任期，罷免手続きなど16の指標から，後者を実際の任期の平均，罷免された判事の数，予算や給与の変化など10の指標から測定した。グラフでは横軸に形式的な独立性を，縦軸に実質的な独立性をとっている。おのおのの指標の最低点は0，最高点は1である。

これを見ると，各国（地域）の司法の独立性は，おおむね四つの集団に分類して理解することができるだろう。第一は，形式的側面と実質的側面の双方で独立性が高いグループである。グラフでは右上に位置する。イタリア，ドイツ，オーストリアなどの各国がここに位置する。第二に，グラフの右下には，形式的には独立性が高いにもかかわらず，実質的独立性が低い国が位置する。ブラジルをはじめとするラテンアメリカ諸国がここに属する。その他，ロシアやアメリカもここに属するといえる。第三に，形式的な独立性は低いが実質的独立性は高い国や地域が，グラフ左上に存在する。スイス，フランス，スペインなどと並んで，日本もここに位置する。最後に，グラフ左下に位置する，形式と実質の両面で独立性が低い諸国がある。途上国の多くがここに属し，中国もここに入る。

1 司法制度の二つの軸

図 8-1　司法制度の独立性

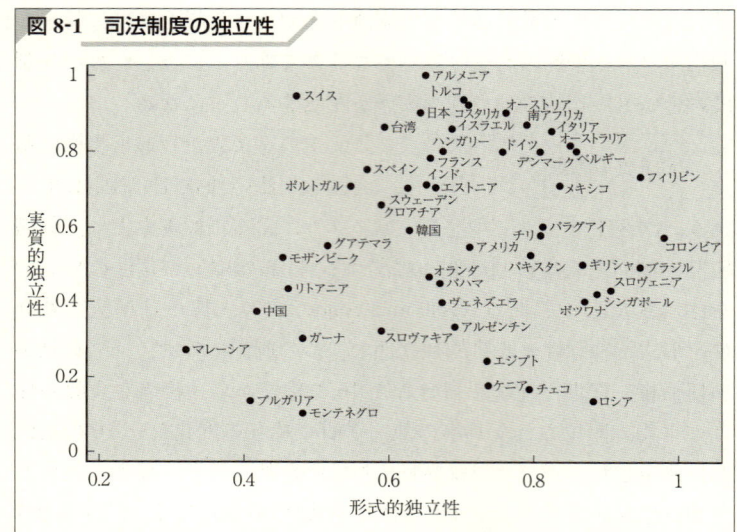

［注］　形式的独立性と実質的独立性の双方のデータが得られる国や地域のみを取り上げた。2000 年ごろのデータ。
［出典］　Feld and Voigt（2003: Appendix B）より抜粋し，筆者作成。

2　司法制度の帰結

司法制度と民主主義の論理

　一般的にいって，司法制度として定められる裁判所の権限の大きさと独立性の高さは，立法や行政によって形成された政策が司法によって修正される程度を変える。独立性の高い裁判所が強い権限をもち，これを積極的に行使しようとすればするほど，議会や行政省庁が形成し実施した政策が転換・修正されることが多くなる。あ

るいは議会や行政の制度そのもののあり方が問われることも増える。違憲審査権が積極的に行使されることがなく，裁判所が組織的にも人的にも政治や行政に従属しているのであれば，裁判所が立法や行政に及ぼす影響も小さくなる。両者の中間に，独立性は高いがその権限は小さい場合と，大きな権限を与えられているが独立性は低い裁判所が位置する。

　これまでの各章でも見たように，議会や執政は国民の代理人として選ばれる。立法とは議員らが国民の代理人として行う活動であり，また行政省庁による政策実施は，国民の代理人たる執政のコントロールを受けている。こうした国民の代理人が行う政策形成や執行に，独立した裁判所が広範に介入し，大きな影響力を行使することは，ある意味で非民主主義的なことであるともいえよう。裁判所の独立性が低く権限も小さいことは，議会や執政の民主的正統性を考え合わせた場合には，むしろ民主的コントロールの貫徹した状況ともいうことができる。だが実際には，程度の差こそあるものの，安定した民主主義体制の下で裁判所の独立性が皆無であることや，権限が極端に小さいということはない。

　実は，ここには民主主義のもつ二つの価値の相克がある。すなわち，多数派の優位と少数派の尊重である。民主主義がその意思決定において多かれ少なかれ多数決，多数派の優位という原則をとらざるをえないことはいうまでもない。しかし，多数決原則を徹底した場合には，民主主義はその持続可能性を失うことになる。選挙で勝った多数派がわがまま放題にふるまい，敗者たる少数派のあらゆる権利を奪うような決定を行う場合には，少数派は次の選挙にはもはや参加しようとしないだろう。敗者が次々に政治参加をやめてしまう場合には，民主主義体制は維持不能となる。言い換えれば持続可能な民主主義とは，敗者たる少数派も何らかの利益を享受し，ある

いは将来勝者となりうるという期待をもつことで，選挙というゲームに参加し続けるシステムなのである（Przeworski, 1991）。したがって多数決原則は，ある意味でそれとは矛盾を孕んだ少数派の尊重という原則と結び付けられる必要がある。多数派の意見によって決して奪われることのない権利として，基本権（基本的人権）を規定し，多数派がコントロールする議会や執政からの独立性と，政策過程に影響力を行使しうる権限をもつ裁判所によってこれを保護させるというしくみも，このような民主主義の持続メカニズムとして積極的に意義づけられるのである。

とはいえ，二つの原則にどう折り合いをつけるか，司法の独立性と権限をどの程度のものにすべきか，という問題は容易に解決できるものではない。そもそも，多数派が望もうとも侵害されるべきではない基本的な権利とは何なのであろうか。同性愛者の婚姻は認められるべきであろうか。反進化論者の子弟は進化論を教える義務教育を受けなくともよいのであろうか。このような問いへの答えは，国によって，時代によって異なるだろう。こうした線引きが不断に見直されるものであるかぎり，司法に与えられるべき独立性と権限の程度も一義的に定まるものではないといえよう。

司法の権限と独立性は，実際にいかなる結果をもたらすのだろうか。権威主義体制の国家において司法が政治家に従属しているため，国民の権利が侵害されているケースは枚挙に暇がない。これに対して，民主主義体制の下での司法制度のあり方，すなわち司法の独立性と権限の程度がどのような結果をもたらすかについては，十分な研究が進んでいない。しかし上で見たように，司法制度の効果を考えることは，民主主義の持続可能性を考えるうえでもきわめて重要な課題である。以下では論点を分けて，もう少し具体的に，司法の権限と独立性がもたらす効果について検討していこう。

政治制度への影響

裁判所が社会に及ぼす最大の影響は，政治制度に対して与えるものであろう。政治制度が憲法の運用，あるいは憲法に依拠する一般法やさらにその下のさまざまな規則によって規定されている以上，ほとんどすべての政治制度は，少なくとも理屈の上では，裁判所の違憲審査権に服することになる。そして裁判所の憲法判断は，政治制度の変更をもたらし，さらにそれを通じて政治アクターの行動を変える可能性をもつのである。

たとえば裁判所は執政制度，より具体的には執政長官の選任および罷免の手続きについて，一定の判断を下すことがある。アメリカでの 2000 年大統領選挙の投票結果をめぐる混乱は記憶に新しい。この際，投票方式や投票再集計を認めるかどうかの判断を通じて，憲法上は最終結果の確定権は連邦議会（下院）に与えられているにもかかわらず，実質的には裁判所が決定するという事態が生じた（松井，2001）。日本においては，国会による首相の選任が違憲審査の対象となったことはないが，不信任がない場合の首相による衆議院の解散権は合憲である，という最高裁判例が存在する。

また選挙制度の適切さに対しても，裁判所はしばしば憲法判断を行う。アメリカの場合，州レベルを含めたそれぞれの選挙においてどのような有権者資格を置くか，有権者間の平等をどのように確保するか，政党が選挙にどのようなかかわりをもちうるか，政治資金についてどこまでの規正が可能か，といった問題について，司法はその都度判断を下してきた。たとえば 1964 年には，下院議員の州内選挙区割りについて，1 人 1 票原則ができるかぎり追求されるべきであるという判決を下した。また 1966 年には，人頭税の支払いを選挙権行使の要件とした州法を違憲とした。これらの判決はいずれもその後の法改正などに大きな影響を与え，議員を志す人物が立

候補をするかどうかについての考慮にも意味をもったといわれる (Cox and Katz, 2002)。1970 年代以降には，選挙資金規正について多くの判例が形成されている。

　日本においても，選挙区の区割りは違憲審査が求められる重要な争点である。都市部よりも農村部に議員定数が有権者に比して相対的に多く配分されているために生じる 1 票の格差が問われ続けてきた。これまでのところ，最高裁の判断はおおむね，衆議院については 1 票の格差が 3 倍以上になると違憲である，というものである。もっとも，選挙をやり直す必要が出てくることを避けるために，違憲ではあるが選挙自体は有効であると判断されてきた。参議院についても 6 倍以上の格差が生じた際に，格差が生じてからの期間が短いため定数配分規定はなお違憲でないとしながらも，格差そのものは憲法上認められないという判断を示した。

　他方，国会はこのような判決が出されるたびに，定数増を行い新たな定数を 1 票の重みが低い選挙区に配分することや，議員定数に比して有権者が少ない選挙区の定数を削り，有権者の多い選挙区の定数を増やすという対処を行ってきた。

社会や経済への影響

　司法制度のあり方は，社会や経済にも大きな影響を与える。とりわけ，議会や執政，行政省庁が政策的対応を積極的に行わない問題に対して，裁判所が対応をとるか否かは大きな違いをもたらす。たとえばアメリカにおいて，裁判所はこのような意味での政策提案権を積極的に行使してきた。すなわち，連邦最高裁の判決が，時にアメリカ社会のあり方に大きな影響を与えてきたのである。奴隷制をめぐる南北対立を決定的なものにしたドレッド・スコット判決，初期ニューディール立法への違憲判決と後年の転換，人種別学を違憲として公民権運動に大きな足がかりを与えたブラウン判決，さらには妊娠中絶に関して

女性の自己決定権を認めたロー対ウェイド判決などは,いずれも大きな政策転換を導く,あるいは転換を認める役割を果たしてきた(阿川,2004;松井,2004)。近年では,裁判所による政策転換を誘導するよう連邦議会や大統領府が事前に行動する場合があると指摘する研究も登場している(見平,2008)。

他の政府部門による立法や政策転換を促すのではなく,裁判所の判決が社会や経済によって直接的な効果を及ぼす場合もある。アメリカで多用される集団訴訟(クラスアクション)はその典型例である。集団訴訟は,たとえば民間企業内部における女性や人種的マイノリティ(本来「少数派」を指すが,ここでは社会・経済・文化的弱者というニュアンスが強いため,とくに「マイノリティ」とする)の昇進差別などについて,被害を自覚して訴訟を起こした人だけではなく,訴えが認められた場合には同じ企業内で同じ立場にある他の女性やマイノリティにも判決の効果が及ぶ,というタイプの訴訟である。集団訴訟は政府機関を相手にも起こすことができるが,とくに1960年代に認められる範囲が拡大して以降は,少ない訴訟費用によって私人間の関係の変革に大きな効果をもたらす方策として,製造物責任などを追及する消費者などにも多用されるようになっている。なお,ヨーロッパ諸国にも近似したしくみがあるが,原告以外の人や団体にも判決の効力が及ぶケースはない(内閣府国民生活局,2004)。

さらに,司法の独立性は経済発展にも正の効果をもつと主張される。経済発展の基礎には所有権制度の確立が不可欠である。所有権が保障されてはじめて,人々は積極的に生産や取引を行おうとするようになるからである。しかし,強制力をもって徴税や貨幣発行を行う政府は,つねに私人の所有権を侵害する可能性をもつ存在である。経済活動を行う私人にとって,そうした政府の存在はつねに大きなリスクとなる。したがって,私人の経済活動を促すことで経済

発展をもたらし、結果的に政府財政をも豊かにするために、所有権を保障する政府が安定的に維持され、政府が私人の所有権を侵害しない存在であることを、国民に信用させることが必要となる。言い換えれば、政府は信用される形で国民に対して公約（クレディブル・コミットメント、credible commitment）せねばならないのである。この点での裁判所の役割は大きい。裁判所が議会や行政から独立していることは、私人の所有権が政府によって侵害されることを防止するからである。したがって、司法の独立性が経済発展にプラスの影響を与えるという予測が成り立つことになる。

この仮説についてデータを用いて実証的な検討が試みられたことはほとんどなく、ようやく近年にいたって徐々に研究が始まった。その代表的な成果はフェルドらのもので、73カ国を対象として、司法の独立性がこの20年間の各国の1人当たりGDP（国内総生産）成長率にどのような影響を与えるかを計量的に分析した（Feld and Voigt, 2006）。独立変数となる司法の独立性は、先に掲げた図 8-1 で紹介したものである。分析の結果は、形式的独立性は影響をもたないが、実質的独立性は経済成長に正の効果をもつというものであった。経済成長に影響を与えうる他の政治制度の特徴、たとえば体制の安定性や執政制度のあり方などを統制しても、司法制度の実質的独立性の効果は失われない。さらに、それらの政治制度との関係を見ると、大統領制の場合は、議院内閣制の場合以上に司法の独立性が経済成長に与える影響が大きいことも明らかとなった。

国民参加の効果 　国民からの司法の独立性、すなわち陪審制や参審制における裁判への国民の直接的な関与は、これまで検討してきた立法府や行政府からの独立性とは異なるレベルの効果をもつと考えられる。陪審制などがとられる場合にも、多くの国では下級裁判所の刑事事件を対象とするために、立

法府や行政府のあり方やその政策が直接問われやすくなるというわけではない。

むしろ，国民が陪審員や裁判員として判決に関与する制度は，次のような効果をもつと考えられている。まず，判決の内容が良くも悪くも国民の一般的感覚などに沿ったものになりやすいと考えられる。法律専門家としての職業裁判官は，たとえば何を罪と考えるのかといった点で，一般の国民の意識とどうしても乖離しがちである。これを逆から見れば，第二の効果として，陪審員・裁判員となる国民の側に，司法過程への関心，より広くは社会的な問題への関心が高まるという教育・学習的な効果や，さらには国民の法的な責任感の強まりが期待できるともいわれる。関連した付随的な効果として，裁判手続きが変化するだろう。陪審員・裁判員の参加の便を図るためにも，裁判期間の集中化や迅速化が図られるようになる。また，一般の国民が理解できるように，提出される資料などの情報提供のあり方や弁護士による法廷弁護のあり方も，法律専門用語をできるだけ使わない簡潔なものに変化していくだろう。

その一方で，判決の不確実性，とくに刑事事件に際して検察側から見た場合の不確実性や不安定性は高まると考えられる。裁判を行うことに専門的に従事する職業裁判官が下す判決は，先行する判例などによって，かなりの程度予測可能なものである。これに対して，陪審員や裁判員の判断がいかなるものになるかは，予測が難しくなるだろう。ただし，以上の効果を十分なデータに基づいて検証した研究は少なく，本当にこれらの効果があるか否かは，依然として今後の実証分析によって確認が必要である。

3 司法制度の規定要因

政治家の利益と司法制度

　司法制度，すなわち裁判所の役割の大きさや独立性の高さに関する諸ルールは，だれによって，何をめざして定められるのであろうか。一般的には，権力分立あるいは三権分立という言葉に象徴されるように，裁判所の位置づけは憲法に定められた所与のものであり，いったん憲法制定者の手を離れた後は，独裁国家でもなければ政治家の操作が及ばないものと考えられている。確かに日本の裁判所については，権力分立の観点から規則制定権に基づいて一定の自律的な組織運営を行うことが認められており，行政省庁や中央銀行とは明らかに異なる存在である。

　しかし本書のように，裁判所の位置づけを人事管理や組織運営などを含む実態レベルでとらえる立場からは，司法制度は民主主義国家においてもその時々の政治家が操作しうるものであり，政治的選択の産物であるという理解が導かれる。裁判官の任用や裁判所の予算承認について議会や執政が関与しうることはすでに見た通りだが，政治家はそうした決定を通じて，司法の独立性と権限の度合いをかなりの程度設計することができるのである。

　では，政治家はどのような司法制度を望むのだろうか。ここまで述べてきたところからわかるように，司法の権限が大きく，独立性が高ければ，現政権の政策が修正や転換を受ける可能性が高くなる。司法の権限の拡大や独立性を高めることから利益を得るのは，多くの場合には，現在，権力を保持していないアクターである。したがって，現時点で政策形成の権限を握るアクターは司法の権限を縮小

し，独立性を低くすることを好むだろうし，権限をもたない勢力はその逆を好むだろう。この傾向は，政策形成の権限を握る者ともたない者の政策選好の差が大きいほど強まると考えられる。ただし，現在政権についているが，将来的に政権を離れる可能性が高いと考えれば，現政権も司法の権限拡大や独立性の強化を好むであろう。近い将来に政権を奪取できると期待している野党勢力は，権限の拡大や独立性を高めることを好まないはずである。

こうした仮説を実際に検証しようとしたのがハンセンである。彼は，アメリカの50の州政府を対象として，現在の政権が政権を降りる可能性が高く，かつ野党の政策選好が現在の政権党のそれと大きく離れている場合ほど，裁判所の独立性は大きくなることを計量分析から明らかにした (Hanssen, 2004)。またシッパンは，1920年代から30年代のアメリカの情報通信法を対象とした事例研究において，既存の放送業界の意を受けた議員らが，選好の離れた行政省庁による政策執行を嫌って，裁判所の管轄を拡大する制度選択を行ったことを示した。すなわち，1927年に行政委員会として連邦無線委員会が設立された際，新たな行政委員会の許認可権の行使に対し，議会は広範な司法判断の可能性を与え，かつ判断の予測可能性を高めるため管轄の裁判所を首都ワシントンの高等裁判所のみに限定したというのである (Shipan, 1997)。

ハウエルの研究は，このような政治家の意図的な司法制度設計が，一定の見返りをもたらしうることを示した (Howell, 2003)。すなわち彼は，大統領の行政命令など専決的行動を対象とする研究の中で，裁判所の判決が政治的判断に左右されうることを明らかにした。大統領の行政命令が司法判断にかけられたとき，平均すれば大統領の勝率は高いが，分割政府の場合には裁判所は大統領敗訴の判決を出すことが多く，さらに大統領の国民支持率が低く，大統領がその判

事を任命した大統領とは別の人物であり，その事案をメディアが大きくとりあげている場合に，裁判所が大統領に「刃向かう」傾向を強めることを計量的に示したのである。

　他方で，現在の政治権力者が将来的に政権を失うおそれを感じていない場合にも，司法の独立性を保障すること，あるいは強めることによって，政治体制への信頼性を高めようとする選択を行うことがある。政治家が独立的な裁判所を設け，自らの手足を縛ることでその信用を向上させ，経済発展を導きうることはすでに見た通りである。所有権を保障することで，経済活動を活性化し，外国資本の投資を促し，結果的に税収を向上させることができるのであれば，独裁国家の安定的なリーダーにとってさえも，独立した強い裁判所の存在は有力な選択肢となる（North and Weingast, 1989）。

政治制度と司法の権限・独立性

司法の権限や独立性は，政治家たちの利害によって左右される。それならば，政治家たちの利害を形成する選挙制度や執政制度などの他の政治制度の形態によって，司法制度のあり方も影響を受けるのではないだろうか。この点の予測は，実は困難である。なぜなら，どのような政治制度であれ，政権を握っている政治勢力にとっては司法の権限が小さく独立性は低い方が望ましいし，政権をもたない政治勢力にとってはその逆が望ましいからである。

　ただ，議院内閣制や単一国家のように権力構造が一元的な場合には，政権の座にあるか否かの利得の差が大きくなるのに対し，大統領制や連邦制など権力構造が分散的ないし多元的な場合には，政権の座に就くかどうかによる利得差がより小さくなる，という違いを想定することはできる。また，こうした一般的な傾向をもとに，他の政治制度と司法制度との連関についても一定の予測を導くことはできるだろう。

まず前者の一元的な権力構造の場合には，政治制度と連関性をもつ司法制度を一義的に導くことはできない。司法制度をめぐる政治家の選好は，リスク回避的かあるいはリスク愛好的かという，リスクに対する態度によって異なる。政治家が野党となったときの保障を重視するならば司法の権限が大きく独立していることを好み，逆に政権党となったときの利益を重視するならば大きな役割や独立性を好む。政治家のリスク態度は，さまざまな外的要因に規定されていると考えられるため，どちらの政治家が多数を占めることになるかを一概に結論づけることは難しい。

他方，後者の権力構造が分散的な場合には，やや違った予想が導かれる。多くの政治家が共通した選好をもつことがありうると考えられるのである。すなわち，権力構造が分散的な場合には，政策形成は往々にして行き詰まったり，あるいは複数の競合する政策が成立したりする。このような政治勢力間の対立を解消することは，すべての政治勢力にとって，対立が続いて何も決まらないという混乱状況よりは望ましい。したがって，権力分立的な政治制度の下では，裁判所はこのような対立を解消する制度装置として尊重されやすい。多くの政治家が，政治的対立の公平な調停者としての裁判所に期待して，より大きな権限と高い独立性を与えようとするであろう。

したがって，他の政治制度と司法制度との連関に関しては，少なくとも議院内閣制のように一元的な権力構造をもつ場合に比べれば，大統領制や連邦制などの分散的ないし多元的な権力構造をもつ場合の方が，司法の独立性が高くなる傾向があると考えられる。この仮説に関する本格的な検証作業は行われていないが，図 8-1 の形式的独立性（横軸）をあらためて見ると，司法の独立性が強い右の方向に，選挙制度でいえば比例代表制，執政制度でいえば大統領制，議会制度でいえば二院制，中央・地方関係制度でいえば連邦制をとる

国が多いことがわかる。

　アメリカは，このような政治制度の配置ゆえに司法の独立性が高められている一つの例と考えられる。連邦最高裁判事の指名に，この特徴はよく表れている。連邦最高裁判事の指名に関しては，大統領の意向が強く作用するといわれる。しかし実際には，大統領は指名を承認する上院の反応を予測したうえで指名を行っている。上院での審査開始前に指名辞退となる例も少なくない。それでも，連邦最高裁の発足以来，ほぼ五人に一人の指名は承認されていないという（上坂，1992: 83）。政権側が見通しを誤った場合には，レーガン政権期の1987年にボークが指名承認を拒否された例に典型的なように，大きな痛手を被ることになる。上院多数党が政権党と異なる場合には，判事になる人物は大統領とも上院多数党とも政治的立場が一致する必要がない。政権党が上院で多数を占めている場合であっても，少数党による議事妨害を抑止するほどには議席をもっていないことがほとんどであるため，大統領の意向のみを反映した人事を行うことはできない。

　政治的立場が近いと思われる人材であっても，上院の承認過程を考えると，大統領に近すぎる候補を指名するわけにはいかない。承認に際しては，非政権党からの追及などを受ける過程で，政権側が予想もしなかった見解を表明する可能性があり，また追及をかわすために行った発言などが就任後の判事を拘束する可能性もある。さらに，終身在任制の下で多数の先任判事と行う合議は，新たに判事に就任した人物の法解釈や考え方を少しずつ変えていく可能性もある（藤倉，2006）。ここから，最高裁判事に親友を任命することはできるが，判事になるともう親友ではなくなってしまう，というトルーマン大統領のかつての述懐が生まれてくるのである。

4 日本の司法制度

裁判所の
独立性と消極性

　日本国憲法は，裁判所に広範な権限と独立性を与えている。憲法第81条は，「最高裁判所は，一切の法律，命令，規則又は処分が憲法に適合するかしないかを決定する権限を有する終審裁判所である」と定めており，アメリカの強い影響の下に作られた戦後の司法制度においては，憲法裁判所や行政裁判所は置かれなかったが，違憲審査権や行政訴訟への管轄権が裁判所に与えられた。また組織編制や人事管理にも比較的高い独立性が認められた。すなわち憲法は第76条で「すべて裁判官は，その良心に従ひ独立してその職権を行ひ，この憲法及び法律にのみ拘束される」として裁判官の独立を規定し，第78条で「公の弾劾によらなければ罷免され」ず，「懲戒処分は，行政機関がこれを行ふことはできない」としてその身分保障も規定している。図8-1は，国際比較という観点からも日本の裁判所の独立性がかなり高いものであることを示す。

　憲法の定める司法制度のこうした特徴を，本章で紹介してきた枠組みに当てはめた場合には，日本の裁判所は政策形成にも大きな役割を果たすという結論が導かれそうである。しかし実際には，日本国憲法の下での裁判所が国会や行政省庁の行ったことに対し違憲判決を出し，転換や見直しを迫ったケースはきわめて限られている。最高裁による違憲判決は，法令そのものを違憲とする判決（法令違憲）として，先にとりあげた1票の格差に関する判決のほか，尊属殺重罰規定に関する判決，薬事法における距離制限に関する判決など数件のみである。法令自体は違憲とせず，その事件における適用

を違憲とする適用違憲も，現在までのところ 10 件に満たない。また，こうした司法の消極性という結果から逆に導かれた評価でもあろうが，一般的には，そもそも日本の司法の権限は小さく，独立性は低いと見られることが多いのである。

どちらの評価が妥当なのだろうか。憲法に規定された大きな権限や高い独立性が，裁判所の積極的な影響力行使という結果になぜつながらないのか。以下では，まず日本の司法におけるこの例外性の要因とされるものを検討し，その後に裁判所の影響力を比較的高く評価する見解を紹介することにしよう。

消極性を生み出す要因　日本の司法の消極性は，裁判所に十分な資源が政治家から与えられていないために，司法の権限が実質的には行使困難になっていること，また政権党と最高裁判所事務総局を通じた一定の人事管理，組織管理を通じて実質的な司法の独立性もそれほど高くなかったこと，という二つの要因によって導かれたと考えられている（フット，2006）。

具体的に見よう。裁判所の実質的な権限行使を規定すると思われる資源については，次のことが指摘できる。第一に，裁判所は大量の訴訟を処理することに追われている。最高裁が近年受理する民事・行政事件件数は 7000 件程度であり，とくに 1998（平成 10）年に裁量上告制が導入されるまでは，ほぼそのすべてを処理してきた（最高裁判所事務総局『司法統計』各年版）。第二に，調査官制度は存在しているが，司法試験の合格者がごく少数にとどまり続けたこともあり，個々の裁判官に十分なスタッフが置かれているとは言い難い。これらの点について，長らく最高裁を中心とする司法部門が強く改革を要求することはなかった。

同じく付随的違憲審査制をとるアメリカと比べると，日本の裁判所の組織的な資源の少なさはより明瞭になるだろう。第一に，アメ

リカ連邦最高裁の場合は上訴されたどのケースに対して判断を下すかを，ほぼ自由に選択することができる。近年では上訴されたケースは毎年9000件に及ぶが，実質的な判断を下すのは100件程度である。大量の訴訟を処理しなければならないという圧力にさらされることなく，自ら判断を下す際には十分な時間をかけて判例を作成することができる。それだけ，積極的な政策形成を行うことも可能になる。第二に，充実したロー・クラーク制度（裁判官の補佐として調査や意見執筆の下書きなどを行う，法曹資格保有者の任用制度）によって裁判官は十分なスタッフを与えられている。

他方，司法の実質的な独立性を規定する人事管理の側面についても，憲法の規定から想像されるほど十分な独立性が確保されているとは言い難い。確かに，戦後は一貫して陪審制や参審制をとっておらず，判決形成は職業裁判官のみに委ねられてきた。最高裁判事を除いては，政治任用も行われていない。裁判官は，ほぼ一生を裁判官としての閉ざされたキャリアの中で過ごすのである。職業裁判官の人事は，最高裁事務総局によって一元的な管理がなされている。最高裁判事もその約半数は職業裁判官であり，長官ポストはほぼ職業裁判官が独占してきた。このことからすると，少なくとも採用の側面における政治と行政からの独立性は高いように見える。

しかし，それは政権党の人事コントロールが裁判官に及ばないことを意味しない。最高裁判事の政治任用と，最高裁の意を受けた最高裁事務総局によるそれ以外の判事の昇進・配置という人事管理を通じて，政権党は裁判官をコントロールできたし，実際にそのようにしてきたのであり，裁判所の独立性は低かったというのが，ラムザイヤーとラスムッセンの主張である（Ramseyer and Rasmusen, 2001）。まず最高裁については，政権党たる自民党は，判事の任用制度と定年制とを巧妙に利用しつつ，自らの政策選好に近い構成を

安定的に維持することができたという。すなわち，政権党と近い考えをもつ判事を任用することはもちろんだが，さらに定年に近い，比較的高齢の者を任用することによって，いったん任用した裁判官が事後に考え方を変えるという，アメリカの最高裁におけるような問題を回避してきたというのである。また下級審については，裁判官集団が閉鎖されたキャリア構造であるために，裁判官は判決を出すにあたって，その後のキャリアへの影響を強く意識せざるをえない。結果的に下級審の判事たちも，人事を行う最高裁事務総局の考え方に反する判決を下すことは難しかったというのである。

　ラムザイヤーらは，400名の裁判官の人事上の処遇についてのデータを用いて，自衛隊違憲など自民党政権の政策に反した判決を出した判事が，その後どのようなポストに配置されたかを調べ，統計分析を加えた。その結果，自民党政権の政策に反した判決を出した判事は，長年にわたって地裁に留め置かれるなど，十分な出世の機会に恵まれないということを明らかにしている。このような理解は，日本の裁判所が権限行使に消極的であるという見解に一定の根拠を与えるものである。すなわち日本の司法は，実質的権限のみならず，独立性も低かったのであり，そもそも国会や行政省庁の省庁に介入し，それに影響を与えようという意思をもたなかったというのである。ただし，彼らの見解は図8-1の日本の位置づけとは矛盾する。図8-1の指標化にはラムザイヤーらが注目したような昇進と配置に関する政治的な影響力などは含まれていないため，人事管理面での独立性が過大に評価されている可能性がある。

　では，なぜ政権党たる自民党は，このような制度選択を行ったのだろうか。すでに見たように，状況次第では独立性の高い，権限の強い裁判所を望むこともありえたはずである。おそらく，自民党の長期単独政権がこれに一定の説明を与えてくれるだろう。すなわち，

自民党は政権から離れることをほとんど心配することのない政権政党だったのであり，政権を失うことを予期して，司法の独立性を高めるような誘因をもつことはなかったのである。

他方，自民党は中選挙区制のために分権的な政党であり，政権政党のそうした特徴を受けて，日本の権力構造が，大統領制に近い分散的とも言いうる特徴をもつにいたったことは，これまでの各章で述べてきた通りである。分散的な権力構造の下では，本章第3節で検討したように，多数の政治家が調停者としての裁判所に期待し，その独立性と権限を高めることがありうる。確かに自民党内の派閥対立や族議員間，政策分野間の対立が，調停者としての裁判所に結び付くことも可能性としてはありえたかもしれない。しかしながら自民党は，長期政権の過程で全派閥参加型の党運営システムと，事前審査制と議員間の取引に基づく族議員の相互協調システムを党内に形成することができたのであり，結果的には調停者としての裁判所は必要とされなかったといえよう。

ある程度の影響力

では，ラムザイヤーらの理解が正しく，日本の司法は政治にコントロールされ，影響力行使の意思をもたなかったために，消極的であり続けたといえるのだろうか。本書では，そうした理解もやや行き過ぎだと考える。

戦後日本では，政治任用を受ける最高裁判事の半数が職業裁判官の中から選任され，長官ポストもほぼ職業裁判官が独占してきた。このことは，慣行としてではあれ，政権党による任用には一定の枠がはめられていたことを示しているだろう。また下級審の判事の判決を監視し，人事コントロールを行うのは，あくまでも職業裁判官集団から構成される最高裁事務総局なのであり，そこにはかなり広範な自律性が働いたものと考えられる。少なくとも，政権党による人事コントロールは，官僚に対する大臣や族議員らの監視と人事介

入よりはるかに緩いものであった，と考える方が妥当であろう。

その点で，裁判官に与えられた身分保障は決定的に重要である。仮に政権党の意向に逆らった判決を行い，政権党の意を受けた最高裁と最高裁事務総局に昇進や配置の上での不利益を被ることがあったとしても，少なくとも10年は免職されない。また10年の任官期間を経て，内閣が裁判官の再任を拒んだ場合にも法曹資格は失わず，弁護士に転じることはできる。こうした裁判官の強みは官僚に対する人事コントロールとの決定的な違いをもたらすであろう。人事管理などを含む実質的側面に注目した場合にも，日本の司法はある程度の独立性を維持してきたと考えられるのである。

また日本の裁判所は，そうした一定の独立性をもとに，ある程度の政策影響力を行使してきたと考えられる。確かに国会や行政省庁の政策形成を直接に否定する局面は少なかったが，社会的要請があるにもかかわらず国会や行政省庁が行動を起こさない場合には，裁判所はむしろ積極的に実質的な政策形成を行ってきた。フット(2006)は，そのような裁判所による法規範の形成の例として，公害被害者への救済，交通事故の処理，雇用問題への対処，借地借家をめぐる紛争の処理などをあげている。これらはいずれも，新たに道義的側面を伴った社会問題が発生し，にもかかわらず国会や行政省庁の対応が十分ではない場合に，問題解決を図ろうとする弁護士の訴訟を裁判所が受け入れていったケースである。こうした判決は，政権党たる自民党の支持基盤の利益（たとえば，公害問題や労働問題における企業や借地借家問題における地主）に合致しないことが多く，自民党の意向にも反するものであったと思われるが，裁判所は積極的に自らの政策形成の権限を行使したのである。

近年の変化

戦後日本における司法制度の特徴は，1990年代末以降に急激な変化を経験しつつある。

司法制度改革審議会が1999（平成11）年7月に設置され，2年間の審議を経て，司法制度改革推進法の成立，司法制度改革推進計画の策定，その実施という経緯をたどった。選挙制度改革，内閣機能強化を図った橋本政権期の行政改革，地方分権改革などと比べても後発の改革である。そのことは，中選挙区制下で分権的な政党組織をもつ自民党の単独政権という，政治の基本構造が変容した後に司法制度改革が始まったことを意味する。

改革の内容は多岐にわたるが，総じていえば，広義の司法（法曹全体）の組織的基盤を量的に拡大することによって，本書のいう司法の実質的な権限を強めることが第一の方向性である。法科大学院制度の新設と司法試験合格者の増加にともなう，法曹人口の拡大がその主な方策である。同時にもう一つの方向性として，裁判員制度の導入により司法への国民の関与の強化が図られた。

この改革によって生じる効果は予測の域を出ないが，次のように考えることができるだろう。第一に，違憲判決の数が増大するなど憲法訴訟や行政訴訟における積極性が増すことは，少なくとも短期的にはないだろう。なぜなら法曹人口の量的拡大という方向は，立法と行政に対する司法の資源を増やすという意味で，権限の向上につながりうるものではあるが，今回の改革では組織編制や人事管理の側面における制度改革は行われていないからである。判事の任命，昇進，配置のあり方などに変化がない以上，判決の方向性にも変化はないだろう。第二に，裁判員制度の導入による一般の国民の学習，教育効果などは予測し難いが，少なくとも裁判手続きの簡明化や迅速化については，すでに先行して対応が進んでいる。判決内容の変化，それにともなう検察側から見た予測可能性の低下も，どの程度になるかはともかく，一定の変化は生じるであろう。

それではなぜ，このような方向性での改革が行われたのだろうか。

第一の方向性，すなわち司法の権限の強化は，政治家が司法の権限を直接変化させようとしたというよりは，政府と市場，ないしは国家と社会の関係変化が1990年代以降に生じたことの影響を受けたと考えられる。つまり今回の改革は，規制緩和の流れを受けて，それまでの行政指導を中心とする官庁と業界団体の関係が，規制ルールの明確化と事後的な司法統制に置き換えられることへの対応としてとらえられる。このような経済規制スタイルの変化は，もちろん国際化や経済界の要求への応答でもあるが，政権交代と連立政権の時代において政権党が官僚に対して広範な権限委譲を好まなくなったこと（第7章参照）の反映でもある。その意味で，近年の司法制度改革における司法の権限強化は，1990年代以降の政治変動と政治制度の変化の一つの産物であるといえる。

　第二の方向性である，国民の司法への関与の強まりは，一つには司法の権限強化との組み合わせで理解できよう。すなわち，国民の直接参加によって，権限が強化された裁判所の独立性を低め，バランスをとるものとして導入されたといえる。もう一つには，本章第3節で述べたような一般の国民の参加にともなう好ましい効果，国民の関心の増大などを期待したとも考えられよう。司法における国民参加というアイディアそのものが力をもったといえる。

　しかしさらに別の理由として，司法が独自に社会とネットワーク形成を始めたという側面もあるだろう。これは，官僚が社会とのネットワーク形成を図り，それを基盤として政治に対する自律性の確保に努めることと近似した行動である。官僚は時として自ら情報公開や国民の意向聴取と参加を進めることがある。通常，官僚はそれらを行いたがらないが，国民の官僚に対する評価が高まる便益が費用を上回るのならば，それらの改革を実施する。日本の裁判所も同様に，必ずしも国民からの支持が確立していないところで変革にさ

らされたこともあって，自らを一般の国民の参加に開くことにより，政治制度としての自らの基盤を強化しようとしたとも考えられる。現時点では裁判員制度を国民の多くが支持しているとは言い難いが，少なくともこれによって，日本の司法制度は民主的コントロールを強めるであろう。司法制度もまた政治制度の一つであり，それゆえ理念とともに利益が制度改革を動かす。日本の司法制度改革もその例に漏れないと考えることができる。

● 引用・参考文献 ●

阿川尚之，2004『憲法で読むアメリカ史』上巻，PHP新書。

上坂昇，1992「最高裁判所」阿部齊編『アメリカの政治——内政のしくみと外交関係』弘文堂。

内閣府国民生活局，2004『諸外国における消費者団体訴訟制度に関する調査』内閣府ホームページ掲載pdfファイル（http://www.consumer.go.jp/seisaku/cao/soken/file/kaigaihoukoku.pdf，2008年6月18日最終アクセス）。

ハミルトン，A.＝J.マディソン＝J.ジェイ／斎藤眞・中野勝郎編訳，1999『ザ・フェデラリスト』岩波文庫。

藤倉皓一郎，2006「裁判官は熟成する」『書斎の窓』554号。

フット，ダニエル・H.／溜箭将之訳，2006『裁判と社会——司法の「常識」再考』NTT出版。

松井茂記，2001『ブッシュ対ゴア——2000年アメリカ大統領選挙と最高裁判所』日本評論社。

松井茂記，2004『アメリカ憲法入門〔第5版〕』有斐閣。

見平典，2008「司法積極主義の政治的構築——アメリカ連邦最高裁判所の積極主義の背景」『法学論叢』第163巻第2号・第4号・第5号掲載予定。

ラムザイヤー，J.マーク／平野浩・河野勝訳，2003「司法」平野浩・河野勝編『アクセス 日本政治論』日本経済評論社。

Cox, Gary W. and Jonathan N. Katz, 2002, *Elbridge Gerry's Salamander: The Electoral Consequences of the Reapportionment Revolution*, Cambridge University Press.

Feld, Lars P. and Stefan Voigt, 2003, "Economic Growth and Judicial Independence: Cross-Country Evidence Using a New Set of Indicators," *European Journal of Political Economy* 19: 497-527.

Feld, Lars P. and Stefan Voigt, 2006, "Judicial Independence and Economic Development," in Roger D. Congleton and Birgitta Swedenborg, eds., *Democratic Constitutional Design and Public Policy: Analysis and Evidence*, MIT Press, 251-288.

Hanssen, F. Andrew, 2004, "Is There a Politically Optimal Level of Judicial Independence?" *American Economic Review* 94: 712-729.

Howell, William G., 2003, *Power without Persuasion: The Politics of Direct Presidential Action*, Princeton University Press.

North, Douglass C. and Barry R. Weingast, 1989, "Constitutions and Commitment: The Evolution of Institutions Governing Public Choice in Seventeenth-Century England," *Journal of Economic History* 49: 803-832.

Przeworski, Adam, 1991, *Democracy and the Market: Political and Economic Reforms in Eastern Europe and Latin America*, Cambridge University Press.

Ramseyer, J. Mark and Eric B. Rasmusen, 2001, "Why Are Japanese Judges So Conservative in Politically Charged Cases?" *American Political Science Review* 95: 331-344.

Shipan, Charles R., 1997, *Designing Judicial Review: Interest Groups, Congress, and Communications Policy*, University of Michigan Press.

第9章 中央銀行制度

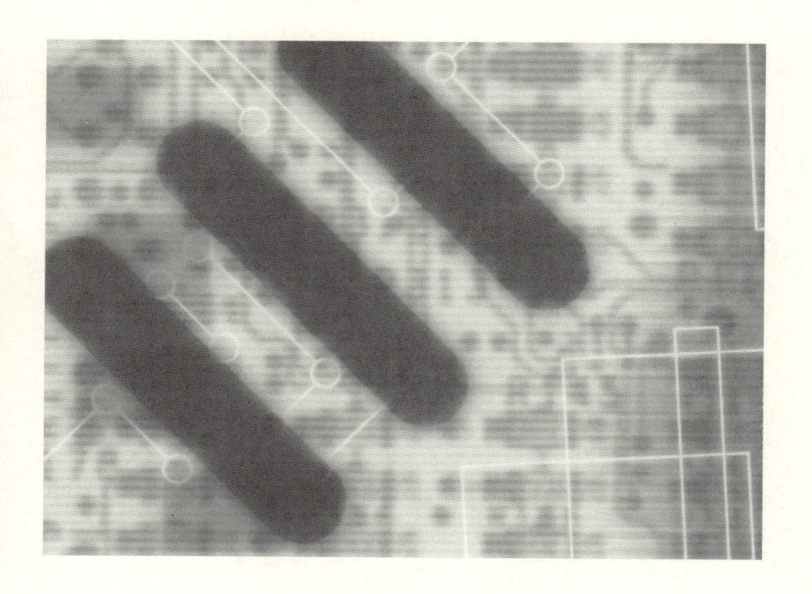

　なぜ，比較政治学のテキストで中央銀行を扱うのだろうか。中央銀行のあり方は国民と政治家の双方にとって重要な意味をもつ。中央銀行は財政政策と金融政策のあり方に大きな影響を与えている。だからこそ，政治家たちは中央銀行を自分たちの手中に収めたがるが，政治家たちの意向に従属する中央銀行は，その国の経済に大きなダメージを与えかねない。中央銀行制度は政治家に対する中央銀行の独立性を定めるものであり，それは民主主義体制の基礎をなす政治制度の一つなのだということが，本章のメッセージである。

1 中央銀行制度の独立性

中央銀行の政治学　本章では,中央銀行 (central bank, reserve bank) の組織的な特徴や,政治システムにおける中央銀行の位置づけ,すなわち中央銀行と他の政治制度との関係などを含めた中央銀行をめぐるさまざまなルールを,中央銀行制度と呼ぶ。従来,中央銀行制度は政治学の教科書ではほとんど扱われてこなかった。それは経済学が扱うべき領域と考えられてきたのである。しかし,近年にいたって政治学においても中央銀行制度の研究が進展を見せている。中央銀行制度がいかなる帰結をもたらすのか,なぜ特定の中央銀行制度が作られるのか,といった経済と政治の相互作用をさまざまなアプローチによって分析する政治経済学的研究が生み出されている。

　その背景には,中央銀行制度が各国の金融政策 (monetary policy) のみならず,財政政策 (fiscal policy) のあり方を大きく規定し,各国の経済や国際政治経済に無視できない影響を及ぼすという現実がある。金融政策の重要性は,1970 年代以降の低成長経済の下で財政赤字が拡大したことや,国際的な資本移動が拡大したことなどを受けて,財政政策を中心としたいわゆるケインズ主義的な政策介入の限界が示される中でますます高まった。そして,その経済的影響の大きさゆえに,政治家や官僚は中央銀行制度に対して強い関心を示してきた。彼らはしばしば中央銀行制度を操作し,設計することを通じて,金融政策や財政政策を自らの望む方向へ誘導しようとしてきたのである。

中央銀行制度と司法制度，中央・地方関係制度

ところで，本章以降で扱う中央銀行制度，中央・地方関係制度は，政治システムの周辺部分に当たるともいえよう。前章の司法制度も，三権分立の一角をなすという意味では政治システムの主要部分だが，民主的コントロールが直接には及ばないという点では同じく周辺部分だと位置づけられるかもしれない。しかし周辺部分であることは，これらの政治制度が重要でないことを意味するわけではない。これらの制度は共通して，中央政府の政治家や官僚たちの直接的な影響力行使に服さない領域，すなわち周辺部分をいわば意図的に作り出し，それを維持することによって，政治家や官僚たちの権力を抑制する働きをもつのである。

このような観点から政治システム全体における司法制度，中央銀行制度，中央・地方関係制度の重要性を明確に位置づけたのは，レイプハルトである (Lijphart, 1999)。ただ，彼の議論においては，それぞれの制度が政治家や官僚の権力を抑制する効果をもち，制度配置次第では少数派の利益を擁護する効果をもつという点が指摘されるにとどまっている。より具体的に，それぞれの制度がいかなる政治的帰結や経済的帰結をもたらすのかという因果関係については，十分に明らかにされていない。これに対して本書では，それぞれの制度の特徴がいかなる結果をもたらすのかをより詳細に検討する。

また本書は，三つの制度の選択にかかわる論点についてもレイプハルトとは異なる立場をとる。具体的には，政治家や政党といったアクターが，各国の司法制度，中央銀行制度，中央・地方関係制度をそれぞれ個別に設計していると考えるのである。レイプハルトは，三つの制度のあり方には一定の連関があることを見出した (Lijphart, 1999: chap. 14)。すなわち，連邦制の国では違憲審査を行うなど司法の役割が大きくなり，中央銀行が独立的な傾向にあるとい

うのである。そしてこのような相互に連関した制度パターンは，民族，言語，宗教などの亀裂（クリーヴィッジ）が地域的な境界と重なり合うことによってもたらされた社会的多元性に起因するとも主張した。

これらはいずれも非常に興味深い指摘である。しかし他方で，そうした制度連関あるいは社会的多元性という要因がすべてではないことも，強調されねばならない。社会的多元性の影響は確かに大きいが，単一国家であり，司法の役割が大きくなく，中央銀行の独立性が低い国々や，逆に社会的多元性が小さいが，違憲審査に積極的で，独立した中央銀行をもち，連邦制を採用する国々の例を容易に見出すことができる。それぞれの制度は亀裂の帰結としてだけではなく，それぞれ独立の要因によって政治アクターにより選択され，設計されていると考えるべきなのである。

中央銀行とは何か

中央銀行とは何か。国の政治経済にとっていかなる存在なのか。まずここでは，各国の中央銀行が共通して果たしている二つの機能から，中央銀行という存在を定義することにしよう。

第一に，中央銀行は通貨の発行を行い，また「銀行の銀行」として市中銀行への貸し手となることで，市場における資金の流通量（マネーフロー）を左右する。すなわち，通貨の供給量を変化させることや，市中銀行への貸付の利率（公定歩合）を変化させることを通じて，市場の資金流通量を増減させるのである。資金流通量の増大は景気動向を加熱させ，逆に減少は冷却させる働きをもちうる。また，市場における資金の流れを円滑にすることで，民間部門で資金の貸し借りが安定的に行えるようにして，信用秩序の維持を図っている。

第二に，中央銀行は「政府の銀行」として国庫業務を行っている。

この業務が、政府による借り入れ（公債発行）がどの程度容易に行えるかを左右する。公債を市場で消化することが求められるかぎり、政府自身の信用や他の金融商品を含めた金利の状況によって、発行できる公債の量には限界が生じる。しかし、中央銀行が公債の引き受けを行うのであれば、公債発行は非常に容易になる。この点で中央銀行の国庫業務は、政府の規模や財政規律に強い影響を与えるのである。

これらの機能から、各国の中央銀行のあり方が金融政策と財政政策それぞれに大きな影響を与えることは容易に想像できよう。また、中央銀行が金融政策と財政政策に大きな影響をもつため、政治家やその意向を受けた官僚が、中央銀行の業務に介入したいという強い誘惑にさらされることも当然であろう。政治家は、できれば景気の良い状態で選挙を迎えたい。景気が悪ければ、有権者は現職の議員たちに落選という制裁を加えるからである。また、増税を行えば落選の危険が高まるが、代わりに公債発行による公共サービスの提供を行えば、有権者からの制裁は避けられるかもしれない。こうして、金融緩和と赤字財政を求める政治的圧力は強まる。しかし、中央銀行がこのような圧力を受け入れれば、将来的にはインフレが強まり、過熱した景気はいつか破綻をするだろうし、財政赤字も累積し続けることになる。

したがって、中央銀行を政府から独立させ、政治家や官僚の圧力から自律的に業務を運営させることは、長期的には国民全体の利益にかなうことが多い。そうした長期的な視点が有権者に評価されるのであれば、政治家や官僚の側にも中央銀行の独立性（independence）を維持しようとする誘因が存在するといえよう。問題は、中央銀行の業務に介入したいという、短期的で強い誘因との折り合いである。いくら政治家や官僚が中央銀行の独立性を尊重すると口

でいっても，有権者は中央銀行に介入したいという彼らの強い欲求を知っており，有権者自身も場合によっては短期的な利益を追求するよう期待するために，そうした口約束を容易には信じないのである。制度的に中央銀行の独立性をどのように国民の信用を得られる形で担保するかが，政治制度としての中央銀行を考えるうえで重要な視点となる。これは，信頼できる公約（クレディブル・コミットメント，credible commitment）の問題といわれる。

なお，ここでいう中央銀行の独立性とは，第8章の司法制度における独立性と同様に，第7章で扱った官僚制の特徴としての自律性と内容的にはほぼ共通している。しかし官僚制の場合，民主的コントロールが十分になされている状態，すなわち自律性が低い状態が民主主義的な規範から見て望ましいとされながらも，それを達成することは難しいと一般的には考えられている。逆に中央銀行や司法の場合，政治的介入を受けずにそれらが行動できること，すなわち独立性が高い状態が国民全体の長期的な福利から見て望ましいとされるが，やはりそれを実現することは容易ではないと考えられている。このように望ましいとされる制度状況が異なっており，またおそらくそのことを反映して一般的にも異なった用語が用いられていることから，本書でも官僚制の場合に用いた自律性とは異なる，独立性という言葉を充てておくこととしたい。

**独立性を
どのようにとらえるか**

では，中央銀行の独立性はどのように把握できるのだろうか。中央銀行の独立性を左右する制度的要素としては，大きく二つのものが考えられる。第一は，中央銀行の経営責任者，あるいは意思決定を行う者を，だれがどのように任命するのか，また罷免できるのかという点である。第二は，中央銀行が行う個別の意思決定に対して，政治家や官僚がいかなる形で関与できるのかという点である。

第一の点は、法律などに明確に規定されており、指標として操作化しやすいことから、これまでの各国比較の分析などで主に注目されてきた点である。たとえば、アメリカの連邦準備制度（Federal Reserve System、通称Fed, FRS、ないしはその理事会を指してFRB）の場合、理事7名の任期は14年に及び、大統領の指名を上院が承認して任命される。理事会の議長と副議長は、理事の中から大統領によって任命される。

　第二の点は、具体的には次の三つのルールから把握することが可能である。すなわち、中央銀行の目的や運営の自主性が設置法においてどのように定められているか、金融政策の決定に対して財務省がどの程度関与する権限をもつか、財政政策、とくに政府が行う公債の発行にどの程度の連帯的な責任を負わされるか、という各ルールである。

　これら二つの観点から、実際に1990年ごろまでの各国の中央銀行の独立性を位置づけた一つの試みが、表9-1である。指標は大きく、①総裁の任免（ウェイトは6分の1）、②金融政策決定の手続き（6分の1）、③中央銀行の目標（6分の1）、④中央銀行から政府への貸付に関する制約（2分の1）、という四つの要素の加重平均として算出されている。各要素は、さらにいくつかの細かい制度的特徴の合成によって得られている。たとえば、①の総裁任免の要素は、総裁の任期、任命手続きにおける議会などの関与の程度、罷免手続きの容易さという三つの特徴からとらえられている。観測の対象となった期間は1950年から89年までであり、その単純平均値が用いられている。

　ただこうした指標化は、あくまでも一つの代表的な試みを紹介していることに注意してほしい。中央銀行の独立性に関しては、これ以外にもさまざまな論者が異なる指標を作成しており、ここで示し

表9-1 中央銀行の独立性

高い ←			独立性		→	低い
西ドイツ	フィリピン	ホンジュラス	インドネシア	フィンランド	オーストラリア	コロンビア
スイス	バハマ	ペルー	ボツワナ	スウェーデン	タイ	スペイン
オーストリア	タンザニア	チリ	ガーナ	シンガポール	サモア	モロッコ
エジプト	ニカラグア	トルコ	フランス	インド	ニュージーランド	ベルギー
デンマーク	イスラエル	マルタ	ザンビア	イギリス	ネパール	ユーゴスラヴィア
コスタリカ	オランダ	アイスランド	南アフリカ	韓国	パナマ	ポーランド
ギリシャ	カナダ	ケニア	ナイジェリア	中国	ジンバブエ	ノルウェー
アメリカ	ヴェネズエラ	ルクセンブルク	マレーシア	ボリヴィア	ハンガリー	
エチオピア	バルバドス	ザイール	ウガンダ	ウルグアイ	日本	
アイルランド	アルゼンチン	メキシコ	イタリア	ブラジル	パキスタン	

［注］　データの出典は，Cukierman（1992: chap.19, appendix A）；Barro（1997: 107-109）に再録されている 1950-89 年の平均値を利用して 7 段階に分類した。
［出典］　上記資料に依拠して，筆者作成。

たものが唯一の測定方法ではない。なお，日本銀行（日銀）の独立性については改正以前の日本銀行法に基づいているため，各国の中でも非常に低く位置づけられているが，この点については第 4 節で詳しく説明する。

2　中央銀行の独立性の帰結

中央銀行とインフレ率　中央銀行の独立性は，インフレ率の抑制をもたらすと予測される。インフレ，とくに年率 20％ を超えるインフレが経済に悪影響を与えることはほぼ間違いがないので，中央銀行の独立性はインフレ抑制を通じて経済成長をもたらすともいえる。しかし，再選を目標とする政治家にとって，長期的な経済成長のためにはインフレの抑制が重要だとわかっ

図 9-1　中央銀行の独立性とインフレ率

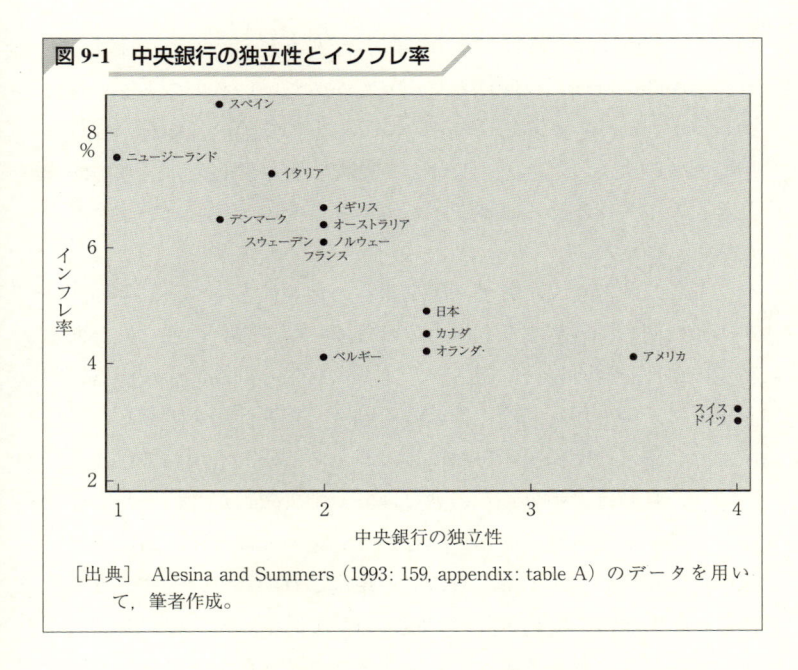

[出典]　Alesina and Summers（1993: 159, appendix: table A）のデータを用いて，筆者作成。

ていても，短期的な景気後退をもたらす金融の引き締め策はとりにくい。このため，中央銀行が独立しておらず，政治家が金融政策に関与しうる場合には，インフレ率は上昇しやすいと考えられよう。とくに左派政権の場合には，労働者の雇用を守るためにインフレを甘受する傾向があり，インフレ率上昇の可能性はより高まる。

　この点をめぐっては多くの実証研究がなされている。中央銀行の独立性と低インフレとの間に因果関係を見出すことができるとする代表的な研究は，グリッリら（Grilli, Masciandaro, and Tabellini, 1991）や，図9-1が依拠したアレシナとサマーズによるものである（Alesina and Summers, 1993）。他方でバローらの研究は，そうした因果関係の存在を否定する（Barro 1997: chap.3; 藤木，1998）。表9-

1に示した独立性指標はバローが用いたものだが、この指標とインフレ率の間には何らの関係も見出せなかったというのである。彼はアレシナとサマーズあるいはグリッリらとの結論の違いを、独立性指標の改善によるものと主張する。ただこれに関しては、双方がそれぞれの主張を支える証拠を示しており、そのままではいずれが正しいともいえない。

こうした状況をふまえて、中央銀行の独立性とインフレ率の関係がつねに同じように成り立つのではなく、中央銀行の独立性がある特定の条件を伴う場合に限って、インフレ率の抑制につながるというように、中央銀行制度と他の政治制度の相互作用を考慮しながらインフレ率との関係を明らかにしようとする研究も現れている。

第一の見解は、中央銀行の独立性は、中央銀行が政治家や官僚からどれほど隔離されているか、という問題のみならず、政治家や官僚の意思決定システムそれ自体にも規定されている、とするものである。たとえば、中央銀行の決定に対して政治家や官僚が介入を行う場合にも、介入の意思決定自体にさまざまな政治アクターの同意を必要とするのであれば、それだけ介入は困難になる。したがって、政治過程における拒否点が多く存在するほど、中央銀行の独立性は高くなると考えられる。具体的には、制度的な拒否権プレイヤー（二院制、議会内の委員会など）と党派的拒否権プレイヤー（連立政権、あるいは少数政権）の存在が中央銀行の独立性を高めること（Bernhard, 1998)、あるいは大統領制において分割政府であるときに中央銀行の独立性が高まること（Lohmann, 1998）、などが指摘されている。

さらにキーファーらは、中央銀行の法制度的な独立性に加え、拒否権プレイヤーの数を用いることで、インフレ率を説明しようと試みた（Keefer and Stasavage, 2002）。彼らが用いたのは、1975年か

ら94年までの78カ国のデータである。まず、インフレ率を従属変数にとり、経済発展の程度や経済開放度の影響を統制したうえで、中央銀行の独立性の効果を見た場合には、特段の関係を見出すことができない。しかし、中央銀行の独立性と拒否権プレイヤーの数の交差項の効果を推定した場合には、統計的に有意に負の関係が現れる。つまり、中央銀行が制度的な独立性を与えられ、かつ拒否権プレイヤーの数が多い場合に、インフレは抑制されるというのである。

第二のアプローチは、利益集団が経済政策決定に参加することを可能にする制度、とりわけ労働組合の賃金交渉制度との関係に注目するものである（上川, 2002）。インフレ率に大きな影響を与える政治経済的要因として、従来から注目されてきたのが、労働運動とその所産としての賃金水準である。とりわけ、1970年代には不況にもかかわらずインフレが進行するというスタグフレーションが生じたが、この一つの背景とされたのが、労働運動による不況下での賃金水準上昇であり、逆に賃金抑制メカニズムとしてのネオ・コーポラティズムが経済成長との関連で注目を集めることになったのである。左派が政権に参加するかどうかという政権政党の党派性と労働組合のあり方の組み合わせに注目し、それと経済発展との関係を明らかにする研究（Garrett, 1998）や、労働組合とともに経営者団体のあり方を統合したいわゆる「多様な資本主義」論（Hall and Soskice, 2001）などは、こうした研究動向の成果であった。

これらの議論を受けて、インフレ率や経済成長との関係を分析するうえで、中央銀行の独立性と賃金交渉制度との相互関係が注目されることになった。たとえばホールとフランツェーゼは、中央銀行の独立性が高い国ではインフレを抑制しやすいこと、他方、中央銀行の独立性が低い国の中では、賃金抑制がなされる国において失業率がより低くなる傾向にあることを、各国のデータを用いて実証的

に示した (Hall and Franzese, 1998)。またアイヴァーセンは，各国の金融政策の特徴，すなわち有効需要の増大や失業の抑制に配慮するか（適応的金融政策），インフレ抑制に厳格にコミットするか（非適応的金融政策）という違いと，賃金交渉制度との関係を整理し，それが経済に与える影響を検証した (Iversen, 1999)。失業を減らすためには，適応的金融政策と集権的な賃金交渉制度の組み合わせが最適である。他方で物価上昇率については，非適応的な金融政策と産業レベルや業種レベル（メゾレベル）での賃金交渉制度の組み合わせが最も抑制効果が高いという。そして，日本はこの後者の類型に該当するとされたのである。

　中央銀行の独立性とインフレ率および経済成長率の関係は，政治経済学の中で現在最も研究が盛んな領域の一つである。それだけに相互に両立しない複数の見解が示され，そこでの知見をひとくくりにしてしまうことは難しい。ただ，極端なインフレが経済成長に悪影響を与えること，中央銀行の独立性はそれを抑制する唯一ではないが，少なくとも一つの重要な手段であることは確かだといえよう。

中央銀行と財政赤字

　中央銀行が政府に対して従属的であることは，財政赤字を拡大させる可能性がある。なぜなら，政治家の意向によって公債を財源にした公共サービスが提供される場合，政府に従属的な中央銀行は公債の引き受けを行いやすく，それが政府の公債発行をより容易にすると考えられるからである。中央銀行が独立的であり，公債を市中で消化しなければならない場合，すなわち民間銀行に買い取ってもらわねばならないときには，公債には民間銀行が金融商品として買い入れに魅力を感じるだけの金利を設定しなければならず，その発行量も民間銀行の需要に応じて制限されざるをえない。これに対して，通貨発行権をもつ中央銀行による買い入れには，少なくとも短期的には，このよう

な金利面および発行高の制約は生じないのである。

それでは,中央銀行の独立性と財政赤字の関係はデータによって検証されているだろうか。実はこの論点についても,これまでの分析結果は分かれている。少数の国を対象とした事例研究では,関係性を肯定する結果が得られている。たとえば,戦間期から第二次世界大戦中の日本とドイツでは,中央銀行の政府への従属性が高かったために,戦時経済に動員されていったと一般には理解されている(大島・井手,2006)。他方で,より多くの国を対象とした計量分析では,中央銀行の独立性が高いほど財政赤字が小さいという関係は見出されていない。先に見たように,グリッリらは中央銀行の独立性とインフレ率との関係を肯定しているが,財政赤字との関係は負ではあるものの,統計的に有意なものではないという (Grilli, Masciandaro, and Tabellini, 1991)。この他にも,計量分析による多国間比較では,いずれも両者の関係は否定されている(たとえば,Sikken and Haan, 1998)。

なぜ,このように予測通りの実証結果が出ていないのだろうか。一つの可能性は,方法上の問題である。すなわち,多国間比較を行う計量分析では,政府の公債発行と引き受けに関する中央銀行の独立性を的確に測定できていないのかもしれない。これまでの研究の多くは,金融市場における中央銀行の役割に主に注目しており,中央銀行の独立性を測定する場合にも,金融政策すなわち「銀行の銀行」としての側面を重視する傾向があった。したがって,「政府の銀行」としての側面に注目し,公債引き受けに関する制度の特徴をより的確に取り込んだものへと独立性指標を改善することで,財政赤字との間の予測されるような関係が見出されることがありうるだろう。

もう一つには,中央銀行の政府からの独立性と財政赤字を結び付

ける議論では見落とされている点がある可能性も,考えるべきであろう。そもそも,理論的予測それ自体に問題があったのかもしれないのである。すなわち,こうした議論では政府が公債発行を求め財政を拡大しようとすることをいわば所与の前提として,中央銀行の独立性の低さが財政赤字の増大に結び付くとしている。しかし,本当にすべての政府が財政赤字を甘受しても,つねに支出の拡大をめざしているのだろうか。財政支出の拡大を図る政府が存在する場合には,確かに中央銀行の独立性は財政赤字の規模を左右するだろう。だが,そもそも財政支出の拡大を政府が望まなければ,中央銀行の独立性とは無関係に財政赤字は小さいはずなのである。したがって予測される関係は,より正確には,中央銀行の独立性が高ければ財政赤字は小さいが,独立性が低い場合には財政赤字が小さいこともあれば大きいこともある,ということになるのではないか。

現在のところ,政治経済学の分野で精力的に研究がなされているのは,むしろこの側面,つまりどのような政府が財政支出の拡大を図るのか,という問いの解明である。本書でも第3章から第5章にかけてとりあげてきたように,選挙制度が小選挙区制よりも比例代表制の方が,また政党制度が多党制であり連立政権になる方が,あるいは執政制度が大統領制よりも議院内閣制の方が,それぞれ財政支出を拡大しやすいといった仮説が提起されている。またこれらの基本的な政治制度のほかに,予算編成を規定する諸制度,たとえば予算均衡のルール化などが与える影響についても検証が進められている(たとえば田中,2004)。これらの諸要因の中で中央銀行の独立性をとらえ直すことによって,中央銀行の独立性と財政赤字の関係はよりよく理解されることになるだろう。

中央銀行と民主主義の論理

ここまで述べてきたように、中央銀行の独立性の帰結として低インフレと均衡財政（財政赤字の縮小）が注目されてきた。そして、それぞれ何らかの媒介変数を考慮する必要があるものの、既存研究はそこに一定の因果関係を見出してきた。実は、そうした帰結を突き詰めて考えていけば、民主主義の論理と資本主義の論理の相克を示していると見ることもできる。従来の中央銀行研究においてはほとんどふれられていない論点だが、政治制度としての中央銀行制度を考えるうえでは、無視できない側面である。

独立性が低く、政府に従属的な中央銀行とは、一面では民主主義的価値の貫徹を意味している。有権者の代理人としての政治家が、その民主主義的正統性をもとに中央銀行を強くコントロールし、通貨の発行や信用創出を行うのである。しかし、民主主義的規範の徹底は、資本主義の論理を突き崩す可能性がある。高インフレや財政赤字の継続は、資本主義体制の維持にとって大きなリスクとなる。それらは短期的には景気浮揚をもたらすかもしれないが、中長期的には経済を破綻に導くおそれがある。中央銀行を政治的意思決定から隔離することは、民主的コントロールを犠牲にしているかもしれないが、低インフレや均衡財政をもたらすことで、資本主義体制を維持する効果をもつ。市場の破綻を回避し、中長期的な経済活動のリスクを取り除くことは、主権者たる国民の福利を高めることでもあり、潜在的な民意に沿う選択ということもできるだろう。そうした観点からは、ここでいう民主主義対資本主義の相克とは、短期的民主主義と長期的民主主義の相克ないしは選択である、といえるかもしれない。

この点は、アメリカ合衆国の建国初期において主要な争点の一つとなった。アメリカは独立革命に際して、国民（植民地人）とフラ

ンスなどのヨーロッパ諸国に公債を引き受けてもらい，イギリスとの戦費を調達した。ところが，独立直後の連邦政府は課税権をもっておらず，合衆国を維持していくための費用を負担すべき州政府では，強い権限をもつ議会が連邦レベルの政策に協力することを嫌った。このため連邦政府の財源は不足しがちであった。合衆国憲法の制定はこれらを修正し，有権者と議会による民主的コントロールから相対的に距離をおいた連邦政府を，財政面で従来よりも強力な存在にする試みという側面をもっていた。さらに，憲法が制定された後，初代の財務長官となったハミルトンが主張したのは，公債を発行条件に従って償還するとともに，州の債務を連邦政府が引き受けることによって，アメリカに連邦政府主導の信用秩序を確立することであった。対外通商の潜在的な障害を取り除くことや，国内の資金需要に円滑に応じられるようになることが，新興国アメリカの経済発展には不可欠だと考えていたのである（中野，1993）。

　彼はそれに合わせて，各州の州法に基づく銀行が独自の紙幣（州法銀行券）を発行するのをやめさせ，国内での通貨供給の一元化を行うことをめざし，中央銀行にあたる合衆国銀行の設立を試みた。しかし，中央銀行を創設する権限は合衆国憲法に明記されたものではなく，州法銀行への規制は各州の経済政策や人々の経済活動の自由を侵すと考えられたから，ハミルトンの政策には強い批判が浴びせられ，彼に反対する人々はジェファソンを中心として新しい政治勢力を形成した。ハミルトン派とジェファソン派がそれぞれフェデラリスツとリパブリカンズとなり，アメリカに最初に成立した二大政党となった。

　その後の歴史は，ハミルトンの方針，すなわち州ではなく連邦政府が主導して信用体系を維持し，商工業重視の経済政策を展開することが，アメリカを世界的な大国に押し上げたことを教える。もち

ろんその過程には紆余曲折があり,フェデラリスツは勢力を失い,合衆国銀行の存続も実現しなかった。アメリカで通貨供給の一元化がほぼ完全に実現するのは,20世紀に入って連邦準備制度が確立されて以後のことである。また,連邦政府が合衆国憲法制定当時よりもはるかに有権者からの直接的影響を受けやすい存在になったことにも,疑問の余地はない。

だが,当時の有権者および議会の意向に反しても,信用体系を確立することが重要だと考えたハミルトンの方針がなければ,建国初期のアメリカにおける人々の自由な経済活動は大きな制約を受け,対外債務は国家の存在すらも脅かしていたかもしれない。これは今日的な意味での中央銀行の独立性の問題とはやや様相を異にするが,有権者と政治家の意向に従うことが,長期的に資本主義体制や民主主義国家にとって必ずしもプラスに作用するわけではないという,政治制度としての中央銀行制度の特徴を示唆する。

3 中央銀行の独立性の規定要因

政権交代や体制転換との関係

ここまで,中央銀行の独立性はどのような意味をもつのか,どのように測定できるのかを述べた。また中央銀行の独立性の違いが,各国の金融政策や財政政策にもたらす効果についても検討してきた。では,中央銀行の独立性は何によって生まれるのだろうか。表9-1を眺めるかぎりでは,経済発展の程度や経済の開放性などとは特段の関係はなさそうである。本章では,中央銀行の独立性は政治的な選択の対象であり,それゆえ他の政治制度のあり方の影響を受けるものと考えている。以下では,政治的な選択の結果として中

央銀行の独立性を説明する議論を二つ紹介しよう。

第一に，政権交代，さらには体制転換が生じる時，中央銀行の独立性は高まりやすいという考え方がある。権力の座を降りなければならないことを予期した現政権が，近い将来に敵対勢力が政権の座に就いても政策の変更ができないよう，事前に中央銀行を政権から隔離し，その独立性を高める改革を行うからである。ボイランはチリとメキシコを題材にして，権威主義体制の下で市場を重視するエリートが，左派勢力主導の民主化運動を前にして，政権を去らなければならない可能性が高いと考えた場合には，中央銀行の独立性を高める制度改革を行うことを示した。エリートたちは政権を失った後にも，社会経済的には重要な存在であり続ける。それゆえに，将来のことを見越して中央銀行の改革を行うのである。また，左派が政権をとった後で中央銀行の独立性を奪ってしまわないのは，一度確立した独立的な中央銀行はすでに海外投資家などの評価基準となっており，それを壊すことは経済的な損失があまりに大きくなるからだという。実際に，体制転換の可能性が高いと予測されて中央銀行の改革が進んだのがチリであり，低いと予測されて改革が進まなかったのがメキシコのケースであるという（Boylan, 2001）。

真渕（1997）による日本の金融政策当局と大蔵省の分離過程に関する研究も，やや違った文脈ながら，政権交代が中央銀行の独立性を高めることにつながったという指摘を行っている。詳しくは第4節で見ることになるが，1990年代初頭までの日本の金融政策をめぐる制度配置は，大蔵省内部に財政部門と金融部門が併存し，かつ日本銀行の独立性も弱かったために，全体として「金融の財政に対する従属」を生み出していた。しかし1990年代後半以降，大蔵省から金融部門が切り離されて金融監督庁（のちに金融庁）となり，また日銀の独立性が強まるという制度改革が進められた。その大き

な要因は,大蔵省の不祥事や政策上の失策と並んで,非自民連立の細川政権に大蔵省が接近しすぎたことを契機に,政権復帰後の自民党と大蔵省の関係が「パートナーからネイバーに」変化したことであるという。すなわち,従来の長期単独政権の下では自民党と大蔵省は一心同体であると考えられてきたが,下野によってそれが必ずしも正しい認識ではないことを自民党は知った。ここに不祥事などを直接の引き金として,一気に金融政策に関する権限が大蔵省から切り離され,中央銀行の独立性の強化が図られる素地が形成されたというのである。

政治家の誘因 第二に,財政政策と金融政策ではその対象や具体的手段が異なるため,中央銀行に介入する場合にも,いかに介入するか,財政重視なのか金融重視なのか,といった介入の特徴は,政権を取り巻く制度環境によって多様なものとなるだろう。中央銀行制度についても,こうした政治家の誘因を反映して設計されているはずであり,各国の中央銀行制度は政治家を取り巻く外部要因からある程度説明できるはずである。こうした考えから各国の政治制度と中央銀行制度の関係に分析を加えたのが,ハーラーバーグである (Hallerberg, 2002)。

国際金融についての基本モデルであるマンデル・フレミング・モデルによれば,国外との資本移動を認める場合には,変動為替制度の下での金融政策か,固定為替制度の下での財政政策か,どちらかしか実効性のある形での実施はできなくなる。これを前提としたうえで,各国の制度選択を決めるのは拒否点のあり方,具体的には,中央・地方関係制度と執政制度および選挙制度に規定される政権を構成する政党の数だという。中央・地方関係制度が分権的(本書第10章の用語に従えば,分散的)である場合,財政政策の有効性は低い。景気刺激を財政出動で行おうとしても,歳出の多くが地方政府で行

表 9-2　中央銀行に対する拒否権と独立性

単一政党・単一国家：イギリス 政権党：金融政策を好む ⇒金融面で従属的な中央銀行・変動為替	複数政党・単一国家：オランダ 政権党：財政政策を好む ⇒財政面で従属的な中央銀行・固定為替
単一政党・連邦制：カナダ 政権党：金融政策を好む ⇔しかし州の抵抗 ⇒両面で独立性高い中央銀行	複数政党・連邦制：アメリカ（分割政府時） 政権党：財政政策を好む ⇔しかし実施手段なし ⇒両面で独立性高い中央銀行

［出典］　筆者作成。

われるからである。また，恣意的な金融政策に対する地方政府の反対が強くなるので，金融政策の実施も難しい。次に，政党の数が多いほど，政権党は財政政策を手中に収めようとする誘因をもつ。財政政策の方が金融政策よりも，連立与党の個々の支持集団を政策の受益者にすることが容易だからである。また，金融政策をうまく利用するには時機をとらえた迅速な意思決定が必要だが，連立政権ではそれは難しいからでもある。

　中央・地方関係制度と政権与党数および中央銀行の独立性との関係は，表 9-2 に整理した通りである。これ以外の国を含めて計量分析を行っても，同様の結果が得られる。単一国家で連立政権の場合に，中央銀行の財政政策に関する独立性は低くなる。また，この場合には，固定為替制度が採用されることが多い。逆に，金融政策面での中央銀行の独立性は，連邦制である場合，または与党数が増えるほど高くなる傾向が見られる。ヨーロッパ各国が比例代表制中心の選挙制度をとり，多党制の下での連立政権を維持する国が多い中で，イギリスは小選挙区制による単独政権を長く維持してきた。ハーラーバーグの議論に従えば，そこからは金融政策を自らの手に握ろうとする政権党の強い誘因が導かれることになる。イギリスがヨ

ーロッパ通貨統合への参加を行わないことの背景には、政治制度的な要因も存在するということができよう。

4 日本の中央銀行制度

日本銀行の法的独立性　　表9-1にも示されているように、かつて日本銀行の独立性は、少なくとも法制度の上では低い部類だと考えられていた。しかし、1998(平成10)年の日銀法改正によって、その独立性は高くなったといわれている。たとえば高橋 (2000) は、表9-1と同じ基準によって日本銀行の独立性を測定したところ、旧法の指標0.18から現行法では0.37に上昇したと算出している。これは表9-1でいうと、独立性が中程度からやや高い部類に属する。具体的にはどのような変化があったのだろうか。

まず、日本銀行の経営責任者、すなわち最高意思決定機関の構成員とその任命権について検討しよう。日銀の意思決定の中心は、1998年の法改正以前も以後も政策委員会となっている。しかし改正の前後では、その構成が大きく異なる。改正以前は、総裁と任命委員 (4名) に加え、議決権はもたないが大蔵省代表委員と経済企画庁代表委員が含まれていた。また、総裁の任命には国会の同意を要しておらず、内閣による罷免も可能であった。これが改正以後は、総裁、副総裁 (2名)、審議委員 (6名) は、いずれも衆参両院の同意のうえで、内閣が任命するものとされた。任期は5年である。

次に、政府の関与についての規定を見よう。日本銀行の組織目的に関して、第二次世界大戦中に策定された改正以前の日銀法第1条では、「国家経済総力の適切なる発揮を図る為国家の政策に即し

（引用に際し現代語表記に改めた)」て，通貨，金融の調節を行うこととされていた。これが現行法第2条では，「物価の安定を図ることを通じて国民経済の健全な発展に資すること」を目的とし，そのために日銀の自主性を尊重すべきことが謳われている。また，財務官庁の関与については，法改正以前は大蔵大臣に監督権のみならず業務命令権が与えられていたが，法改正により業務命令権は廃止された。ただ，日銀の予算承認権は引き続き財務大臣に与えられている。政策委員会にも，財務大臣と経済財政政策担当大臣（またはそれらが指名するもの）は出席可能であり，議決権はもたないが，議案提出権と議決延期請求権をもっている。要するに，日銀の金融政策に関する決定については，かつてはかなり大きな介入権限が大蔵省に握られていたということができる。日銀法改正によって，日銀の独立はかなりの程度保障されたものの，依然として大蔵省（財務省）に一定程度の監督権が認められているということができよう。

　他方，国債発行に関する役割については，日銀法ではなく財政法の規定するところとなる。戦前の日本では，いわゆる高橋積極財政の下で1932（昭和7）年に国債の日銀引き受けが行われた。これが大きなインフレを引き起こしたという反省から，戦後の財政法第5条で「すべて，公債の発行については，日本銀行にこれを引き受けさせ……てはならない」として，日銀の直接引き受けを禁止した。要するに財政法の規定の上では，財政面での日銀の独立性は，少なくとも戦後については一貫して高かったのである。また，これらの規定は1990年代の改革でもそのまま維持された。

政治制度としての日本銀行

このように，戦後の日本銀行の独立性を日銀法，財政法という基本法制のみからとらえようとした場合には，財政面での高さと金融面での低さをその特徴として理解することができよう。しかし，

こうした基本法制のみが中央銀行の独立性を規定する政治制度であるわけではない。財政政策と金融政策の実際の決定過程を観察することから、政治制度としての中央銀行制度をより広く実態的に分析し、日銀の独立性を明らかにしようとする作業が、1990年代以降の政治経済学において精力的に取り組まれるようになった。とりわけ、真渕（1994）が国債発行の側面から、上川（2005）が金融政策の側面から、大蔵省（財務省）と日銀の関係を解明してきた。

真渕（1994）は、たとえ日本銀行による国債の直接引き受けが禁じられていても、大蔵省が国債を発行することは容易であったとする。まず財政法第5条の規定はあくまでも形式的なものであり、発行後1年を経過した国債については、日銀は市中からこれを買い入れ、間接的な国債引き受けを行うことができる（いわゆる買いオペによる公開市場操作）。こうした間接的な国債引き受けについて、日銀自体は通貨供給という自発的な政策判断の結果だとする立場をとっており、大蔵省の指示を受けたものかどうかは確定しがたい。しかし、日銀が政府の国債発行による赤字財政運営を補助する役割を担う結果になっていたことは明らかであった。

さらに、国債を直接引き受けることになる民間銀行の監督権限を握っていたのは、日本銀行ではなく大蔵省であった。本来、中央銀行は「銀行の銀行」であるから、金融システムの安定性を維持するためのプルーデンス政策（prudence policy）の権限をもつことが多い。しかし日本では、市中銀行の監督権限などが日銀ではなく大蔵省に集中していた。大蔵省はこの監督権限を通じて、人為的低金利政策といわれるような業界の護送船団的な保護と引き換えに、国債を市中銀行に買い取らせることができたというのである。財政法の規定のみならず、金融業界の監督権限、金利設定などの許認可権限などを含め、より広い制度配置から見るかぎり、日銀は財政面にお

いて政府に従属していたと見ることができる。

他方で上川 (2005) は，日銀法の規定による金融面における日本銀行の独立性の低さは，必ずしも日銀の制度的な弱さを意味するものではなかったと主張する。まず，大蔵省の監督権は形式的なものであり，実際に行使しうる制度能力といえるものではなかった。また日銀は，政治家と大蔵省の連合の介入に対して抵抗するというよりも，大蔵省との間に一定の提携関係を結ぶことで，政治家からの介入を阻止しようとしてきたという。たとえば日銀の総裁には，日銀出身者と大蔵省出身者が交互に就く「たすき掛け人事」が続けられてきたが，これは日銀の独立性の低さを示すというよりも，政治家の恣意的な人事介入を防ぐために，大蔵省との間に共同戦線を張ることで制度化したものであり，むしろ日銀の強さの表れであると解釈している。たすき掛け人事は，生え抜き総裁を安定的に生み出すという意味で日銀に一定の利益をもたらすものであった。事実，戦後の日銀総裁は日銀出身者と大蔵省出身者にほぼ独占され，それ以外の民間出身者を排除する結果になったのである。

さらに上川は，1970年代以降の日本銀行による金融政策の決定過程を分析したうえで，日銀独自の判断と合致しない場合には，政治家や大蔵省の政治的な要望に必ずしも応じないこともあったという。日銀は相当程度に自律的に公定歩合などを定めてきたのである。財政面とは対照的に金融面では，人事慣行などを含めたより広い制度配置の中で，日銀法上の規定よりもはるかに強い独立性を維持してきたというのである。

真渕や上川の研究からは，中央銀行制度の多国間比較研究の難しさが浮かび上がる。多くの国々を客観的に比較しようとすれば，基本法制に注目せざるをえない。しかしながら実際には，中央銀行の独立性は官僚制の構造（財政当局の組織構造，人事制度など）などを含

むきわめて複雑な制度の帰結なのであり，日本銀行の事例が示すように，基本法制以外の制度配置が結果を大きく左右することになるのである。

日本銀行の独立性の帰結

日本銀行の独立性は，日本の財政政策や金融政策，さらにインフレ率や経済成長率にどのような影響をもたらしただろうか。戦後の財政政策を振り返ると，1960年代までは高度経済成長にも支えられ，国債の発行水準は低く抑えられてきた。しかし，1970年代半ばから国債の発行水準は高まり，それ以後は赤字財政がほぼ恒常化した。他方，金融政策に関しては，1970年代初頭までの固定為替相場制が終わった後，ドル・ショックと石油危機にともなう物価上昇を抑え込むことには成功した。しかし，1985（昭和60）年のプラザ合意による国際為替調整にともなう，いわゆる円高不況に対応するための金融緩和を長く続け，バブル経済の発生を食い止めることはできなかった。このように戦後日本では，財政政策と金融政策のいずれについても，時期ごとに大きく異なる政策選択が行われてきた。

この間，日本銀行の法制度上の独立性は，財政面と金融面共に変わらなかったのであり，日銀の独立性から財政政策と金融政策の帰結を直接説明することは難しいように思われる。しかし，そのことは日銀の独立性とさまざまな帰結が無関係であることを意味するわけではないだろう。先に述べたように，各国の中央銀行に関する比較研究においても，中央銀行と経済的帰結の関係は直接的なものではなく，何らかの媒介変数を介したものとして理解できることが示されていた。日銀の独立性の効果についても，媒介変数の効果を考慮することでよりよく理解できるだろう。

第一に財政面について，たとえば真渕（1994）は，日本銀行では

なく大蔵省が金融政策にも全般的に責任を負うことが，国債の発行を容易にし，日本の大きな財政赤字に結び付いたと論じたが，彼は他方で「財政の政治化」という変化を強調する。すなわち，1960年代後半から70年代にかけて自民党政権が長期化し，政務調査会部会を中心として政策領域ごとに関係議員集団を作り，それぞれの分野で蓄えた専門知識をもとに歳出拡大の圧力を強めたことが，赤字財政の恒常化をもたらしたというのである。

第二に，金融面の独立性について検討しよう。まず日本銀行の独立性が低いという通説的な見解によれば，バブル経済の発生をうまく説明することができそうである。実際，バブル経済の崩壊にいたるまで，日銀は公定歩合引き上げなどの金融引き締め策をとらなかった。貿易不均衡の是正を掲げてアメリカ政府が日本に内需拡大を求めていたことや，円高不況への懸念から，自民党や大蔵省が金融緩和を求めていたことがその背景にあったと考えられる。しかしながら，このように日銀の独立性が低いとすると，1970年代における物価抑制の成功をうまく説明できない。これについて通説的な見解は，日銀の金融政策ではなく，民間企業の賃金抑制という他の原因を持ち出すことで説明を補足しているのである。

これに対して上川 (2005) は，日本銀行の金融面での独立性はそもそも高かったと主張する。このような理解に基づけば，通説とは反対に1970年代の物価抑制の成功はうまく説明できるが，80年代後半のバブル経済の発生を説明できないことになる。この点に対する上川の見解は，バブル期の日銀は政治的圧力に負けて金融引き締めを実施できなかったのではなく，能力不足のゆえにそれを実施できなかったのだというものである。具体的には，消費者物価の動向を注視するばかりに，資産インフレの発生を見逃したというのである。

通説的立場は，もし日本銀行の独立性が高かったならば景気を過熱させることはなかったと見ており，この考え方が日銀法改正の背景ともなった。これに対して，上川の指摘は，たとえ中央銀行の独立性が高くとも，それは中央銀行がインフレ抑制を巧みに行いうることを保証しないことを示唆している。中央銀行が市場の動向を的確に判断し，正しい政策をとりうる能力を備えているかどうかは，独立性とは別の問題だというのである。ここからは，第7章でとりあげた官僚制について，自律性と並んで専門性（能力）にも注目したことが想起されよう。これまでのところ，各国の中央銀行を比較する研究においては，専門性（能力）は測定の困難さもあってか重視されてこなかったが，日本の事例は中央銀行の能力についても目を向けることによって，中央銀行制度をよりよく理解できるという可能性を示唆している。

　このように中央銀行制度とその帰結をめぐっては，現在もさまざまな考え方が示され，論争が繰り広げられている。また，これまで検討してきたように，中央銀行制度が経済社会にきわめて大きな影響をもつと考えられるがゆえに，そうした論争は強い社会的関心の対象ともなっている。研究のさらなる進展が期待される分野だといえるだろう。

●引用・参考文献●

　大島通義・井手英策，2006『中央銀行の財政社会学――現代国家の財政赤字と中央銀行』知泉書館。
　上川龍之進，2002「比較政治経済学の発展と日本の政治経済（1）・（2・完）――賃金交渉・金融政策とマクロ経済の政治学」『法學論叢』第150巻第6号・第151巻第5号。
　上川龍之進，2005『経済政策の政治学――90年代経済危機をもたらし

た「制度配置」の解明』東洋経済新報社。
高橋智彦, 2000「改正日銀法と中央銀行の独立性」『公共選択の研究』第34号。
田中秀明, 2004「財政ルール・目標と予算マネジメントの改革」青木昌彦・鶴光太郎編『日本の財政改革——「国のかたち」をどう変えるか』東洋経済新報社。
中野勝郎, 1993『アメリカ連邦体制の確立——ハミルトンと共和政』東京大学出版会。
藤木裕, 1998『金融市場と中央銀行』東洋経済新報社。
真渕勝, 1994『大蔵省統制の政治経済学』中公叢書。
真渕勝, 1997『大蔵省はなぜ追いつめられたのか——政官関係の変貌』中公新書。

Alesina, Alberto and Lawrence H. Summers, 1993, "Central Bank Independence and Macroeconomic Performance: Some Comparative Evidence," *Journal of Money, Credit and Banking* 25: 151-162.

Barro, Robert J., 1997, *Determinants of Economic Growth: A Cross-Country Empirical Study*, MIT Press.

Bernhard, William, 1998, "A Political Explanation of Variations in Central Bank Independence," *American Political Science Review* 92: 311-327.

Boylan, Delia M., 2001, *Defusing Democracy: Central Bank Autonomy and the Transition from Authoritarian Rule*, University of Michigan Press.

Cukierman, Alex, 1992, *Central Bank Strategy, Credibility and Independence: Theory and Evidence*, MIT Press.

Garrett, Geoffrey, 1998, *Partisan Politics in the Global Economy*, Cambridge University Press.

Grilli, Vittorio, Donato Masciandaro, and Guido Tabellini, 1991,

"Political and Monetary Institutions and Public Financial Policies in the Industrial Countries," *Economic Policy* 13: 341-392.

Hall, Peter A. and David Soskice, eds., 2001, *Varieties of Capitalism: The Institutional Foundations of Comparative Advantage*, Oxford University Press.

Hall, Peter A. and Robert J. Franzese Jr., 1998, "Mixed Signals: Central Bank Independence, Coordinated Wage Bargaining, and European Monetary Union," *International Organization* 52: 505-535.

Hallerberg, Mark, 2002, "Veto Players and the Choice of Monetary Institutions," *International Organization* 56: 775-802.

Iversen, Torben, 1999, *Contested Economic Institutions: The Politics of Macroeconomics and Wage Bargaining in Advanced Democracies*, Cambridge University Press.

Keefer, Philip and David Stasavage, 2002, "Checks and Balances, Private Information, and the Credibility of Monetary Commitments," *International Organization* 56: 751-774.

Lijphart, Arend, 1999, *Patterns of Democracy: Government Forms and Performance in Thirty-Six Countries*, Yale University Press. (粕谷祐子訳『民主主義対民主主義——多数決型とコンセンサス型の36ヶ国比較研究』勁草書房, 2005年)

Lohmann, Susanne, 1998, "Institutional Checks and Balances and the Political Control of the Money Supply," *Oxford Economic Papers* 50: 360-377.

Sikken, Bernd Jan and Jakob de Haan, 1998, "Budget Deficits, Monetization, and Central Bank Independence in Developing Countries," *Oxford Economic Papers* 50: 493-511.

第10章 中央・地方関係制度

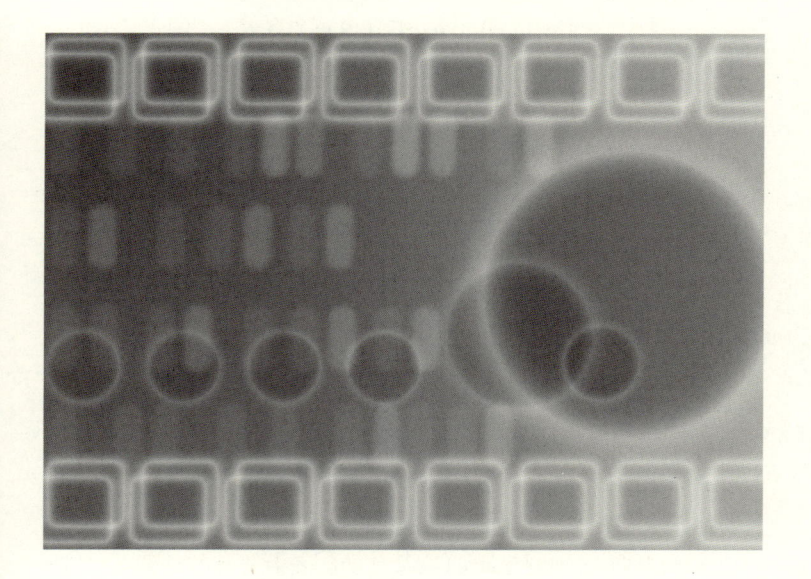

　私たちは国民であると同時に，県民や市民でもある。日常生活では，国の機関よりも県や市の機関に出向く機会の方が多いであろう。このことは，中央（国）と地方（県・市）の双方に政府が存在し，政策を展開していることの表れである。中央政府と地方政府の間にはいかなる関係が存在するのだろうか。それを定めているのが，中央・地方関係制度である。本章では，中央・地方関係に存在する多様な側面をとらえていくことで，地方分権改革が何をもたらしうるのか，といった問いについて考える。

1 中央・地方関係制度の三つの側面

集中─分散，融合─分離，集権─分権

　第3章から第9章では，主に国政レベルの政治制度を対象としてきた。これに対して本章は，中央政府と地方政府（地方自治体）の関係についての諸制度，すなわち中央・地方関係を規定するルールについて考える。なお，都道府県知事や市町村長，県庁や市役所，さらには県議会や市町村議会といった地方政府内部の政治制度については，国政レベルの議論を適用することが可能であるため，以下では直接の検討対象とはしない。

　中央・地方関係の制度は，中央政府および地方政府の政治制度と並んで，一国の公共部門のあり方を規定しており，国ごとに異なっている。その特徴を把握するためには，以下で示す三つの側面ないし要素に注目する必要がある。中央・地方関係はしばしば「中央集権か地方分権か」という二分法で表現され，専門家の間でさえ三つの要素は混同して理解されている。しかしそれぞれの要素は，実際には異なる意味内容をもっている。

　第一に，中央政府と地方政府の関係は，集中─分散という側面から特徴づけることができる。これは中央政府と地方政府の権限配分，それぞれのレベルの政府が果たすべき機能の大小に関する概念である。本書では，地方政府がより多くの権限をもち，より多くの公的サービスについて責任をもつとされているとき，分散的な中央・地方関係と呼ぶ。逆に，中央政府がより多くの政策領域を担い，サービス提供に責任をもつとき，集中的な中央・地方関係と呼ぶ。この側面は地方政府の相対的な「大きさ」に関係しており，地方政府の

「活動量」と表現される場合もある（笠, 2006）。

　第二の側面は，融合―分離である。中央政府と地方政府がどの程度協働して公的サービスを提供するかという，機能面の協働度ないし重複度に関する基準を指す。具体的には，権限の委任関係の有無という行政ルールの側面と，移転財源の有無という財政ルールの側面からとらえることができる。たとえば国は福祉政策，地方は教育政策といったように，政策領域ごとに各レベルの政府が分業して実施にあたる場合は分離度が高い。他方，中央政府が所管する政策領域であっても，その実施を地方政府に委任する場合は，融合度が高い。財政的な側面については，補助金や交付金を通じて中央政府から地方政府に多くの移転財源が与えられている場合は融合度が高い。これに対し，地方政府が歳出の多くを地方税など自主財源で賄う場合は分離度が高いといえる。

　最後に，狭義の集権―分権の側面がある。これは，地方政府がどの程度中央政府から自律的に政治的な意思決定を行いうるかを指している。地方政府の首長や議会が住民の選挙で選ばれ，かつ地方政府が独自の政策決定を行う権限が保障されている場合には，分権度が高い。地方政府の首長が公選によらず中央政府から派遣されてくるようなルール，あるいは地方政府の展開する政策が中央政府によって決められるようなルールだと，集権度が高い。

　これまで紹介した中央・地方関係を表す三つの側面は，一般的にはすべて集権あるいは分権と呼ばれることが多く，しばしば混同して用いられる。しかし本書では，集権―分権という語をこのような広義の用法とは区別し，政治的意思決定の自律性（autonomy）を意味する言葉として限定的に用いる。地方政府の自律性は地方選挙の有無ばかりでなく，中央政府と地方政府それぞれの政治動態，とくに政党システムや政党組織のあり方などの影響も受ける。中央・

地方関係制度の効果を検討する際には，政党制度およびその背景にある選挙制度や執政制度に規定された，実態としての地方政府の自律性についても留意が必要である。

「大陸型」と「英米型」

中央・地方関係についての先行研究においては，このような三つの側面の相関が強調されてきた。すなわち，中央政府と地方政府が共通の政策分野において重複して責任をもつ場合（融合）には，地方政府の政策決定における自律性も制約されざるをえない（集権）。さらに，このように中央と地方が政策を共管する場合，中央政府は各地に出先機関を設置するのではなく，委任を受けた地方政府が執行を担う。したがって，地方政府の規模と活動量は大きくなりがちであるという（分散）。他方，中央政府と地方政府の役割が厳密に区別されている場合（分離）は，地方政府の意思決定も自律的に行いやすい（分権）。中央政府は出先機関を各地に設置して自らの政策を執行するため，地方政府の規模と活動量は相対的に小さなものになる（集中）。

このように三つの側面は，分散・融合・集権，あるいは集中・分離・分権という二つのパターンに整理されてきた。また二つのパターンのうち，前者はフランスに典型的な「大陸型」，後者はイギリスに典型的な「英米型」と呼ばれ，中央・地方関係を比較分析に当てはめる場合の理念型として用いられてきた（笠，2006）。

しかし，多国間比較へと対象を広げた場合には，この二分法の限界は明らかである。中央・地方関係の三つの側面は，原理上は相互に独立している。たとえば，地方政府が多くの政策を実施している（分散）として，地方政府が自身の管轄する政策を執行する場合（分離）もあれば，中央政府から委任された政策を執行している場合（融合）もあるだろう。また日本を含め，多くの国が広義の地方分権化へ向けた制度改革を行おうとするときに，すべての側面が同時

に改革される「分散化・分離化・分権化」が追求されることはむしろ稀なケースだといえよう。したがって，少なくとも制度改革の局面においては，「大陸型」「英米型」から逸脱する組み合わせが発生することになる。最も重要なのは，次節以下で検討するように，「大陸型」「英米型」以外の組み合わせが帰結に大きな違いをもたらすと考えられることである。

> **各国の中央・地方関係の実態**

では，本書が提起する三つの側面から，各国の中央・地方関係はどのように位置づけられるのだろうか。地方政府の権限の大きさを意味する集中－分散，機能面の協働や重複の程度を意味する融合－分離，政治的意思決定の自律性の程度を意味する集権－分権のいずれについても，それを具体的に測定するにあたっては，さまざまな基準が考えられる。ここでは，集中－分散と融合－分離については，数値化と客観性の確保が比較的容易な財政データを用いて指標の作成を試みよう。

まず集中－分散は，中央と地方政府を合わせた全政府歳出に対して地方政府歳出が占める割合によって測定が可能である。次に融合－分離とは，地方政府の歳入が中央政府からの移転財源に依存している割合からとらえることができる。二つの指標から構成される図10-1では，横軸に集中－分散の軸をとり，縦軸に融合－分離の軸をとった。この図では右に行くほど分散的であり，上に行くほど分離的である。

集権－分権の側面については，市町村などの基礎自治体において，住民の直接公選により議会，あるいは執政長官が選出されているか否かを基準とした。すでに述べたように，集権か分権かを規定するのは公選制度の存在のみではないが，国際比較においては最も明快な基準であることも確かだろう。図10-1において○で表記されて

図10-1　集中─分散，融合─分離，集権─分権の程度

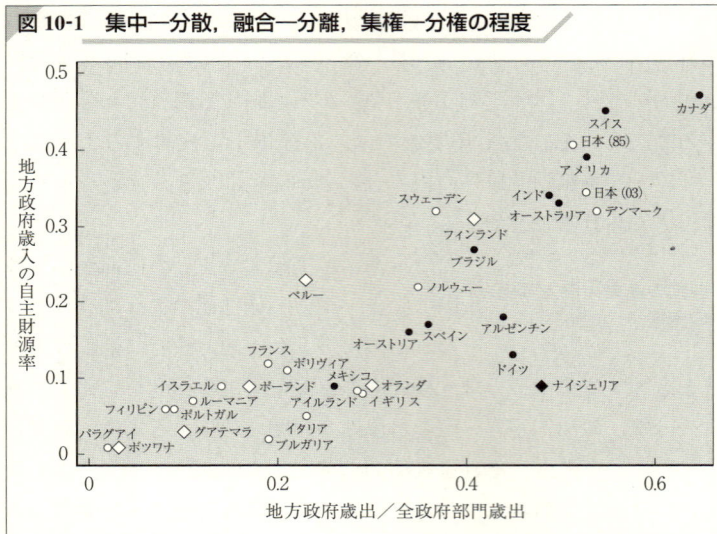

縦軸：地方政府歳入の自主財源率
横軸：地方政府歳出／全政府部門歳出

プロット位置（概略）：
- カナダ（●, 約0.65, 0.47）
- スイス（●, 約0.55, 0.45）
- 日本 (85)（○, 約0.53, 0.40）
- アメリカ（●, 約0.55, 0.37）
- インド（●, 約0.50, 0.33）
- 日本 (03)（○, 約0.57, 0.33）
- オーストラリア（●, 約0.47, 0.32）
- デンマーク（○, 約0.58, 0.32）
- スウェーデン（○, 約0.38, 0.33）
- フィンランド（◇, 約0.40, 0.29）
- ブラジル（●, 約0.42, 0.27）
- ペルー（◇, 約0.22, 0.23）
- ノルウェー（○, 約0.38, 0.21）
- オーストリア（●, 約0.32, 0.16）
- スペイン（○, 約0.37, 0.15）
- アルゼンチン（●, 約0.47, 0.15）
- ドイツ（●, 約0.45, 0.11）
- フランス（○, 約0.22, 0.11）
- ボリヴィア（◇, 約0.27, 0.10）
- メキシコ（●, 約0.32, 0.09）
- オランダ（○, 約0.37, 0.09）
- ナイジェリア（◆, 約0.52, 0.09）
- イスラエル（○, 約0.15, 0.08）
- ポーランド（◇, 約0.22, 0.08）
- ルーマニア（○, 約0.18, 0.06）
- アイルランド（○, 約0.28, 0.06）
- イギリス（○, 約0.32, 0.06）
- ポルトガル（○, 約0.18, 0.05）
- フィリピン（○, 約0.13, 0.05）
- イタリア（○, 約0.28, 0.04）
- ブルガリア（○, 約0.28, 0.03）
- グアテマラ（◇, 約0.18, 0.02）
- パラグアイ（○, 約0.07, 0.01）
- ボツワナ（◇, 約0.08, 0.00）

［注］日本以外の財政データは，Rodden（2006: 28-29）による1990年代の平均値に基づく。日本については，総務省統計局『日本統計年鑑』2007年版。歳出割合は，地方公共団体の普通会計歳出決算と国の一般会計歳出決算を用い，両者の重複分は除いていない。連邦制の区分は，Central Information Agency（2006）による。地方政府の代表制の区分は，Beck, Clarke, Groff, Keefer, and Walsh（2001）の基礎自治体における選挙制度データを用いた。
［出典］上記資料に依拠して，筆者作成。

いる諸国は，直接公選による議会が執政長官を選出する場合を含め，双方が直接公選によることを意味する。各国の位置が◇で表記されている場合は，議会あるいは執政長官の少なくとも一方が中央政府からの任命制となっている場合を意味する。さらに，成文憲法上に連邦制を採用すると明確な規定がある国（federal state）については記号を塗りつぶし，●や◆で表記した。塗りつぶされていないのは，単一国家（単一主権国家，unitary state）である。

　この図から，次の諸点が理解できるだろう。第一に，おおむね各

国は左下から右上への直線に沿うように位置している。つまり、集中・融合的な状態にあるか、分散・分離的な状態にある国が多いということである。第二に、◇や◆の記号、つまり集権的な国の多くは左下の集中・融合的なところに位置している。例外はフィンランドとナイジェリアだけである。これら二つの点を合わせて考えると、「集中・融合・集権」と、「分散・分離・分権」という組み合わせが現実には成立しやすい。「大陸型」と「英米型」という伝統的な区分は、少なくともこの指標で見るかぎり、実態としてはあまり有効ではないことがわかる。融合が分散を、分離が集中をもたらすという関係は見られず、むしろ逆の関係が成立している。

とはいえ、この軸から外れたところに位置する国もいくつか見られる。たとえば、ペルーは地方政府の役割はそれほど大きくないものの、移転財源は小さい分離・集中型に位置する。他方、地方政府が中央政府からの財政移転に支えられながら、大規模な歳出を行う融合・分散型の国も存在する。ナイジェリア、ドイツ、アルゼンチンがその典型例であり、スペイン、オーストリア、ブラジルといった諸国も、似たような性格をもっているといえるだろう。

連邦制の国は、ナイジェリアを除いて分権的でもある。さらに図の右上に位置する国が多く、分散・分離的な性格をもつことが多いという傾向はうかがえる。しかし、連邦制の中でもメキシコのように集中・融合的な性質が強い国、あるいはドイツ、アルゼンチンといった分散・融合的な連邦制国家もある。他方で、単一国家の中でも日本やデンマークのように分散・分離的な性格をもっている国も存在する。連邦制であるか否かと、集中―分散、融合―分離の間には一定の関係が見出せるわけではないことが理解できるだろう。

そもそも、それぞれの国が連邦制と呼ぶ具体的な意味内容は大きく異なっており、一般に広く用いられる用語ではあるが、比較政治

学における分析上の概念としては，連邦制国家と単一国家という区別は必ずしも有効なものとはいえない (Filippov, Ordeshook, and Shvetsova, 2004)。そこで本書では，各国の連邦制に共通する最低限の要素として，各地方（州）政府の代表が中央（連邦）政府議会のメンバーであることが制度的に保障されていることをその定義とする。連邦制国家の場合には，連邦レベルの議会は必ず二院制をとっている。これに対して単一国家の場合には，自律的な地方政府をもっていたとしても，そのような制度保障がなされていない。言い換えれば，本書では連邦制国家と単一国家の違いを，集権―分権，すなわち政治的自律性の軸に位置づけているのである。

2 中央・地方関係制度の帰結

これまで，各国の中央・地方関係制度はさまざまに異なるものであることを紹介してきた。そのような違いは，いったい何をもたらすのだろうか。日本をはじめとして世界の多くの国々では，いわゆる地方分権改革が進行中であり，中央・地方関係における三つの側面それぞれに変化が生じている。改革はいかなる理論的な背景をもっているのか，また改革によってどのような変化がもたらされると予測されるのだろうか。

| 民主化の促進 | 中央政府に比べて地方政府が相対的に民主主義と親和的であることは，古くから主張されてきた。広義の分権化が民主化をもたらすという主張は経験的，実証的なものというより規範的なものであったが，中央・地方関係制度を改革するうえでの主たる論拠となってきたように思われる。そこで強調されたのは，地方政府の方が住民との距離がより近接し

ていることであった。距離が近いために、住民は地方政府への関心を高め、積極的な政治参加をもたらす。そのような身近な場での参加は、国政というより遠い場での参加の基礎ともなる。ミルら19世紀の政治思想家たちは、「民主主義の学校」として地方政治をとらえた。

　こうした議論において、中央・地方関係制度を特徴づける三つの側面の中で最も重視されるのは、狭義の分権（政治的自律性）であろう。首長選挙や議会選挙をはじめとして、住民の地方政府への参加を保証する制度が、民主的な政治文化を涵養するというのである。また分権度が高く、自律的な意思形成を行いうる地方政府を前提とした場合には、そうした地方政府がより多くの権限をもち、中央政府から分離した政策執行能力を備えることによって、より多くの分野で実質的な政策決定を行いうる制度が望ましい。すなわち、より分散的で分離度の高い制度が望ましいということになる。

　では、実証的にそうした主張が裏づけられるだろうか。データから見るかぎりは、十分な証拠があるとはいえない。たとえば投票率については、地方選挙の方が国政選挙よりも低いという国がほとんどである。代表を選出する選挙という間接的な参加の形態には、身近さは特段の効果をもたないようである。しかし他方で、より直接的な参加の形態である、政策形成の過程における意見表明や異議申し立てということになると、確かに中央よりも地方レベルにおいて盛んな傾向も見られる。少なくとも政治参加の多様な形態の違いをふまえることなしに、分権化が民主主義にとってより望ましいと一般的な形でいうことは難しい。

政府の説明責任　民主主義の促進に関連して、分散・分離・分権の実現と政府の説明責任の結び付きを主張する論者もいる。住民が身近な政府に対しては監視の目を光ら

せやすいため，地方政府がより多くの政策領域をカバーし（分散），自律的に政策形成を行う（分権）と同時に，中央政府から離れて政策執行を行う（分離）という場合には，住民に対する政府の説明責任が確保されやすく，その結果として政治腐敗や汚職なども少なくなると論じるのである。

この関係についても，実証研究は必ずしも十分な支持を与えていない。トライスマンは，各国の汚職の原因を洗練された計量分析で明らかにしている（Treisman, 2000）。経済発展しており，民主主義体制の歴史の長い国で汚職が少ないという常識を裏づけたうえで，そのような要因の影響を統制すると，連邦制国家の方が単一国家よりも汚職の程度は高いことが示されている。分離・分権の組み合わせの方が，地方政府と中央政府のそれぞれが各種の利益の配分者として独占的な地位をもちやすくなることが理由として考えられる。

日本の例でも，1990年代以降に各種の市民団体が地方レベルで公金の不正支出を指摘して「官官接待」を炙り出したケースのように，一方では説明責任の確保がなされやすいという主張を裏づけるような証拠をあげることができる。しかしながら他方で，近年の知事の汚職事件の頻発など，分権化がかえって汚職を増大させているように思わせる事例も存在する。地方政府の活動のあり方は市民社会の質に左右されるというパットナムの議論が示唆するように（Putnam, 1993），中央・地方関係制度が分散・分離・分権の組み合わせになることで住民への説明責任を果たしやすくなるというのも，やや単純にすぎる議論だといえよう。

文化，民族などの亀裂と統合

国民国家（nation state）の形成に際して，さまざまな文化，民族，宗教，言語の亀裂（クリーヴィッジ）が存在しながら，それを一つの国家として統合することは非常に難しい課題である。分権的

な地方制度，とりわけ連邦制を採用することは，この難しい課題に対する一つの解答であると考えられてきた。一定程度の地域ごとの自律性を許容しながら，国家としての統合を両立させる巧みな制度装置として，連邦制は編み出されてきたのであった。中世から連邦制を採用してきたスイスが，ドイツ語圏，フランス語圏，イタリア語圏を抱えながらも一つの国家として存続してきたことはその成功例であろう。

しかし連邦制は，地域的自律性と国家統合を両立させようとするだけに，不安定なものになりやすい。具体的には，連邦制をとる国々あるいはかつて連邦制であった国々が，名目上は連邦制という呼称が維持されている場合にも，事実上の単一国家へと移行してしまうか，逆に地方（州）政府が離脱して別国家となり，縮小ないし解体してしまうことが多い。連邦制によって，地域ごとの多様性と国家としての統合という帰結を享受するには，一方では中央政府への求心化，他方では連邦離脱への遠心化にさらされやすいために生じる不安定性を乗り越えることが必要となる。

地域がもつ極端な自律性は，地方政府と中央政府の利害を激しく対立させる危険性をもつ。そうした場合に，中央政府が軍事力などの強制力において地方政府を圧倒していれば，憲法上の制度保障を有名無実化して地方政府の自律性を剝奪し，従属的な立場に置いてしまうことがありうるだろう。アメリカ合衆国憲法の制定に際して，小さな州が警戒したことの一つは，この求心化の動きであった。そこで建国の父祖たちが，求心化を抑制し連邦制を維持するためのしくみの一つとして導入したのが，各州の対等な代表から構成された，連邦議会の上院であった。人口比で小さな州を過剰に代表する上院に事実上の拒否権を与えることで，連邦政府が州政府の自律性を剝奪しようとする誘因をもつことを抑止したのである。

他方，地方政府の側からすれば，連邦政府の中で対立的な他の地域勢力が多数派となり，連邦政府との利害対立が高まった場合には，連邦政府からの離脱が有力な選択肢となりうる（Filippov, Ordeshook, and Shvetsova, 2004）。これが連邦制に作用する遠心化である。たとえば，ユーゴスラヴィアは社会主義政権の崩壊後，それまで連邦を構成していた六つの共和国が多くの生命を犠牲にしながら空中分解していった。セルビア民族が連邦政府の中で強大化していくことに対して他民族が反発した結果であった。

財政赤字への影響

中央・地方関係がもたらす経済的効果についても，財政学や公共経済学の分野で多く論じられてきた。そこでは，分散・分離・分権の組み合わせによって，より効率的な政策結果と経済的効果がもたらされると主張された。またその際，以下の二つの競争メカニズムが強調されることが多かった。

第一に，分権度が高い地方政府では選挙が行われるため，地方政府の政策決定を担う地方政治家は政敵との競争にさらされている。この競争メカニズムは，地方政治家を地域住民に対してより応答的にする。そうでなければ，選挙でライバル候補に負けてしまうからである。その結果，地方政府の政策は地域住民の需要に見合うものになる傾向をもつのであり，地域ごとに異なる地域公共財がより適切な量だけ供給されることになるという。

第二は，経済学者ティボーの提示した「足による投票」モデルに示されるような，地方政府間の競争である（Tiebout, 1956）。足による投票とは，分散・分離・分権が組み合わされた中央・地方関係の下で，地方政府がそれぞれに異なる税負担と受け取る行政サービス（便益）の組み合わせを提示する場合に，住民や企業が自分の好む負担と便益の組み合わせを求めて移動するメカニズムを指してい

る。地方政府は当該地域の政敵との競争だけではなく，住民や企業の移動（退出）を通じた他の地方政府との競争圧力にさらされているのであり，より効率的で応答的な政策の形成執行を行うことになるというのである。

これらを基礎として，とくに地方財政に関して多くの見解が提唱されている。まず代表的な考え方は，上に述べた二つのメカニズムを敷衍（ふえん）するもので，政治的分権と効率性の関係を指摘する。すなわち，地方政府が自律的にその財政を決定しうる場合には，地方政府の支出はそれぞれの地方の需要に見合ったものになり，財政支出の総額は抑制されがちとなるという主張である。これを財政連邦主義（fiscal federalism）と呼ぶ（Oates, 1972）。なお，この場合の「連邦主義」は本章でいう分権とほぼ重なり合う概念である。

これに対して，分離度と財政支出の関係に注目するソフト・バジェット論と呼ばれる議論もある。すなわち，地方政府と中央政府の融合度が高く，中央政府から地方政府への補助金が多い場合には，地方政府はたとえ財政破綻（はたん）したとしても中央政府による事後的救済がなされると考えて，財政規律を緩めがちになる。したがって，行財政的分離度の高い中央・地方関係は地方政府に自分の財布に見合う抑制された支出を促すのに対し，融合的な中央・地方関係は地方政府の財政赤字を拡大させると予測される。

財政連邦主義とソフト・バジェット論という二つの予測については，実証研究も多い。現時点ではさまざまな結果が出されており，断定的な評価は加えにくい。だが，どちらの予測も無条件では成り立たず，また一定の付加条件が整った状況では成り立つ場合があることが明らかにされつつある。

近年における一つの有力な知見は，行財政的分離と政治的分権という二つの要素の組み合わせが，一定の帰結を導くというものであ

る。たとえばロッデンは,補助金が少なく債券発行が地方政府の自律的な意思に任される,分離・分権のタイプか,補助金は多いが債券発行の自由がない融合・集権のタイプのどちらかであれば財政赤字は抑えられやすいことを,多くの国の比較事例分析と OECD 諸国を中心とする 43 カ国の時系列データを用いた計量分析から明らかにしている (Rodden, 2006)。

　分離・分権が財政悪化を抑止しやすいことは比較的わかりやすい。それ以上に興味深いのは,中央政府からの補助金が多い場合であっても,地方政府に債券発行の自由がなく,中央政府が地方政府の財政支出自体に一定の歯止めをかけられる融合・集権の場合に,地方政府の財政赤字はそれほど深刻にはならないことである。実は最も財政赤字が膨れやすいのは,補助金を多く受け取りながら債券発行も自由という,融合・分権のタイプである。地方政府は,中央政府に財政的に支えられつつ歳出を自由に決定することになって,放漫財政につながりやすい。地方政府が自律的に政策決定を行うからといって,それだけでは地方政府の歳出に自主的な歯止めをかけることには結び付かないのである。

経済成長への影響　財政赤字は経済にも悪影響を与える。財政赤字はインフレを引き起こし,実質経済成長率に悪影響を与えうるからである。シャンとワインガストによれば,通貨発行権をもつ政府は,財政赤字を通貨の増発(インフレ)によって帳消しにしようとする誘惑に駆られやすく,そのような逃げ道をもつために財政規律が働きにくいという。したがって,通貨発行権をもつ中央政府ではなく,地方政府が財政運営においてより大きな権限をもつことが経済発展に好影響を与えると考える。つまり,財政と金融の分割を地方政府と中央政府の間で実現することが,経済発展をもたらすというのである (Qian and Weingast, 1997)。

彼らは，このような分離がとられている中央・地方関係を，市場保全的連邦主義（market-preserving federalism）と名づけている。具体的な例として，1990年代後半以降の中国があげられる。中国は国土の広大さもあって，徴税機能など財政運営の基幹の一部を地方政府が保持している。加えて，1995年の人民銀行法の改正で，中央銀行による地方政府への直接貸し付けが禁じられた。これによってインフレ抑制がなされたことが，経済成長の一要因だととらえるのである。

この議論は，中央・地方関係のあり方が財政と金融のあり方を変えることだけでなく，それがさらに一国の経済成長に与える影響をも論じる射程の長いものである。しかしそれだけに，実際にこのような因果関係の存在をデータに基づいた形で示すことは容易ではない。経済成長はさまざまな要因の産物であり，中央・地方関係の影響だけを取り出すことは難しいからである。途上国を対象とした計量分析においては，権限面の分散や，政治的分権の一形態である連邦制の採用は，むしろ経済成長に負の影響を与えているという結果も多く出されている（たとえば，Wibbels, 2000）。

3 政治的メカニズムへの注目

●因果関係の修正

政治的競争のもたらす非効率

公共経済学や財政学の議論の一部は，実証分析によっても支持されており，かなりの説得力をもつ。しかし，分権的であれば地方政府内部あるいは地方政府間の競争が自動的に存在すると想定している点については，さらに踏み込んだ検討が必要である。地方政府レベルにおける選挙の存在が競争の前提であることは確かだとし

ても，実際の競争の有無や性質は，さまざまな政治的メカニズムに規定される。地方政府レベルにおける政治的競争の特質は，まず，地方の選挙制度，執政制度，政党制度などによって多様なものになりうる。さらに，それは単に地方レベルの政治制度のみならず，中央と地方の二つのレベルの政治制度の組み合わせにも影響を受ける。たとえば，政党システムや政党組織が中央レベルと地方レベルで強く結び付いているかどうか，政党組織が結び付いている場合には中央と地方のいずれが優位にあるのかといった要素が，地方政府内部や地方政府間の競争に強く影響を及ぼすだろう。

　中央・地方関係の経済的帰結に関する因果関係モデルは，こうした政治的メカニズムを取り入れて補正されねばならない。実際に，さまざまな研究がこのような文脈で蓄積されてきた。たとえば，ヴォールデンは，政治家たちが考慮するのは自分たちの業績誇示（credit claiming）である以上，中央と地方の政治家がそれぞれに実施すべき政策を選択する場合には，結果的に政策供給量は過剰になりがちだと指摘した（Volden, 2005）。このことは，経済学者の想定したような政策実施の効率性が，必ずしも自動的には達成されないことを意味している。また分権化は，中央と地方の政治家のサービス競争を通じて，中央政府と地方政府の共管事務の増大（行政的な融合化）をもたらすかもしれない。融合・分権が深刻な財政赤字につながる可能性のある組み合わせであることを考えるならば，政治家の活動を通じて，政治的分権化が地方政府の財政赤字を悪化させるという負の予想も導かれることになる。

　またトライスマンは，分権化の下で住民の地域主義に地方政治家が応じようとする場合に，中央政府の補助金による懐柔がいかなる帰結を導くかをモデル化した。地域主義が強い場合，当初は中央政府から補助金が与えられるが，これが財政悪化を招く。中央政府は

財政悪化が許容範囲を超えると，補助金を削減し税収の確保に努める。しかし，この動きは地域の抵抗を招き，場合によっては分裂を招くことも考えられるというのである (Treisman, 1999)。要するに，地域主義が強い国でマクロ経済安定化のための政策と分権化を同時に導入することは，国家の統合自体を難しくし，経済や財政にも悪影響を及ぼしうる。このように政治的競争のメカニズムに注目するならば，中央・地方関係における分散・分離・分権の実現が，公共経済学や財政学で想定されるように競争を介して直線的に効率化をもたらすわけではないことがわかる。

地方政治家の誘因構造と財政

融合・分権の組み合わせが地方財政の悪化を招くという議論に対しても，政治的競争のあり方次第では異なった結果が導かれることを指摘すべきであろう。確かに，有権者たちが地域の利害だけを基準に投票をしているならば，地方政治家にとっては債券を発行して公共サービスを拡充したうえで，その負担を中央政府ないし他の地域に押し付けるのが合理的であろう。しかしこのような行為は，結果として中央政府の財政悪化を招き，ひいてはその国の経済にも悪影響を与えかねない。もし有権者が地方選挙において地域独自の争点よりむしろ国全体の経済動向を考慮し，財政に対する各政党の政策的立場をもとに投票を行うのであれば，財政バランスを無視した地域への大盤ぶるまいは，地方政治家にとって必ずしも合理的な選挙戦略にはならないだろう。むしろ積極的に財政規律を守ろうとする誘因をもつことが考えられる。

ドイツの事例は，このようなメカニズムから解釈することが可能である。図10-1にも示されているように，中央・地方関係の制度配置から見るかぎり最も財政赤字に結び付きやすい融合・分権型の国でありながら，ドイツの地方財政はそれほど深刻な赤字には陥っ

ていない。ドイツの場合，州レベルの選挙結果は連邦政府レベルのそれに強く影響を受けている。連邦と州の政党システムは一体化しており，有権者の地方政府レベルにおける投票行動も全国政党の選択を中心としたものである。このような政党システム，国政と地方政治の関係の下では，地方政治家は地域利益のみを重視して行動することはない。この結果，小さな州では財政規律は緩みがちであるものの，全国経済を左右するような大きな州では地方政治家が健全財政維持に努めるという（Rodden, 2006）。

これに対して，同じ融合・分権の組み合わせの結果，深刻な地方の財政赤字を生み出しているのがブラジルである。ブラジルでは，そもそも中央政府レベルにおいても政党システムが極端に分極的であり，政党投票よりも個人投票が中心の選挙が展開されている（第3章参照）。政治家のキャリア選択においても，中央政治よりも地方政治がより重視される傾向があり，政党組織は必ずしも中央集権化されてはいない（Samuels, 2003）。このような政治状況の下では，地方政治家は全国経済への影響などを考慮することなく，地域的な利害を追求する。そこではドイツとは逆に，むしろサンパウロなどの経済的に重要な州の方が財政赤字を増やしている。このような州を破綻させれば混乱が必至なので中央政府が必ず助けること（too big to fail）につけこんで，大きな州の地方政治家は歳出を拡大しようとするからである。

安定装置としての政党　政党を通じた中央政治と地方政治の連携の存在が地方政治家の過剰な地域主義を抑制するというメカニズムは，財政のみならず中央・地方関係制度全般の安定性にも寄与しうる。すでに見たように，地域ごとの民族や宗教の多様性を抑制することなく国民国家の統合を保つうえで，分権的な中央・地方関係制度，とくに連邦制をとることは有効な手段で

ありうるが、このような制度はつねに遠心化の危険にさらされている。中央と地方にまたがる政党の存在は、この遠心化のメカニズムを抑制しうるのである。

具体的には、中央政府と地方政府にまたがって統合された政党が存在しており、有権者がある程度の政党投票を行うとともに、これに対応して政党組織の集権性や行動の一致度も高く、各政党内で地方政治家から中央政治家へというキャリアパスが形成されている場合には、地方レベルの政治家は自らの選挙を戦ううえでも地元利益だけを主張することを控えるだろう。仮に地域の住民が独立を指向しても、政治家がそれに乗る誘因をもたないのである（Filippov, Ordeshook, and Shvetsova, 2004）。

カナダにおいてケベックの独立問題が政治的な争点になった一つの理由として、政党制度が中央と地方で分断されてしまったことをあげることができる。19世紀までのカナダには集権的な二大政党制が成立していたが、戦後は地域政党がかなりの票を集めるとともに、二大政党内でも各州の支部が財政的に自立していった。現在は、たとえ同じ名前の政党であっても、連邦レベルの政党と州レベルの政党は独立した異なる政党である。政治家のキャリアパスも中央と地方で分断されている。連邦議会の議員のうち、州議会の経験があるのは1割程度にとどまり、歴代首相にも地方政治の経験者はいない。

このような政党制度の構造は、地方の執政長官から首相になることの多いドイツ（たとえば、アデナウアーは前ケルン市長、ブラントは前ベルリン市長）や、国会議員が同時に市長など地方政府の役職を兼任でき、実際にほとんどの国会議員が兼職を行っているフランス（たとえば、シラクは前パリ市長、サルコジは前ヌイイ市長）とは対照的である。政党組織の集権性が弱いといわれるアメリカでも、州知事

出身の大統領（たとえば，最近では G. W. ブッシュ，クリントン，レーガン，カーターなど）が多く出るなど，政党制度における中央と地方の結び付きは緩やかながら保たれている。地域の独自性が強いことがそのまま必ず分離独立運動につながるわけではない。それが政治的な主張に転化され政治運動となるには，そうした地域的特性を政治的に動員しようとする政治家という転換装置が必要であり，彼らの行動は政党制度のあり方に，またさらに選挙制度などに規定されるのである。

政策分野間の違い——分権化の限界？

地方政府間の競争が，選挙ばかりでなく住民や企業の「足による投票」によって促されると考えられてきたことはすでに見たが，「足による投票」モデルにおいては住民の能動的な選択が強調され，地方政府は単に住民の選択を受ける受動的な存在であった。これに対して，そうした住民や企業の移動を前提として，地方政府の主体的な政策選択をとらえようとしたのがピーターソンである。

彼によれば，地方政府は住民と企業のうち望ましいものを集め，望ましくないものを出て行かせようとする能動的主体である。この観点からピーターソンは，地方政府が行う公共政策を，福祉政策などの「所得再分配政策」と地域開発政策などの「開発政策」とに大きく2分類し，自己財源をもとにするかぎり，地方政府が所得再分配政策を長期的に維持することは難しいことを指摘した。福祉は「磁石」となって担税能力の低い低所得者を引き付け，それにより税負担の増える高所得者を遠ざけるため，結果的に地方政府の財政破綻をもたらす。地方政府はこれを回避するため，福祉政策においては他の地方政府よりもより少ないサービスの提供をめざす。福祉政策の切り捨て競争，すなわち「底辺への競争」が発生するのである。このように地方政府は開発政策を積極的に推進し，再分配政策

については回避しようとする。したがって，再分配政策については，中央政府が主たる責任を担う必要があるとピーターソンは主張する(Peterson, 1981; 1995)。

このモデルは，経済学者によって提起されてきた分散・分離・分権の中央・地方関係をある種の規範とする考え方に，一定の修正を迫ることにもなった。すなわち，住民や企業が自由に移動するかぎりにおいて地方政府は福祉政策を十分に行うことはできないという，分権の限界の論理である。なお，住民や企業が国境を越えて簡単に移動する場合には，同じメカニズムが中央政府にも当てはまる，すなわち中央政府もまた再分配政策を十分に維持できないということになる。こうした論点は，グローバル化が進む中での各国の福祉政策のあり方を考えるうえでも大きな示唆を与えるものであろう。

ピーターソンのこうした仮説は，さまざまな形で検証されてきた。まず福祉の磁石論については，高水準の福祉政策ゆえに1970年代に財政破綻を招いたニューヨーク市の事例研究や，アメリカの州・地方政府の予算データの計量分析を，彼自身が行った。それによると，連邦政府よりも州政府，州政府よりも地方政府の方が，福祉政策の実施を回避し，開発政策を重視している傾向があるという。また，開発政策と企業の誘致をめぐる地方政府間の競争に関する研究も多い。そこでは，工場の誘致や既存の工場の流出を防ぐために，地方政府が少なくとも短期的には負担となる多額の支出を迫られる姿が描かれている。企業は補助金をはじめとする十分なサービスが得られなければ，他の地域へ移転するという一種の脅しをかけてくるからである。

4 日本の中央・地方関係の変化とその帰結

> **戦後改革から1990年代まで**

最後に，ここまで提示してきた枠組みを用いて，日本の中央・地方関係をどのように位置づけることができるのか，それはどのように変化してきたのか，1990年代以降の地方分権改革とはいかなる制度改革であったのか，そしてそれは何をもたらすと予測できるのか，といった諸点を考えてみよう。

まず，戦後改革以後1980年代までの日本の中央・地方関係は，基本的に分散・融合・分権型の特徴を有していたといえるだろう。日本の地方政府の政治的な意思決定の自律性は，戦後改革によって大きく高まった。戦前は地方議会において公選制が導入されていたものの，知事の官選などによって地方政府は中央政府とりわけ内務省の強いコントロール下におかれていた。戦後改革によって市町村長と知事が直接公選されるようになり，中央・地方関係の分権化と地方政府の民主化が進められた。

ここで新たに登場した地域代表としての知事，市長および地方議員たちが，戦後の地方自治の中心的担い手となった（村松，1988）。地方政治家は地域の経済的発展を求める住民の声に応え，さまざまな政策を展開していった。図10-1に示されるように，日本の地方政府の役割は非常に大きく，分散型の特徴をもつ。これをもたらした原動力が地方政治家たちであった。地域住民が地方政治家に求めたものは，地域の発展にとどまらない。1970年代には，それまでの地域開発に加えて，あるいはそれに代えて，福祉や環境への対応を求める声が強まった。住民たちは革新知事や革新市長を誕生させ

ることで，その実現を後押ししていった。国政レベルでは自民党の長期政権を選択しつつ，地方政府のレベルでは異なる選択を行うことで，より幅広い政策の実現がもたらされた。日本の地方政治は国政以上のダイナミズムに溢れ，それは地方政府の政策も大きく動かしてきたのである（曽我・待鳥，2007）。ある地方政府が採用した政策は周辺の，あるいは類似の地方政府へと波及していく形で，中央政府からの強制がなくとも地方政府は独自の政策を展開していったのである（伊藤，2002；2006）。

このような分散型のシステムを支えたのは，機関委任事務と地方交付税に代表される融合的な行財政関係であった。行政的融合を象徴する機関委任事務とは中央省庁の下部機構として地方政府に仕事を委任するものである。他方，財政的融合を象徴する地方交付税は地方への財政移転であり，そこでは国税の一定割合を地方に配分することが保証されている。受け取った地方政府はそれをどのような使途に用いることも自由である。図10-1を見るかぎりでは，日本の地方政府の自主財源比率は他国と比べむしろ高い。3割自治と批判され続けてきたが，そもそも3割の自主財源というのは世界的に見れば平均以上なのであり，3割自治批判とは神話に基づく批判であったともいえる。しかしより大きな問題は，各国比較の上での日本の自主財源比率の高さは，あくまでも日本全国の平均値であって，東京など大都市圏の地方政府によって引き上げられたものであることである。多数の農村部の地方政府は自主財源比率が1割程度であり，地方交付税や個別補助金といった多くの移転財源によって支えられていたのである。

また，機関委任事務を通じた行政的融合については，大都市圏にもあてはまるものであった。環境や福祉など1970年代に地方政府が独自に展開した諸政策は，80年代には中央政府によって吸い上

げられ,機関委任事務などとして全国的に実施される政策となっていった。それらに目を向けるならば,日本の中央・地方関係は分散・融合的であったと見るべきだろう。そしてこのしくみは,当選を重ねる有力議員の中に農村部を基盤とするものが多く,自主財源に乏しい地方政府に中央政府からの個別補助金などを配分することで,地方政治家を含むネットワークを形成して地盤を涵養するという,自民党議員の特徴によっても支えられていた(広瀬,1981)。

分散・融合・分権型の関係は,ブラジルやアルゼンチンなどと同様に,財政危機の源泉となりうる。しかし日本は1980年代まで,地方政府の財政状況は相対的に良好であった。これは,地方税制の裁量をほとんど認めず,地方債の発行を自治省の許可制の下におくというしくみの結果であった。財政上,とくに歳入面においては地方政府の自律的な政治的意思は貫徹されず,集権的とすらいえた。権限配分の集中―分散にかかわらず,融合・集権的な制度は比較的健全な地方財政をもたらすというのが理論的予測であり,日本はむしろそれに該当するケースであった。

さらに,分散・融合・分権の中央・地方関係は,戦後日本の地方政府による積極的な再分配政策への取り組みに一つの説明を与えるものである。第4節で紹介したピーターソンの議論からすると,地方政府は再分配政策を回避し,開発政策に傾倒するはずである。しかし,曽我(2001)によれば,確かに日本の地方政府は,強い開発政策指向をもちつつ,同時に大規模な福祉政策も実施してきた。こうした地方政策による福祉は,大規模な財政移転という融合の側面によって,可能になったのである。地方政府が福祉という「磁石」を作り,貧困層を呼び寄せたとしても,それが企業や高所得層の税負担増に跳ね返ることはなかった。

もう一つの要因は,地方政治家の選択である。分権的な地方政府

の政策決定は，選挙で選ばれた政治家が政治的な論理に従って行うのであり，ピーターソンが展開したような機能的な説明を逸脱する選択が行われることも十分に考えられる。実際にも日本の福祉政策は，1970年前後に革新自治体の先取り的政策に主導される形で発展してきたのである。

このように1980年代までの日本の地方政府は，行財政面での分散・融合と政治面での分権という特徴が相互に結び付いていた。地方交付税と機関委任事務という融合的な行財政制度が「福祉の磁石」現象の招来を懸念させることなく，地方政府に福祉政策を担当させることを可能とした。政治的分権の下での地方政治家の積極的な行動と相俟って，このことは日本の地方政府の政策活動の役割を大きくし，非常に分散的な特徴をもたらした。それに歳入面での意思決定に限った集権を組み合わせることで，地方財政の悪化を抑え込んでいたのである。

1990年代以降の変化

1990年代半ば以降，上で見た制度連関は大きく変容していく。変化の第一の原動力は，いわゆる地方分権改革の動きであった（西尾，2007）。「3割自治」の解消を責務と考える学者と専門家や，経済学的発想に基づいて効率化を目標とする財界，また政権交代の中で改革姿勢の競争に迫られた保守系を含む中央諸政党といった，これまでにないアクターの連合が地方分権改革の推進力となった。まず行われたのが，機関委任事務の廃止であった。同床異夢の連合が合意できる改革内容として，行政面での分離化が選択されたのである。

このような意図的な変革の試みと並んで，実質的に大きな変容の源泉となったのは，1990年代の長期にわたる不況とそれに対するマクロ財政政策の影響であった。不況への対応として相次ぐ財政出動を行う際，分散・融合型の日本の中央・地方関係の下では，地方

政府の積極的な財政支出が期待されることになった。中央政府が直接責任を負い，歳出を行っている政策領域は限られていたからである。このことは，地方債の発行に対する統制を実質上緩めるとともに，その返還負担を交付税によってまかなうことで実現された。主として財政データから作られた図10-1で，日本の1985（昭和60）年から2003（平成15）年の位置がより分散的かつ融合的な方向に移動しているのは，この結果である。

こうして1990年代後半には，日本の中央・地方関係制度は，分散・融合・分権型の性格を一時的に強めた。すでに述べたように，本来この組み合わせは財政悪化を招きやすい。ドイツに見られたような，政党制度による中央と地方の連携による問題解決メカニズムも機能しなかった。1990年代の選挙制度改革において，国政（衆議院）レベルだけが中選挙区制から小選挙区を中心とする制度に変革され，かつての中選挙区制度における個人基盤の集票機構において存在した，中央政治家による地方政治家の系列化の誘因は薄れ始めていた。地方レベルの選挙制度は中選挙区，大選挙区中心のままなので，選挙制度の違いによる中央政治家と地方政治家の政策選好の差異は拡大した。さらに，地方税および地方債に関する中央政府の統制も緩和され，「歳入の自治」のみがないという限定的集権も弱められた。

このような制度の帰結として，地方政府の財政悪化が一層進むとともに，融合的財政関係を支えてきた地方交付税制度を維持することの困難さがクローズアップされることになった。かくして，第二次分権改革ともいえる三位一体の改革においては，交付税や補助金といった移転財源の縮小が地方税の拡充と引き換えに進められた。融合的な財政関係の下で分散的な高い活動水準を維持してきた農村部の地方政府は，もはやそれが維持されないと知り，市町村合併を

進めることで対応せざるをえない状況に追い込まれた。地方債の発行についてもさらに自律性が拡大した。中央の与党である自民党では小選挙区中心の選挙制度改革後に党内の集権化が進み，農村部選出議員の利益のみを追求することは困難であった。与党議員たちは，三位一体改革にかつてのような強い抵抗を見せなかった。

　日本の地方制度は，分散・分離・分権型の方向へ向かっている。その帰結として，「福祉の磁石」現象は強まりつつあるように見える。大都市圏の地方政府では，再分配政策の財政負担について，かつて以上に厳しい目が向けられるようになってきている。ホテル税などの独自課税によって，できるかぎり地域住民以外に租税負担を転嫁するという形での競争も始まっている。経済力が豊かな地方政府は債券発行も容易に行えるが，そうではない地方政府の財源調達はますます困難になりつつある。このように分離・分権の組み合わせは，長期的に見れば財政悪化を抑制する方向に働くが，1990年代に融合・分権的な中央・地方関係制度の下で悪化した財政に，しばらくは多くの地方政府が苦しめられるだろう。夕張市の財政破綻，北九州市や大阪市など各地での生活保護抑制の動きは，その部分的な表れといえるだろう。

● 引用・参考文献 ●

伊藤修一郎，2002『自治体政策過程の動態——政策イノベーションと波及』慶應義塾大学出版会。

伊藤修一郎，2006『自治体発の政策革新——景観条例から景観法へ』木鐸社。

曽我謙悟，2001「地方政府と社会経済環境——日本の地方政府の政策選択」『レヴァイアサン』第28号。

曽我謙悟・待鳥聡史，2007『日本の地方政治——二元代表制政府の政策

選択』名古屋大学出版会。

西尾勝, 2007『地方分権改革』東京大学出版会。

広瀬道貞, 1981『補助金と政権党』朝日新聞社。

村松岐夫, 1988『地方自治』東京大学出版会。

笠京子, 2006「各国の地方自治」村松岐夫編『テキストブック地方自治』東洋経済新報社。

Beck, Thorsten, George Clarke, Alberto Groff, Philip Keefer, and Patrick Walsh, 2001, "New Tools in Comparative Political Economy: The Database of Political Institutions," *World Bank Economic Review* 15: 165-176.

Central Information Agency, ed., 2006, *The World Factbook*, https://www.cia.gov/library/publications/the-world-factbook/index.html (左記アドレスで最新版が公開, 2008年6月18日最終アクセス)。

Filippov, Mikhail, Peter C. Ordeshook, and Olga Shvetsova, 2004, *Designing Federalism: A Theory of Self-Sustainable Federal Institutions*, Cambridge University Press.

Oates, Wallace E., 1972, *Fiscal Federalism*, Harcourt Brace Jovanovich. (長峯純一・米原淳七郎・岸昌三訳『地方分権の財政理論』第一法規出版, 1997年)

Peterson, Paul E., 1981, *City Limits*, University of Chicago Press.

Peterson, Paul E., 1995, *The Price of Federalism*, Brookings Institution.

Putnam, Robert D. with Robert Leonardi and Raffaella Y. Nanetti, 1993, *Making Democracy Work: Civic Traditions in Modern Italy*, Princeton University Press. (河田潤一訳『哲学する民主主義——伝統と改革の市民的構造』NTT出版, 2001年)

Qian, Yingyi and Barry R. Weingast, 1997, "Federalism as a Commitment to Preserving Market Incentives," *Journal of Economic*

Perspectives 11: 83-92.

Rodden, Jonathan A., 2006, *Hamilton's Paradox: The Promise and Peril of Fiscal Federalism*, Cambridge University Press.

Samuels, David, 2003, *Ambition, Federalism, and Legislative Politics in Brazil*, Cambridge University Press.

Tiebout, Charles M., 1956, "A Pure Theory of Local Expenditures," *Journal of Political Economy* 64: 416-424.

Treisman, Daniel, 1999, "Political Decentralization and Economic Reform: A Game-Theoretic Analysis," *American Journal of Political Science* 43: 488-517.

Treisman, Daniel, 2000, "The Causes of Corruption: A Cross-National Study," *Journal of Public Economics* 76: 399-458.

Volden, Craig, 2005, "Intergovernmental Political Competition in American Federalism," *American Journal of Political Science* 49: 327-342.

Wibbels, Erik, 2000, "Federalism and the Politics of Macroeconomic Policy and Performance," *American Journal of Political Science* 44: 687-702.

あとがき

　これからの比較政治学のスタンダード・レファレンスを作りたい。当初，私たち著者三人が気負いつつも抱いた共通関心は，このようなものだったように思う。本書の構想はおよそ3年半前，新しいテキストの執筆を建林が曽我と待鳥に持ちかけたときから現実化し始めた。もともと私たちの研究上の考え方は近く，かつそれぞれの専門領域は少しずつ異なる。そこで，幅広い政治制度をカバーしつつ，一貫した視点からの議論を提示するために，各章を各自が分担執筆するのではなく，すべての章を三人が手を入れ合って完成させる執筆方式，いわば完全共著を選択した。

　企画の初めごろ，私たちが執筆に際して念頭においていたのは，本書でたびたび引用したレイプハルトの業績であった。彼は「はじめに」にでも引用したあるエッセイにおいて，最近20年の政治制度に関する研究の発展を，それを担った研究者の一人として誇らしげに報告した。しかし彼は他方で，そうした研究蓄積や知見が，世界の各国で行われた大規模な制度改革あるいは憲法制定の局面でほとんど利用されてこなかった，とも慨嘆する。制度改革者たちは，研究蓄積によって特定の帰結をある程度の確からしさで予想することができるようになった既存の制度の中から，どれかを選択しているわけではない。既存の制度をさまざまな形に混ぜ合わせて新たな制度を作り，結果の予想が困難な制度改革を行ってきたというのである。実際に多くの国で，選挙制度については小選挙区制と比例代表制の混合制が，執政制度については半大統領制が採用された。比較政治学の研究者は，またしても後追い的に，多くの国の制度改革を受けて混合制や半大統領制についての研究を進めることになった。

私たちは，こうしたレイプハルトの研究の方向性や指摘は妥当だと感じた。とくに，*Democracies: Patterns of Majoritarian and Consensus Government in Twenty-One Countries*（1984）とその続編たる *Patterns of Democracy: Government Forms and Performance in Thirty-Six Countries*（1999）は，多くの国々の複雑な政治制度をわかりやすく伝えるすばらしい著作であり，本書にとっては貴重な先行業績であった。

　しかし，これらはいずれももともと研究書として書かれたものであるため，テキストとして用いるうえではいくつかの大きな弱点をかかえていた。多国間比較に重点を置くあまり，因果メカニズムが曖昧になっている部分も散見された。また，日本の大学や大学院でそのまま使うには，説明の不十分な点も多いように感じられた。日本では政治制度に関する研究蓄積が，それほど体系的には，また人々にわかりやすい形では，提供されてこなかったからである。そして，このことが制度をめぐる議論において，研究の蓄積が利用されない一つの要因ではないか，とも考えられた。

　そうした認識は，レイプハルトの著作や見解を授業で最も積極的に取り上げていた建林が得ていたものであり，やがて著者三人に共有されて，本書の企画の源泉になった。本書が掲げた，因果関係で社会現象をとらえるという見方を提起し，その具体的な成果としての制度論の諸研究を紹介したうえで，日本をその中に位置づけるという三つの目標は，レイプハルトの著書に欠けているものを補い，日本の比較政治学のテキストとして，より使いやすいものを作り上げようという意図から導かれたものである。その意味では，本書は政治制度を扱うという点でレイプハルトの著作から大きな刺激を受けつつも，あくまで因果連関の解明にこだわり，かつ日本の政治と政治学を徹底的に意識しながら書かれている点において全く異なる。

しかし，このような問題関心に即してテキストを執筆する作業は，想像以上に大変であった。蓄積が進んできたとはいえ，新制度論の研究はかなりのものが現在進行形であり，本書も先端的な内容を含んでいる。単に既存の研究を紹介するのではなく，新たなデータを集め，独自に分析を行うことも必要であった。そのために私たちの執筆作業は，テキストというよりも研究論文を書く場合に近いものになった。しかもテキストとしての枠がある以上，それを平易に書かねばならず，各章の構成や論旨の一貫性を保つことも求められた。その難しさは，むしろ研究論文を書く以上だったかもしれない。このため執筆の過程では，著者相互の見解に微妙なズレが生じることも再三であった。テキストとしての基本的要請とテーマの先端性のバランスについて，意見が食い違うことも多かった。そのたびに私たちは議論を重ね，原稿を全面的に書き直した。

　ただ，こうした作業は楽しさを伴うものでもあった。私たち自身の制度に関する考え方を再整理する貴重な機会だったからである。世界はつねに多様であり，現実はつねに複雑である。知っていると思い込んでいた制度のしくみを実は知らなかった，などということはたびたび起こった。さまざまな制度に対する理解が，相互に矛盾するなどということも多かった。そのたびに私たちは文献を読み，資料を調べ，さらに議論を重ねた。私たち自身が，執筆作業を通じて大いに学ぶことになったのである。もしも各人の得意分野だけを分担執筆して本書を完成させていたら，このような機会は決してもてなかったであろう。

　執筆の過程では，多くの友人にお願いして原稿を読んでいただいた。網谷龍介，伊藤正次，上川龍之進，久米郁男，砂原庸介，高橋百合子，堤英敬，直井恵，成廣孝，増山幹高，見平典の各先生には，

草稿段階の全部ないし一部に目を通していただき，それぞれに建設的なコメントを頂戴した。それを受けて行った改稿作業によって，より誤りの少ないもの，より読みやすいものへと本書を修正することができたと思う。心より御礼申し上げたい。

　編集を担当してくださった有斐閣書籍編集第二部の青海泰司さん，私たちの検討会に毎回参加してくださった岩田拓也さんにも感謝の意を表したい。アルマ・シリーズのテキストとしてはやや冒険的な企画であるということを当初から理解していただき，しばしば過熱するわれわれの議論に呆然とされつつも，粘り強くおつきあいくださったことは，私たちとしては実にありがたかった。企画から3年以上という長丁場であり，執筆が進まない時期もあったが，青海さんには的確に全体の進行をコントロールしていただいた。私たちそれぞれの性格に配慮され，時に優しく，時に厳しくゴールへと誘導してくださったように思う。そして，これまでの私たちそれぞれの著作の場合と同様に，家族からの応援がなければ本書は完成しなかった。

　本書が多くの読者に長く読まれ，制度に関する政治学の研究蓄積を人々に広く伝える一助となること，また本書に刺激を受けて次なる制度分析に着手する人々が登場することを，私たちは願っている。

　2008年8月

建林　正彦
曽我　謙悟
待鳥　聡史

●事項索引●

◆ア 行

アイディア　31, 32, 266
アカウンタビリティ→説明責任
アジェンダ権力　172, 176, 177, 182, 183, 190, 191, 194
アジェンダ・ルール　172, 176, 177, 179, 184, 189, 190
足による投票　310, 318
委員会(議会の)　173, 177, 184, 186, 189, 192, 223, 278
違憲審査権　239, 240, 242, 247, 249, 259
一党優位(政党)制　137, 158-160
委任→権限委譲
入れ子型ゲーム　51, 54
因果(関係の)メカニズム　14, 15, 49, 50, 79, 81, 87, 110
因果的推論　3, 4, 6, 16, 22, 37
インフラ整備　213
インフレ　276-281, 283, 293, 312
ウェストミンスター型　111, 128, 129, 191, 192, 218, 230
ウェーバー指標　208, 215
M/E値　150
M+1ルール　80, 194
大蔵省(財務省)　211, 225, 232, 286, 290-292
穏健化　145, 146, 182

◆カ 行

会期　175, 183, 188, 189
回帰分析　10
開発型国家　21, 213
過程追跡　16
観察可能な含意　15
幹部政党　148, 149, 153
官僚　200, 202
　——の自律性(非民主性)　201, 202, 205, 206, 217, 221, 229, 274, 295
　——の人事　226, 231, 232
　——の能力(専門性)　201, 202, 208, 212, 217, 221, 228, 229, 295
官僚制　200, 202
　日本の——　225
議員政党　162
議院内閣制　81, 90, 94, 104-108, 110, 111, 114-116, 119, 120, 123, 125, 127-129, 136, 147, 154, 155, 170, 176, 180, 182, 187, 190-193, 218, 220, 222, 227, 252-257, 282
議会　170
　アリーナ型——　187
　変換型——　187
議会制度　171
　——の開放性　171, 172, 176-179
　——の効率性　171, 172, 176-179
　日本の——　188
議会多数派　114, 115, 117, 124, 126, 172
　——の「質」　114, 125, 128
疑似相関→見かけの相関
記述的推論　18, 20, 21
基数→最低当選ライン
規制型国家　213
議席決定方式　67, 68, 95, 146
規範　40, 45
基本権(基本的人権)　248
帰無仮説　17
キャリア　228, 233

333

共産党　150, 162
行政改革　265
行政裁判所　241, 259
業績誇示　314
共存→コアビタシオン
共変関係　4-7, 9, 12, 14
拒否権　177, 183, 185, 186
拒否権プレイヤー　278
金融政策　270, 275, 280, 287, 293
クリーヴィッジ（亀裂）　80, 82, 272, 308
クレディブル・コミットメント（信頼できる公約）　252, 274
クロス表　7
経済決定論　23, 30
経済財政諮問会議　232
経済成長　212, 215, 276, 279, 280
経済発展　47, 228, 251, 252, 256, 285, 308, 312
決選投票方式　69
権威主義体制　29, 57, 108, 109, 113, 248, 286
権限委譲（委任）　203, 207, 210, 218, 222, 224
憲法裁判所　241, 242, 259
コアビタシオン（共存）　108, 122, 123
公債　273, 275, 280, 282, 284, 312, 322
行動論　36, 48
候補者方式　70, 75
公明党　150, 162
国債　290, 291, 293
個人後援会　99, 126, 162, 163
個人投票　88, 89, 92, 157, 316
　――誘因　99
コーポラティズム　22, 279
混合比例制（併用制）　83, 96
混合並立制（並立制）　83, 84, 86, 96, 98, 99
コンセンサス型　147

◆サ　行

採決ルール　172, 174, 176, 177, 179, 187, 189, 190, 194
最高裁判所　244, 249, 250, 259-261, 263
最高裁判所事務総局　260-263
財政赤字　147, 183, 280-283, 291, 311, 315
財政政策　270, 287, 293
財政連邦主義　311
最低当選ライン（基数）　75, 95
最低得票率（阻止条項）　69, 74
裁判員制度　243, 244, 253, 265, 267
『ザ・フェデラリスト』　238
サーベイ（調査）　79, 158, 205
参審制　243, 252, 261
散布図　7, 10, 17
資格任用制（メリット・システム）　204, 208, 217, 221, 228
市場保全の連邦主義　313
事前審査制　226, 231
自治省　226, 322
執政制度　104
　――の混合型　105
地盤　156, 157
司法制度　238
　日本の――　259
司法制度改革　265-267
自民党　98, 99, 125-128, 158-160, 162-164, 225, 230, 231, 261-265, 287, 294
社会関係資本（ソーシャル・キャピタル）　30
社会党　150, 161, 162
集権（中央・地方関係の）　301, 303, 312
集団訴訟（クラスアクション）　251
集中（中央・地方関係の）　300, 303
自由任用制（スポイルズ・システム）　204, 216

少数派　51, 82, 173, 175, 177, 179, 180, 182, 186, 187, 189, 190, 195, 247, 248, 271
少数与党　109, 120, 121, 180, 188, 278
小選挙区（制）　69, 111, 154, 156, 158, 179, 192, 193, 282, 288, 324
小選挙区比例代表並立制　128, 130, 161, 163
省庁再編　226
情報の非対称性　55
（職業）裁判官（判事）　243, 253, 254, 261, 263
人事管理　204
信任　106, 192
信頼できる公約→クレディブル・コミットメント
スポイルズ・システム→自由任用制
政権交代　145, 222, 286, 323
政権選択誘因　90, 91
政策　144-146
　——の収斂　144-146
　——の中庸化　182
　——の（不）安定性　145
　——の（非）一貫性　144, 145
政治家の目標　58
政治的安定性　140
政治任用　52, 122, 127, 204, 221, 231, 244, 261, 263
政治腐敗　9, 13, 157, 158, 216, 308
制度　36-42
　——と組織　41
　——に導かれた均衡　48, 49
　——の自己拘束性　51, 54
　——の定義　38
　均衡としての——　32, 49, 50, 54
　公式の（フォーマルな）——　40
　人為的な——　41
政党　134
　——（組織）の集権化　119, 193, 325
　——（組織）の集権性　115, 120, 122, 125, 162, 316, 317
　——の一体性　91, 120, 122, 162, 180, 182, 184, 186, 192
　——の一致度　154
　——の凝集性（選好の一致）　153, 154, 229
　集権的——　87, 128, 148
　分権的——　87, 125, 128, 148, 263, 265
政党規律　153, 154
政党公認　90, 92
政党システム　134, 138, 140
政党助成制度　154, 163
政党制度　135
　日本の——　158
政党組織　134, 148
政党投票　88, 89, 100, 115, 316
政党方式　70, 93
政党優位モデル　21
制度工学　53
制度連関　52, 54
制度論　38
　旧——　37
　新——　28, 36, 42
　構造的——　43, 44, 46, 47, 50
　合理的選択——　42, 44, 47
　社会学的——　43-45, 50
　歴史的——　44
政務調査会部会　163, 294
絶対多数制　68, 75, 76
説明責任（アカウンタビリティ）　110, 143, 193, 307
選挙区定数　69, 88, 89, 94
選挙サイクル　71, 75, 94
選挙制度　66
　日本の——　95
選挙制度改革　97, 129, 183, 193, 232, 265, 324
選好投票方式　70, 93
戦後改革　209, 320

事項索引　335

選択順位投票方式　69
戦略的投票　76-78
相関関係　7
相対多数(決)制　69, 75, 76
族議員　126, 164, 227, 229, 232, 233, 263
率直な投票　76
ソフト・バジェット論　311

◆タ行

大衆(組織)政党　149, 150, 153
体制
　——転換　286
　——の不安定　112
大選挙区制　69
大統領　108
　——の拒否権　218
　　　　(部分拒否権)　117, 118
　　　　(包括拒否権)　117, 118
　——のコートテール効果　121
　——の事実上の立法権　117
　——の党派的政治力　117, 119-121
　——の排他的法案提出権　117, 118
　——のリーダーシップ　99, 117, 125-127, 144, 145, 155
大統領制　81, 90, 91, 104-107, 109, 110, 113, 114, 116, 120, 122, 124, 144, 154, 156, 170, 180, 182, 218, 220, 222, 228, 252, 256, 257, 263, 282
　——の統一政府　108
　——の分割政府　107, 108, 116, 123, 124, 195, 255, 278
大統領選挙　78, 82, 94, 105, 122, 249
大統領令　117, 118, 183
第二次臨時行政調査会(第二臨調)　128, 129
代表性　73, 84, 144
多元主義モデル　21
多数制(多数代表制)　68
多数派　51, 136, 155, 173, 175-177, 179-181, 183-187, 189, 190, 192, 195, 247, 248
多党制　94, 135, 136, 138, 140, 141, 143, 144, 146, 147, 159, 161, 282
単一(主権)国家　256, 288, 304, 306
単独政権(与党)　111, 115, 126, 128, 136, 143, 160, 161, 262, 288
地方債　324
地方分権改革　265, 323, 324
地方分権論　233
中位投票者(モデル)　144, 145
中央銀行　270
　——の独立性　273
中央銀行制度　270
　日本の——　289
中央・地方関係　300
　——の英米型　302, 305
　——の集権－分権　301, 303, 307, 310, 312, 320, 322
　——の集中－分散　300, 303, 310, 321
　——の大陸型　302, 305
　——の融合－分離　301, 303, 310, 312, 321
中央・地方関係制度　300
　日本の——　320
中間選挙(アメリカ)　78
通商産業省(通産省)　213
中選挙区(制)　95, 98, 99, 126, 129, 154, 156, 157, 160-163, 193, 229, 263, 265, 324
定性的分析(質的分析)　6
底辺への競争　195, 318
定量的分析(量的分析, 計量分析)　6, 7
鉄の三角同盟　227
統計的有意度　11, 17
統制(変数の)　12
投票方式　70, 75, 88, 93
ドント式　95

◆ナ 行

内閣府　232
二院制　144, 175-177, 183, 189, 193, 257, 278
二元代表システム　111, 194, 195
二大政党制　81, 84, 94, 135, 138, 140, 141, 143-147, 159-161
日本銀行(日銀)　289
ニューディール　209, 240, 250
粘着性(ヴィスコシティ)(論)　188, 190

◆ハ 行

陪審制　243, 244, 252, 253, 261
派閥　99, 125, 129, 159, 160, 163, 180, 263
判事→(職業)裁判官
反証可能性　17
反証主義　16
半大統領制　106-108, 114, 122, 123
比較政治学　23-27
　――の位置づけ　25
　――の出発点　2
　――の対象　23
　――の定義　26
　――の方法　14
非比例性　85
非比例性指数　73, 79, 97, 98
票割り　156
比例性　73, 84
比例代表制　68, 282, 288
　拘束名簿式――　71, 89, 93, 128, 154, 158
　非拘束名簿式――　71, 90, 93, 154, 156-158
福祉政策　319, 321, 322
福祉の磁石　319, 322, 325
不信任　105, 107, 124, 188, 249

分割投票　77, 78
文化論　22
分権(中央・地方関係の)　307, 310
分散(中央・地方関係の)　310, 320
分離(中央・地方関係の)　310
併用制→混合比例制
並立制→混合並立制
方法論的個人主義　42, 46, 47
本人―代理人関係　54, 57, 60

◆マ 行

マルクス主義　30
見かけの相関(疑似相関)　11, 12, 15, 75, 113
民主主義の学校　307
民主党　150, 161, 164
名望家政党　148
メリット・システム→資格任用制

◆ヤ 行

融合(中央・地方関係の)　301, 303, 312, 321
有効政党数　85, 97, 98, 138, 140
予算　224, 225, 232
ヨーロッパ通貨統合　288

◆ラ 行

レント　216
連邦議会(アメリカ)　182, 184-186, 251
連邦最高裁(アメリカ)　240, 244, 250, 258, 261, 262
連邦準備制度(アメリカ)　275, 285
連邦制(国家)　256, 257, 288, 304, 306, 309
連立政権(与党)　115, 116, 126, 128, 136, 141, 143, 160, 161, 222, 266, 278, 282, 288
労働組合　279

●人名索引●

◆ア 行

アイヴァーセン(Torben Iversen) 280
青木昌彦 214
芦田均 125
アデナウアー(Konrad Adenauer) 31, 317
アバーバック(Joel D. Aberbach) 205, 208
アリストテレス(Aristotelēs) 28
アレシナ(Alberto Alesina) 147, 277, 278
池田勇人 160
岩井奉信 188
ヴァーバ(Sidney Verba) 3
ウェブ(Paul Webb) 127
ヴォールデン(Craig Volden) 314
エヴァンス(Peter B. Evans) 208, 215
エプスタイン(David Epstein) 206, 211, 223
大嶽秀夫 31
大野伴睦 58
大山礼子 123
オキモト(Daniel I. Okimoto) 214
オハロラン(Sharyn O'Halloran) 206, 211, 223
オルセン(Johan P. Olsen) 48

◆カ 行

カーター(James Earl Carter, Jr.) 318
カーペンター(Daniel P. Carpenter) 211
上川龍之進 291, 292, 294, 295
川人貞史 190
岸信介 160
キーファー(Philip Keefer) 278
ギャラガー(Michael Gallagher) 73
キング(Gary King) 3
久保文明 212
グリッリ(Vittorio Grilli) 277, 278, 281
クリントン(William Jefferson Clinton) 318
ケリー(John Carey) 111
小泉純一郎 126-129, 164
河野勝 24
コックス(Gary W. Cox) 76, 82, 162
コヘイン(Robert O. Keohane) 3

◆サ 行

サマーズ(Lawrence H. Summers) 277, 278
サミュエルズ(Richard J. Samuels) 214
サルコジ(Nicolas Sarközy) 317
サルトーリ(Giovanni Sartori) 122, 137, 158
ジェファソン(Thomas Jefferson) 284
シース(Michael F. Thies) 162
シッパン(Charles R. Shipan) 207, 224, 255
シャン(Yingyi Qian) 312
シュガート(Matthew Soberg Shugart) 92, 111, 117, 123
シュナイダー(Ben Ross Schneider) 205

ジョンソン(Chalmers A. Johnson) 21, 47, 213-215
シラク(Jacques René Chirac)　317
スカッチ(Cindy Skach)　109
ズッカーマン(Alan S. Zuckerman) 24
ステパン(Alfred Stepan)　109
曽我謙悟　322

◆タ 行

ダウンズ(Anthony Downs)　144-146
高橋是清　290
タガペラ(Rein Taagepera)　139
タベリニ(Guido Tabellini)　158
チャン(Eric C. Chang)　157
チュバブ(José Antonio Cheibub) 113
ツェベリス(George Tsebelis)　183
辻清明　209
ティボー(Charles M. Tiebout)　310
デュヴェルジェ(Maurice Duverger) 79-81
デュルケーム(Emile Durkheim)　29
デーリング(Herbert Döring)　176
戸矢哲朗　211
トライスマン(Daniel Treisman) 308, 314
トルーマン(Harry S Truman)　258

◆ナ 行

中曾根康弘　126-129
ノース(Douglass C. North)　38, 39, 41

◆ハ 行

ハウエル(William G. Howell)　255
ハガード(Stephan Haggard)　117
バーグマン(Torbjörn Bergman) 177
橋本龍太郎　128
羽田孜　125
パットナム(Robert D. Putnam) 29, 205, 308
鳩山一郎　125
ハミルトン(Alexander Hamilton) 238, 284, 285
ハーラーバーグ(Mark Hallerberg) 287, 288
バロー(Robert J. Barro)　277, 278
ハンセン(F. Andrew Hanssen)　255
ピーターソン(Paul E. Peterson) 318, 319, 323
ヒューバー(John D. Huberand) 123, 207, 224
フェルド(Lars P. Feld)　245
フォイクト(Stefan Voigt)　245
福元健太郎　190
プシェボウスキ(Adam Przeworski) 110, 113, 143
ブッシュ, G. W. (George Walker Bush)　318
フット(Daniel Harrington Foote) 264
プラトン(Platōn)　31
フランツェーゼ(Robert J. Franzese, Jr.)　279
ブラント(Willy Brandt)　317
ブレア(Tony Blair)　127
ブロンデル(Jean Blondel)　137, 138, 188
ペアション(Torsten Persson)　158
ヘラー(William B. Heller)　183
ベルルスコーニ(Silvio Berlusconi) 127
ボイラン(Delia M. Boylan)　286
ポグントゥケ(Thomas Poguntke) 127
細川護熙　125, 161, 287
ポパー(Karl R. Popper)　16

ホール (Peter A. Hall) 279
ポルスビー (Nelson W. Polsby) 187
ボーン (Kathleen Bawn) 147

◆マ 行

牧原出 231
マクナマラ (Kathleen R. McNamara) 32
マーシャル (John Marshall) 240
増山幹高 7, 176, 189, 190
マーチ (James G. March) 48
真渕勝 231, 286, 291-293
ミル (John Stuart Mill) 307
ムーア (Barrington Moore, Jr.) 30
村山富市 125
モチヅキ (Mike Masato Mochizuki) 188, 190
モンテスキュー (Charles de Montesquieu) 238

◆ヤ 行

山田真裕 7
吉田茂 31, 127

◆ラ 行

ラウシュ (James E. Rauch,) 208, 215
ラクソー (Markku Laakso) 139
ラスムッセン (Eric B. Rasmusen) 261
ラムザイヤー (J. Mark Ramseyer) 261-263
リックバック (Mark Irving Lichbach) 24
リード (Steven R. Reed) 24
リンス (Juan J. Linz) 29, 108-112
ルソー (Jean-Jacques Rousseau) 31
レイプハルト (Arend Lijphart) 138, 140, 147, 271
レーガン (Ronald Wilson Reagan) 258, 318
ロウィ (Theodore J. Lowi) 210
ローゼンブルース (Frances M. Rosenbluth) 147
ロック (John Locke) 31
ロックマン (Bert A. Rockman) 205
ロッデン (Jonathan A. Rodden) 311

◆ワ 行

ワインガスト (Barry R. Weingast) 312

比較政治制度論
Comparative Analysis of Political Institutions

有斐閣アルマ
ARMA

2008 年 9 月 30 日 初版第 1 刷発行
2024 年 1 月 30 日 初版第 12 刷発行

著 者	建曽待 (たてそまち)	林我鳥 (ばやしがどり)	正謙聡 (まさけんさと)	彦悟史 (ひこごし)

発行者　　江　草　貞　治

発行所　株式会社　有　斐　閣

郵便番号 101-0051
東京都千代田区神田神保町 2-17
https://www.yuhikaku.co.jp/

印刷・大日本法令印刷株式会社／製本・大口製本印刷株式会社
©2008, Masahiko Tatebayashi, Kengo Soga, and Satoshi Machidori. Printed in Japan
落丁・乱丁本はお取替えいたします。

★定価はカバーに表示してあります。
ISBN 978-4-641-12364-9

Ⓡ 本書の全部または一部を無断で複写複製(コピー)することは、著作権法上での例外を除き、禁じられています。本書からの複写を希望される場合は、日本複製権センター(03-3401-2382)にご連絡ください。